社会保障法における自立支援と地方分権

生活保護と介護保険における制度変容の検証

石橋敏郎 著

法律文化社

はしがき

最近の社会保障制度改革のキーワードとして、「自立支援」と「地方分権」が含まれることについては異論がないであろう。「自立支援」については、障害者自立支援法や生活困窮者自立支援法など法律名になっているのもあれば、条文のなかで、「自立を助長する」（生活保護法一条）とか、「その有する能力に応じ自立した日常生活を営む」（介護保険法二条四項）といったように「自立」という言葉が使われているものもある。この自立を支援することが社会保障法の目的であるとして、社会保障法体系のなかに「自立支援保障法」といった分野を唱える学説もある。しかし、自立支援といっても、生活保護給付のような所得保障給付と保健・医療・福祉・介護といったサービス給付とではその意味も違ってくるであろうし、その前に、自立とはいったいどういう状態をさすのか、日常生活自立支援なのか、社会生活自立支援なのか、あるいは就労自立支援なのかといった問題もある。特に、就労自立支援については、二〇〇五（平成一七）年度から、生活保護受給者のうち稼働能力のある者につき「就労自立支援プログラム」が本格的に実施されることになった。また、生活保護受給に至らない段階で生活困窮者を就労自立へと向かわせようという目的で、二〇一三（平成二五）年に生活困窮者自立支援法が制定された。また、介護保険法の分野では、二〇〇五（平成一七）年改正により、予防重視型システムへの転換が行われ、介護保険の財源の一部を使って、要介護状態にならないための新しい給付、すなわち新「予防給付」が創設されることになった。本書では、「予防給付」を要介護状態に陥らないための自立支援給付と位置づけて、「自立支援」の項目に含めて取り扱っている。

他方、社会保障における「地方分権」の動きについては、一九八六（昭和六一）年の「事務整理合理化法」に始まるといってよい。この法律によって、それまでの福祉サービス給付の大半が中央集権的な色彩の強い機関委任事務として執行されてきたことが改められ、新たに団体委任事務に変更された。これによって、高齢者・障害者・児童に対する福祉サービスの実施について、地方公共団体に一定の裁量の余地が認められ、以後、社会保障における地方分権が推進されていくことになる。その後、社会保障行政は、法定受託事務や自治事務に再編成され、地方公共団体（特に市町村）への権限移譲が進められていった。一九九〇（平成二）年の福祉八法改正により、高齢者福祉・身体障害者福祉の措置権限が市町村に移譲されたのをはじめとして、二〇〇五（平成一七）年には、介護保険法改正による地域密着型サービスの創設へと続き、二〇一一（平成二三）年の「地域の自主性及び自立性を高めるための改革推進法」では、施設・在宅サービスの基準が、厚生労働省令から都道府県の条例（地域密着型については市町村条例）に移行することになった。最近では、二〇一四（平成二六）年の介護保険法改正によって、これまで要支援者に対して行われていた介護予防給付のうち、訪問介護事業と通所介護事業が市町村で実施する地域支援事業へと移されることが決まっている。国の役割が大きい生活保護法の分野でも、以前から、厚生労働大臣が定めてきた生活保護基準（保護費）をこれからは都道府県の判断で条例により設定できるようにしたらどうかという地方分権推進派の意見も根強く残っている。

しかし、「自立支援」と「地方分権」の動きについては、問題点や課題も多く指摘されている。早くから生活保護受給者に対する就労自立支援政策（Workfare）が進められていたアメリカ合衆国では、受給者の意思を無視したような形で求職活動を強制されたり、無理やり低賃金労働に押し込められるという事例がみられた。低賃金の非正規雇用に従事したとしても長期的に安定した生活は得られず、結局のところ生活保護に戻ってきてしまうというケースもいくつも報告されていた。わが国でも、受給者の側で就労自立支援プログラムに熱心に取り組む姿勢がみられないときは、指導・指示の後に保護の停止・廃止の処分ができるという仕組みがつくられたので、これをきっかけにして、最低生活保障たる生活保護給付と就労自立支援の関係についての議論が活発に展開されることになった。いまや雇用と社会保障を結びつけて「生活保障」という新しい概念を提唱する研究者もいる。また、アメリカでは、生活保護受給と引き換えに就労に向けて努力するという契約を行政機関と受給者との間で結び、もしも受給者が就労への努力を怠った場合には、契約違反として生活保護給付を打ち切るというように、生活保護給付を「契約」概念でとらえようとする理論も登場してきている。現在の社会的情勢は、これまでのように、生活保護は生存権に基づく最低生活保障給付であるという説明だけでは国民を納得させることができないところまで来ていることも認めなくてはならない。しかし、最低生活さえ営むことができない者に生活保障を行うという社会保障の原理がいつの間にか後退していって、就労対策のほうがこれに優先されるというような事態になれば、社会保障法学にとっても決して望ましいことではない。

地方分権の動きについても多くの課題が残されている。特に市町村を福祉・介護サービスの実施主体とする一連の社会保障制度改革は、市町村の財政規模や人口構成の違いによって市町村間にサービスの格差をもたらすのではないか、それは一定のサービスの質と量を等しく国民に保障するとしてきたナショナル・ミニマムの考え方と齟齬するのではないかといった批判はいまだに続いている。また、生活困窮者自立支援法の与えるサービスのほとんどは社会福祉協議会、ＮＰＯ、社会福祉法人等の民間団体に委託することができるようになっている。そうなれば、委託された民間団体の規模や人的資源、力量によって、サービスの量と質について、大きな格差が出ることが懸念されている。また、二〇一四（平成二六）年の介護保険法改正によって、それまで保険給付として行われてきた要支援者に対する訪問介護と通所介護が、市町村が運営する地域支援事業へと移行されるとともに、これに見守り、配食などの日常生活支援サービスを組み合わせて、新しい「介護予防・日常生活支援総合事業」へと再編成されることになった。要支援者に対する介護予防については、市町村が地域の実情に応じて、住民の参加を得て、効果的かつ効率的なサービスの提供ができるようにしたとの改革であろうが、ボランティアなどの担い手不足が慢性的に続いている状況のなかで、果たして、どこまで「地域の実情に応じた」事業展開ができるのか、不安はやはりぬぐいきれない。さらには、ボランティア等のインフォーマル・サービスを含めたことで、介護保険法のカバーする範囲や国・地方公共団体の責任があいまいになっていくのではないかという印象をもつ者や、住民相互の助け合いを基本とする地域福祉のシステムを、金銭給付方式をとる介護保険法のなかに取り込んでくることに違和感をもつ者もいるかもしれない。

本書は、「自立支援」と「地方分権」の問題について、生活保護法と介護保険法の二つの法制度を中心にして、最近の制度・政策の展開とそこに潜む問題点や課題について検討しようとしたものである。それぞれの章の初出原稿は以下の通りである。

第1部　生活保護法における自立支援と地方分権

第1章　資産・能力活用と生活保護
（日本社会保障法学会編『講座社会保障法　第五巻　住居保障法・公的扶助法』法律文化社、二〇〇一年一一月）

第2章　生活保護法と自立―就労自立支援プログラムを中心として
（社会保障法第二二号、日本社会保障法学会、二〇〇七年五月）

第3章　就労自立支援プログラムの導入と雇用政策との融合
（アドミニストレーション第一八巻三号四号合併号、熊本県立大学総合管理学会、二〇一二年三月）

第4章　地方分権と所得保障―生活保護制度を中心として
（社会保障法第二七号、日本社会保障法学会、二〇一二年五月）
第5章　最低所得保障と雇用促進政策―荒木理論を手がかりとして
（荒木誠之先生米寿祝賀論文集『労働関係と社会保障法』法律文化社、二〇一三年一月）
第6章　生活保護法二〇一三年改正と生活困窮者自立支援法の制定
（書き下ろし）

第2部　介護保険法における自立支援と地方分権

第1章　保健・医療・福祉の連携と地方自治
（河野正輝・菊池高志編『高齢者の法』有斐閣、一九九七年一二月）
第2章　介護保険法における新予防給付と地域支援事業
（アドミニストレーション第一二巻第一号二号合併号、熊本県立大学総合管理学会、二〇〇五年一二月）
第3章　介護保険法二〇一一年改正の評価と今後の課題
（ジュリスト№一四三三、有斐閣、二〇一一年一一月）
第4章　介護保険法二〇一一年改正と報酬体系の改定
（アドミニストレーション第一九巻二号、熊本県立大学総合管理学会、二〇一三年二月）
第5章　介護保険制度改革における二〇一四年改正の意味
（アドミニストレーション第二一巻二号、熊本県立大学総合管理学会、二〇一五年三月）

このなかには、かなり前に書かれた原稿もあり、なかには制度改革前の記述もあるかもしれないし、また、相互に重複した記述もあるかもしれない。それから、なによりも、本書の題名が『社会保障法における自立支援と地方分権』となっているにもかかわらず、自立支援と地方分権との相互関連性や連動性についての考察はなされておらず、それぞれのテーマについての個別の論述がなされているにすぎないということである。この点についても読者の方々にお詫びをしなくてはならない。

著者がこのテーマに興味をもったきっかけは、偶然といえばそうかもしれない。「地方分権」のほうは、一九八八（昭和六三）年五月、熊本大学で開催された第一三回社会保障法学会シンポジウム「地方自治と社会保障」に報告者の一人として加えてもらい、「最近の社会保障制度の改革と地方自治―補助金削減一括法と事務整理合理化法をめぐる問題点」というテーマで報告をしたことがきっかけとなった。当時、社会保障を地方分権の視点から考察するという研究はあまりなされておらず、そのため、何をどう扱って報告したらよいのか、その出発点の段階でずいぶん苦労したことが懐かしく思い出される。

「自立支援」のほうは、一九八八（昭和六三）年のアメリカ合衆国ノースカロライナ州デューク大学ロースクールに一年間留学したことがきっかけである。同年の八月に、筆者は、到着したばかりのジョージア州アトランタのホテルで新聞を見ていたときに、「五〇年ぶりの福祉大改革」という見出しに気づいた。そこには、生活保護を受給している母子家庭の母親に対して就労を促進することを目的とする「家庭支援法」（Family Support Act）の成立が大きく報道されていたのである。Workfare の始まりである。その法律には、もし、就労しないときは、代わりに生活保護受給金額分だけ公共作業に従事させるという政策も含まれていた。帰国してすぐに東京大学で開催された日本社会保障法学会第一八回大会（一九九〇（平成二）年一〇月）で、「アメリカ公的扶助制度の最近の動向―就労奨励政策の展開」と題する研究報告を行ったが、そのときには、日本では生活保護受給者もそれほど多くはなく、また財政も今ほど逼迫していなかったためか、アメリカではそんなことをやっているのかという程度であまり関心はもってもらえなかったような感じであった。しかしそれから一〇年以上たった二〇〇三（平成一五）年、著者は、厚生労働省から「生活保護制度の在り方に関する専門委員会」のメンバーになってくれないかという要請を受けた。日本でもようやくWorkfareが本格的に始まろうとしていたのである。

九州大学大学院法学研究科に入学してから数えると、今年で、四〇年間の研究生活を過ごしてきたことになる。思い返せば四〇年間何を研究してきたのだろうかと、満足な研究成果をあげることができなかった研究面については、ただただ反省することばかりである。しかも、今年は熊本県立大学総合管理学部を定年退職する年である。そこで、これを機会に、自信作といえるような論文はどれひとつとしてないのであるが、せめて研究生活の区切りとして、これまで書いてきたいくつかの論文を集めて、退職の年に刊行しようと考えた。

研究面ではたいした成果をあげることができなかったが、しかし、大学生活・研究生活そのものについては、恵まれた環境にあったことを多くの人たちに感謝しなくてはならない。恵まれた環境とは、良き恩師と良き研究者仲間、そして良き教え子をもつことができたことである。なんといっても、九州大学大学院時代からご指導いただいた九州大学名誉教授の荒木誠之先生からは、言葉に言い尽くせないほどのご恩を受けた。「本書の内容については『石橋くんもまだまだだね。』といわれそうだが、ともかく荒木先生がお元気なうちに、本書を届けることができるのは望外の喜びである。」と初稿に書いたのであるが、残念ながら、荒木先生は、一一月一二日、かえらぬ人となられた。突然の訃報に愕然とすると同時に、もう少し早く刊行しておけばよかったと悔やまれてならない。また、良永彌太郎熊本大学名誉教授、柳澤旭山口大学名誉教授、阿部和光久留米大学教授、山田晋広島修道大学教授には、研究面でのサポートはもちろんのこと、公私にわたっていろいろとお世話になった。さまざまな機会に、肝臓を虐待しながら、夜遅くまで付き合ってくださった四人の研究仲間にあらためて感謝の意を表したい。熊本女子大学生活科学部時代、熊本県立大学総合管理学部時代を通して、学内外で、筆者の仕事を手伝いながら、あるときは叱咤してくれ、あるときは激励してくれた多くの教え子にも、手を合わせなくてはならない。多くの教え子の支えがあったからこそ、ここまでやってこられたのかもしれない。こうして書いてくると、たくさんの方々のご厚情をえて幸せな大学生活であったことをいまさらながらに思う。

最後になったが、本書の刊行について、めんどうな作業を快く引き受けてくださった法律文化社編集部の小西英央氏に厚くお礼を申し上げたい。なお、本書は、熊本県立大学総合管理学会の出版助成を受けたものである。総合管理学会にも感謝申し上げるしだいである。

二〇一五（平成二七）年一二月

石橋　敏郎

目次

第2部　介護保険法における自立支援と地方分権

第5章　介護保険制度改革における二〇一四年改正の意味――241

第1部

生活保護法における自立支援と地方分権

第1章 資産・能力活用と生活保護

Ⅰ はじめに

生活保護法四条は次のように規定している。これを補足性の原理という。

「保護は、生活に困窮する者が、その利用し得る資産、能力その他あらゆるものを、その最低限度の生活の維持のために活用することを要件として行われる。

2 民法（明治二九年法律第八九号）に定める扶養義務者の扶養及び他の法律に定める扶助は、すべてこの法律による保護に優先して行われるものとする。

3 前二項の規定は、急迫した事由がある場合に、必要な保護を行うことを妨げるものではない。」

すなわち、生活保護を受けようとする者は、まず自己の資産、能力その他一切の生活手段を活用して生活の維持を図るべきであり、それでもなお不足する場合に限って生活保護給付が行われるという趣旨である。しかし、一九九〇年代に入って増加している生活保護訴訟は、その多くが、資産活用、収入認定、稼働能力の活用、それに対する指導・指示をめぐる問題であるといってよい。生活保護適正化政策下で特に指摘されるようになった不正受給も、もとはといえば資産活用や収入認定についての誤った判断や硬直的な運用が原因となっている場合が少なくない。

この場合、補足性の原理をどのようなものととらえるか、また、生存権保障の原理（生保法一条、自立助長を含む）、無差別平等の原理（同二条）、最低生活保障の原理（同三条）との関連をどのように理解するかは重要である。つまり、社会的責任の原理との矛盾的構造のなかで補足性の原理を考えていけば、一条、二条、三条の原理との調整、調和がまず検討され、あるときには、これらの原理がリードする形で一定の資産の保有が認められるような方向で解決されるであろうし、もし、生活保護制度が、公費によって賄われていることや国民感情、社会倫理という面が強調されれば、おのずと資産保有や労働能力の活用は厳格に解され、保護が制限される方向に動いていくであろう。そこで、まず、補足性の原理の根拠を概観したうえで、資産の活用と能力の活用のそれぞれについて、実務上の問題点や代表的訴訟を紹介することにした。これまで、否定的イメージの強かった「自立助長」を、人格的自立を含めて、被保護者の人権を保障するものとして積極的に理解すれば、個別の事情に合わせたより弾力的な判断も可能になってこよう。

さらに、最近は、国民生活が以前とは比べものにならないほど向上した反面、リストラによる失業者、ホームレス、貧困外国人等の新しい問題も登場してきた。こうした新しい状況のなかでは、生活保障はもちろんのことであるが、積極的就労支援策としての生活保護制度のあり方についても考えなくてはならないであろう。

Ⅱ　補足性の原理の根拠

補足性の原理がどのような意味をもっているのかについては、自己責任の原則を基本に置きながらも、その根拠やとらえ方については必ずしも一致しているわけではない。

① **資本主義社会の基本原則である自己責任の原則に対して補足的役割を果たすと説明するもの**　小山進次郎『改訂増補　生活保護法の解釈と運用（復刻版）』（全国社会福祉協議会、一九七五年、一一八頁）では、補足性の原理は「資本主義社会の基本原則の一つである自己責任の原則に対し、生活保護制度が云わば補足的役割を荷うという事実を前提として構成されており……」と述べられている。判例もおおむねこの考え方をとっているといってよい。

② **生活保護の費用が租税によって賄われていることに根拠を求めるもの**　例えば、「この原理は、保護に要する費用が国民の税金によって賄われていることなどから、保護を受けるためには、各自がその持てる能力に応じて最善の努力をすることが先決であり、そのような努力をしてもなおかつ最低生活が維持できない場合に保護が行われることを意味している」(1)とか、生活保護制度の「基金が、主として国民が自己およびその家族の生活を維持するために保有する資産およびその労働による成果としての収入の一部を差し引いて納入したものである」という点に求め、個人責任ないし自己責任の原理は、資本主義社会および社会主義社会の違いを超えた「普遍的な社会生存の形式である」(2)等の説明がこれに当たるであろう。

③ **国民感情や社会倫理を強調するもの**　「資産や能力の活用は、……国民各個人が誰でも行う生活努力なのである。［これは、］現在における国民感情であり、社会倫理であるといえよう。補足性の原理として打ち出されているのも、生活の維持向上に関する当然の条理が明文化されているに過ぎないのである。……憲法で示された権利としての生活保護といえども、それが社会保障制度の一環として公費により賄われ、国の責任において行われる以上、国民感情、社会倫理を無視して成立し得ないのは当然である(3)」。

④ **社会的責任の原理との対抗関係あるいは矛盾的関係を意識したもの**　「利潤追求の資本の原理を基調とする資本主義社会なるがゆえに、貧困は個々人の責任でないにかかわらず、そのような社会なるがゆえに、また逆に自助の原

則が個々人の行動の規範として要求される。補足性の原則は、その矛盾的表現といえる。その意味で、補足性の原則は、救貧法とか扶助法といわれるものの本質的指標である」[4]。

補足性の原理の根拠を論ずることは、それが、資産活用、収入認定、稼働能力の活用、それに対する指導・指示等について問題となったときに、議論の出発点を与え、結論への方向付けを行うことになるからである。例えば、公的扶助受給者の経済的自立のために就労促進政策を強化した法律であるアメリカの「家庭支援法」（Family Support Act, 1988）が審議される段階で、「人々を貧困と福祉依存から救い出し、働くという習慣、及びこれを日課とするような方向に導くことがこの法案の目的である」（H.R. 1720, Family Welfare Reform Act）という主張がなされている。こうした立場に立てば、受給者の経済的自立に向けてかなり厳しい就労促進政策が提案されることになろう。しかし、これでは、勤労の義務ばかりが全面に出て、公的扶助を受ける権利という視点が薄くなってしまう危険がある[5]。

もしこれを、社会的責任の原理や生存権原理との対抗関係のなかで理解していくとすれば、もう少し違った理解がなされる。すなわち、生活保護法の一条から三条までの生存権的理念に対して、補足性の原理は、「伝統的な惰民防止的側面であると同時に、公的扶助に宿命的についてまわる問題であり、マイナスの理念」であると解され、したがって、その運用をあまりに厳格にすれば、生活保護法の「新しい理念が実質的に形骸化していくこと」へとつながっていくという指摘等がそれである[6]。

次に、生活保護法は、生活に困窮するすべての国民に対し（生保法一条）、無差別平等（同二条）に保護を与えることになっている。したがって「生活に困窮していること」が受給資格である。これに対し、四条は保護実施の要件を規定したものと解される。それについて、小山進次郎は次のように説明している。

「第一項の規定は、実質的にはこの法律による保護を受けるための資格を規定しているものであるが、この場合、この規定が正面から受給資格を規定する形を採らなかったのは、……そうすれば必ず何等かの形において欠格条項を設けざるを得なくなるからであって、この条文においてはこれを避け、保護実施の要件として規定することにより、多少の弾力性を持たせることにしたのである」（一一九頁）。ちなみに旧生活保護法二条は次のような規定であった。

「左の各号の一に該当する者には、この法律による保護は、これをなさない。
一　能力があるにもかかわらず、勤労の意思のない者、勤労を怠る者、その他生計の維持に努めない者
二　素行不良な者」

この説明を素直に読めば、受給資格として正面から規定すると、旧生活保護法のように、稼働能力をもっていながら、働こうとしない者を直ちに適用除外とすることになってしまうので、まず生活に困窮している者には保護を与えることを前提にして、その後で、受給要件を満たしているかどうか、つまり、稼働能力を活用する意思や、それが活用できる客観的な状況にあるかどうかを判断して、そのまま保護を継続するなり、あるいは、生活保護法四条三項を適用して、急迫した事由に該当するとみて、すみやかに必要な保護を行い、事情によってはその後で返還してもらう等（同六三条）の措置がとれるようにしたと理解できる。それが、小山のいう「保護実施の要件として規定することにより、多少の弾力性を持たせることにした」ということの意味であろう。ホームレスの生活保護受給に関して、今回、全国厚生労働関係部局長会議（厚生分科会）で出された厚生労働省社会・援護局資料「生活保護の適正運営について」（二〇〇一年一月一八日）が、「いわゆるホームレスに対する生活保護の適用については、単

に居住地がないことや稼働能力があるということのみをもって保護の要件に欠けるということはなく、真に生活に困窮する方々は、生活保護の対象となるものである。」と述べているのは当然のことであろう。しかし、これまでは、旧生活保護法の規定と同じような運用がしばしばなされてきたのではないかという疑問がもたれていたのである。

それは、生活保護法の規定の仕方とも関係するかもしれない。ドイツの社会扶助法二条および一一条一項は、次のような規定になっている。「他の者、特に家族ないしは他の社会給付主体から必要な援助を受けている者、又は自助可能な者は、社会扶助を受給できない」。「生活扶助は、自らの能力と資力、特に収入と資産で自らの必要生活費をまかなえないか、又は、十分に、まかなえない者に支給される」(7)。ここでは、他から援助を受けているとか、現有する資産で生活が賄えるとか、現に最低生活が維持されている者は扶助を受給できないと規定しているのである（後位性原則）。わが国では、「資産、能力その他あらゆるものを……活用することを要件として行われる。」という規定の仕方がとられているので、すべて資産を使い切った後でなくては保護を受けることができないとか、稼働能力のある者はそれだけで保護を受給できないとの解釈が成り立ちやすかったともいえる。

もちろん、四条一項の「その利用し得る」という文言と「活用」という文言は、資産の使用を絶対的条件とした り、稼働能力の存在だけで保護受給を否定することのないように、意識して挿入されたことは立法制定の過程からみても明らかである。小山は、この二つの文言は、「生活保護制度の運営の実際が、この点に関し、あまりにも機械的で自立の源をわざわざ涸渇させているという批判」（一一九頁）があったので、このような硬直的な運用を避けるための配慮のもとに選ばれた言葉であることをはっきりと述べている。「その他あらゆるもの」という表現があまりにも漠然としていて、何もかも失った状態でないと保護されないというように解釈される危険があるので、「この規定全体の与える印象が暗いものになっていると批判されているが、この点衷心から心苦しく感じている次第である」（一一九頁）ともいっている(8)。わが国の生活保護法四条一項の補足性の原理が「保護の受給要件」を定めたものという意味は、ドイツ社会扶助法と同趣旨と解されるべきであろう。

Ⅲ 資産、能力の活用

わが国では、要保護者に対して、最低生活維持のために有効な資産は一定の範囲で保有を認めるが、その他のものはこれを換価処分または賃貸することを求めている。何を、どの範囲で保有させるかについては、生活保護法は具体的規定を置いておらず、すべて告示・通達（保護の実施要領）に任されている。しかし、実際には、この通達の基準に基づいて保護給付を受けられるかどうかが決定されるのであるから、極めて重要な問題であるといえる。ただ、この基準にはあいまいなものが多く、この基準により収入と認定されたケースをめぐって訴訟が続出していることは周知の通りである。少なくとも基準の基本的枠組みや運営の基本方針は法定化し、この方針に沿った細かな基準については、行政通達に委ねるという方法をとるべきであったと思われる。

1 資産の活用

資産とは、土地（宅地、田畑、山林および原野）、家屋（住居の用に供される家屋、その他の家屋）、事務用品（事業用設備、事務用機械器具、商品、家畜等）、生活用品（家具什器および衣類寝具、趣味装飾品、貴金属および債券、その他の物品）をいう。これらの資産は、最低限度の生活維持のために必要である限り保有が認められるが、それを超える部分については処分（売却）して生活費に充てるものとされている。ただし、売却によりがたいときは貸与によって収益をあげる等の方法が認められている。生活用品についていえば「当該地域の一般世帯との均衡を失することにならない」（局長通知三・四・四）程度の物品については保有が認められることになっており、その基準は、具体的には、当該地域の全世帯の七〇％程度の普及率とされている。ただし、寝たきり老人や身体障害者等のいる世帯が、ルームエアコンを利用している場合、その保有が社会的に適当であると認められる場合は、当該地域の普及率が低い場合であっても、保有が認められる（全国社会福祉協議会編『生活保護手帳〔二〇〇〇年版〕』一三四頁）。

被保護世帯に収入がある場合は、生活を維持するための必要経費を調査し、それ以外は収入と認定し、保護の廃止や保護費の減額措置がとられる。この収入認定の基準も、資産の基準と同様重要であるが、ここでもすべて行政通達に委ねられているという点で問題がある。収入と認定しないものの取扱いは、事務次官通知七・三に記述されている、ここには、結婚・葬祭に関しての贈与、災害補償金、公害健康被害補償金、地方公共団体が支給する高齢者・障害者手当（八〇〇〇円以内）、児童の就労による収入等があげられているが、金銭収入については「当該被保護世帯の自立更生のためにあてられる額」という抽象的な限定がついている場合が多く、この解釈次第ではまったく違った結論が出る可能性がある。学資保険、扶養共済年金等、列挙項目に該当するかどうか判断が難しい事例も多い。

2　自動車の保有・借用使用

通勤用自動車の保有については、①障害者が自動車により通勤する場合、②山間へき地等の地理的条件・気象的条件が悪い地域に居住する者等が自動車により通勤する場合の二つに限って、自動車による以外に通勤する方法がまったくないか、または通勤することが極めて困難であり、かつ、その保有が社会的に適当と認められるときは、保有が許されている（全国社会福祉協議会編『生活保護手帳〔二〇〇〇年版〕』一三四頁）。なお、②の場合は、（一）世帯状況からみて、自動車による通勤がやむを得ないものであり、かつ、当該勤務が当該世帯の自立の助長に役立っていると認められること、（二）当該地域の自動車の普及率を勘案して、自動車を保有しない低所得世帯との均衡を失しないものであること、(三) 自動車の処分価値が小さく、通勤に必要な範囲の自動車と認められるものであること、(四) 当該勤務に伴う収入が自動車の維持費を大きく上回ること、のすべての条件を満たしていなくてはならない。「生活用品としての自動車については原則的には保有は認められないが、保有を容認しなければならない事情がある場合には厚生省とも十分協議のうえ判断していく」(厚生省社会・援護局保護課監修『生活保護手帳・別冊問答集〔一九九三年版〕』財団法人社会福祉振興・試験センター、八三頁、問一三四)。他人名義の自動車を一時借用して遊興等のために使用することは、所有・借用を問わず認められない(同八五頁、問一三八)。一時借用に関する事件として増永訴訟がある。(9)

【事案の概要】　原告が保護期間中勤務していたミモレ・ダイコクは交通の便が悪く、自動車では片道二〇分だが、公共交通機関になると一時間三〇分かかるし、原告には肺炎の既往症や持病もありバイクや自転車通勤は困難であった。そこで、弟の自動車を借用したり、他人名義の自動車を使用して通勤していた。一九九二(平成四)年一二月、今後自動車の所有、借用および運転はしない旨の誓約書を提出したが、その後も、鳳来軒の勤務では長女名義の車を使用して通勤していた。長男・長女を病院に送っていくこともあった。福祉事務所長は、自動車使用は正当な理由がなく、生活保護法二七条一項に基づく本件指示に違反したという理由で保護の廃止を決定したので、原告は、本件処分の取消しを求めて提訴した。

【判　旨】　判決は、資産とは、「売却ないし貸与による処分が可能であるものが念頭におかれていることが明らかである。そうすると、他人からの借用物のように要保護者に処分権限がないものは、同条にいう『資産』には含まれない……」としながらも、要保護者の自動車借用使用を認めれば、自動車をもたない低所得者との均衡を逸するし、「最低限度の生活の需要を超えない範囲で保障しようとする法の趣旨にも反する」として、法に違反する使用が一部みられたと判示している。

ただし、原告の違反行為は直ちに保護廃止処分を行うべき程悪質なものではなく、保護の変更や停止といったより軽い処分を行うべきであったとして、本件廃止決定は裁量権の範囲を逸脱した違法な処分であると結論づけている。

本件判決は、裁量権の濫用といういわば手続き的な面で処分の違法性を判示したものであり、借用自動車の保有そのものについてはこれを認めない立場をとっている。その理由は、低所得者層との均衡と最低生活水準の保障ということであろう。これは、補足性の原理の根拠を、国民感情や社会倫理に置く考え方に通じるものがある。もし、最低限度の生活という観点からだけではなく、自立助長という観点から本件をみていけば、もう少し違った判断がなされたかもしれない。

3　現金、預貯金、保険金の保有

現金や預貯金の保有は原則として認めないという立場に変わりはないが、一九九九年（平成一一）度から、保護開始時における手持金（預貯金を含む）については、当該世帯の最低生活費（医療扶助を除く）の五割までは保有が認められることになった（課長通知七・一〇・二）。保険の解約返戻金は、資産として活用させるのが原則である。ただし、返戻金が少額であり、かつ、保険料額が当該地域の一般世帯との均衡を失しない場合に限り、保護適用後、保険金または解約返戻金を受領した時点で法六三条を適用して返還させることを条件に、解約させないで保護を適用して差支えないとされている（手帳一三五頁）。解約返戻金が少額であるかどうかの判断および保険料・保険金の一般世帯との均衡の判断については、これまで社会通念によることが妥当であるとして保護の実施機関の判断に任されてきたが、一九九九（平成一一）年度にその運用の目安が定められた。それによると、保険料額については、最低生活費（医療扶助を除く）の一割程度以下を目安とし、解約返戻金については、最低生活費（医療扶助を除く）のおおむね三ヶ月程度以下を目安とすることになった（問答集八七頁、問一四〇）。また、実施要領上は明記されていないが、例えば、保護開始後おおむね一年以内に満期になるもの、入院特約等を活用中のもの、または活用が見込まれるもの、難治性疾患に罹患している場合や危篤状態にある場合には、引き続き実施機関の判断により、保険金の保有が認められることがある。[10]

ここでは、保護費を原資とする預貯金が問題となった加藤訴訟、学資保険が問題となった中嶋訴訟および扶養共済年金を対象とした高訴訟を簡単に取り上げることにしよう。

加藤訴訟[11]において、病気療養中の被保護者は、将来入院した場合の付添看護費用等に不安を感じて、生活保護費と国民年金（障害年金）を原資とする貯蓄（八一万円）を始めたが、これが収入と認定され、生活扶助が減額されたのを不服として、保護変更処分取消しを求めて訴えた。秋田地裁は、①保護費を原資とする預貯金は、被保護者が最低限度の生活を下回る生活をすることにより蓄えたもので、このような預貯金は、収入認定になじまない性質のものであること、②国民一般の感情からして異和感を覚えるような高額なものでないことを理由として、本件預貯金の保有を認めている。この判断基準は、中嶋訴訟の第二審判決に受け継がれている。

生活保護を原資として積み立てた学資保険の満期保険金（四四万九八〇七円）が収入認定されたことを争った中嶋訴訟では、第二審の福岡高裁[12]は、原告敗訴の第一審判決を覆している。そのなかで、高裁は、当該資産が収入認定の対象としての資産等に当たるかどうかの判断は法律解釈の問題であり、資産等に当たる場合に、実際にこれを最低限度の生活を営むために活用させるべきかどうか（収入認定するかどうか）は、保護実施機関の裁量に属する事項であるというように両者を明確に区分している。そのうえで、上記①と②の理由の他に、人間の尊厳にふさわしい生活の根本は、人が自らの生き方ないし生活を自ら決するところにあるのだから、支給された保護費については、最低限度の生活保障および自立助長といった生活保護法の目的から逸脱しない限り、これを自由に使用することができると述べている。

高訴訟は、障害者たる保護受給者が受けていた心身障害者扶養共済年金（月二万円）の収入認定が問題とされたものである。第一審、第二審ともに、[13]①法の目的とする「自立」とは、単なる経済的自立（施しを受けない生活）にとどまらず、その自律的な生活を助長するとの意も含んでいる、②扶養共済年金は、経済的生活保障というよりは、むしろ、障害者の福祉増進、自立助長の面の強いものと解すると述べて、扶養共済年金は、生活保護法四条一項の資産等、同法八条一項の金銭等に該当しないと判断している。

４　能力の活用

能力とは労働能力のことである。労働能力があり、かつ適当な就業場所があるにもかかわらず、就労しない者は、保護の補足性の要件を欠くものとして保護を受けることができない。保護を受けるに当たって、被保護者は、生活保護法施行細則に規定する「自立更生計画書」を作成し、ケースワーカーの援助のもとに自立を図ることになる。この場合、能力の活用という要件は、保護を開始するかどうかの判定や保護の廃止を伴う就労指導という形で問題となることが多い。就労指導は、医師の診断書を根拠にするが、具体的な就労指導にあっては、「被保護者の自由を尊重し……、被保護者の意思に反して……強制」されるようなことがあってはならない（生保法二七条二項、三項）。もちろん、要保護者に健康を害してまで働くよう要求することはできないし、また、労働能力の活用は適職に就くことによってなされるのが望ましく、要保護者の適職選択権も十分に尊重されなくてはならない。紹介された仕事が要保護者の能力からみて不適当と思われるときや、就職・職業訓練のために現在の住所を変更することを要するが、それが不可能と思われる場合、あるいは、就職先の賃金が一般の賃金水準に比べて不当に低いとき（雇保法三二条）等は、要保護者は就労を拒否できる。それを理由とする保護の拒否や廃止はもちろんできないし、要保護者に対する強制的な就労斡旋はつつしまなければならない。

労働能力の活用が問題となったのが林訴訟である。これについては、名古屋駅周辺にて野宿していた原告の生活扶助、住宅扶助申請を認めなかった福祉事務所長の処分に対して、地裁と高裁でまったく結論が異なる判決が出されている。すなわち、第一審判決[14]は、「利用し得る能力を活用する」との補足性の要件は、稼働能力の意思と実際に活用できる場があるかどうかで判断すべきであり、野宿生活をしている日雇労働者の原告が、右のような健康状態で就労先を見つけることは、極めて困難な状況であったと認定し、福祉事務所長が抽象的な就労可能性を前提として、稼働能力を活用していないと認定したのは明らかな法違反であると判断している。これに対して、第二審[15]は、就業の機会、就業の場が存在することの可能性を否定することはできないとして原告敗訴の判決を出し、この第二審は、最高裁[16]でも支持されている。

二審判決は、本件ホームレスに対して、真摯な態度で求人先と交渉すれば就労の可能性があったと推定できると判断しているが、実際に生活に困窮している保護申請者に対して、稼働能力活用を求めてそのまま放置できるのかどうか問題であろう。稼働能力活用を積極的要件とすると、保護申請者に稼働能力活用という事実上不可能な立証義務を課すことになるし、仮に、稼働能力を活用していないと認められたとしても、生活保護法四条三項にいう「急迫した事由がある場合」に該当するのではないかと思われる。ドイツ社会扶助法では、稼働能力活用義務は、「人格の自由な発達」という基本権と関連させて理解され、また稼働能力活用は、自立を助長するという目的実現の重要な手段であると考えられている。そのため、行政側にも、扶助受給者に対する援助や就労の機会の創出義務が課されている[17]。もっとも、この後、ホームレスの生活保護受給に関しては、生活に困窮している限り保護の対象となるという厚生労働省の通達が出されている[18]。

Ⅳ　自立助長と就労援助

１　生活保護法と自立助長

自立助長という目的は、小山進次郎によれば、「人をして人足るに値する存在たらしめるためには単にその最低生活を維持させるだけでは十分でない。およそ人はすべてそのなかに何等かの自主独立の意味において可能性を内包している。この内在的可能性を発見し、これを助長育成し、而うしてその人をしてその能力に相応しい状態において社会生活に適応させることこそ、真実の意味において生存権を保障する所以である」（九二頁）と述べられている。にもかかわらず、現実の生活保護行政のもとでは、自立助長イコール保護からの脱却と解され、保護を廃止して、ともかく、経済的自立を図るというような趣旨で理解されてきた。そこで、これに対する批判として、自立を経済的自立のみに限定しないで、被保護者の主体的生活者としての精神的自立ないしは人格的自立も含まれるとする新しい考え方が出てきたのである。しかしながら、近年、リストラ旋風が吹き荒れ、労働能力がありながら就労できていない失業者が激増し、また、ホームレスと呼ばれる人たちも増加している。こうしたなかで、「自立助長」を、実効性ある就労援助をして、要保護者の経済的自立を助けていくという積極的な意味で見直そうという動きがみられる。生活保護法のなかでこの役割を果たしているのが生業扶助（生保法一七条、生業費、技能習得費、就職支度費）であるが、実際には、十分機能しておらず、ようやく、二〇〇〇（平成一二）年度から、生活保護法のなかの技能習得費という制度を活用して、職業訓練を受けられる範囲を大幅に拡充し、資格取得を早めるという対策が講じられることになった。「自立助長」のためには、単に就労を促すのではなく、就労が可能になるように職業能力を高めるような支援をしていくことが必要であろう。

図表１－１－１　厚生労働省の統合系統図

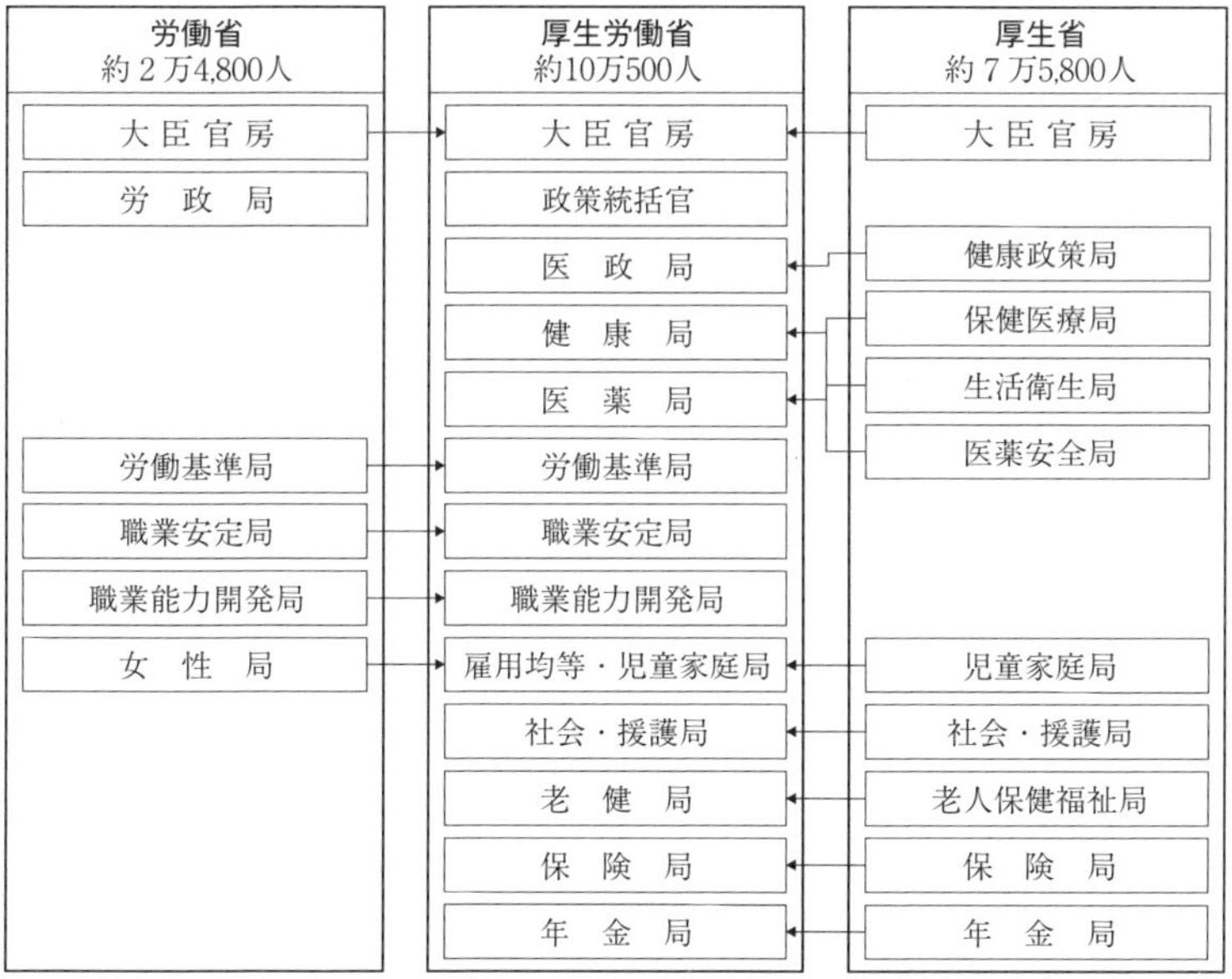

二〇〇一（平成一三）年四月から実施された改正雇用保険法では、離職が予想される定年退職者等には給付を最高一八〇日に縮減するとともに、中高年で「倒産、解雇等により離職を余儀なくされた者」（特定受給資格者）には、給付日数の拡大が行われている。しかし、それでもなお、日本は、九〇日から最大三三〇日までと失業給付の期間が短く、この基本手当が切れた後生活困窮になれば必然的に生活保護でカバーしなくてはならなくなる。これは、雇用保険の保険的構造からすれば、雇用保険が対象としている失業は短期的失業であり、長期にわたる失業は公的扶助に委ねるという立法政策に由来するものである。まして、雇用保険法制定後（一九七四（昭和四九）年）、失業保険給付は、労働力流動化政策立法としての色彩を濃厚にし、その結果、失業者の生活保障という機能が希薄になっていったことを考えると、失業者に対するセーフティネットとしての生活保護法の役割および就労援助政策（職業安定行政、職業能力開発行政等）との連携はますます重要になってこよう。

二〇〇一（平成一三）年一月、厚生労働省がスタートした。一九九八（平成一〇）年の「中央省庁等改革基本法」のなかの厚生労働省（原文は労働福祉省）の編成方針として、社会保障制度の構造改革の推進（中央省庁等改革基本法二五条一号）とならんで、労働政策と社会保障政策の統合、連携の強化の推進が規定されている（同二号）。さらに一九九九（平成一一）年の厚生労働省設置法では、その任務を社会福祉、社会保障、公衆衛生の向上・増進と労働環境整備、職業確保安定等と規定したうえで（同三条一項）、その所掌事務の筆頭に「社会保障制度に関する総合的かつ基本的な政策の企画及び立案並びに推進」を掲げている（同四条一項一号）。そして、このような制度の総合化の改革こそが新省になによりも期待されているのである。**図表1－1－1**は厚生労働省の組織を示したものであるが、名称をみる限りでは、厚生省・労働省の寄り合い所帯の感が強く、わずかに「雇用均等・児童家庭局」だけが、両省融合の実をあげているように思われる。(19) 新設された「政策統括官」が連携・調整の役割を担うのであろうか。厚生労働省には生活保護と雇用との有機的連携を強化するような政策が望まれる。

2　アメリカにおける保護受給者に対する就労促進政策と受給者の権利

アメリカにおいても、一九六五年以降、公的扶助（AFDC、要扶養児童を有する家庭に対する扶助）受給者の数が急激に増加したことを受けて、連邦支出抑制のために、保護申請手続きの厳格化、受給要件の絞り込み、不正受給の防止といった公的扶助適正化政策とあわせて自立助長に向けての就労促進政策がとられるようになった。アメリカの就労促進政策には、強制的公共作業（Workfare）のような確かに強引な政策との印象をもたれる部分もいくつかみられるが、しかし、保護受給者の権利保障の規定も明文化されている等評価すべき点も数多くある。

ここでは、ＡＦＤＣ受給者の職業訓練・自立促進政策と受給者の権利について、「家庭支援法」（Family Support Act, 1988）の規定を簡単にみておくことにしよう。それまでの雇用促進政策は以下のような点で問題をもっていた。

①予算が不足して、教育と職業訓練には予算が回らず、職業紹介だけが実施されるというありさまだった。②個人の事情に合わせた訓練や援助ができずに、まず職業紹介所に行って求職活動をし、それに失敗した者だけにアセスメントが実施された。③雇用促進プランに対する不服申立てが不十分であった。④給付停止という脅しのもとに就労が強制された。⑤高校までの教育が原則で、大学教育は二年間に限られ、しかも、大学教育が雇用につながることを立証しなければならなかった。

家庭支援法の定める雇用機会・基礎技術訓練計画（JOBS, Job Opportunities and Basic Skills Program）は、実務上は、参加申込み→査定（アセスメント）→雇用プランの作成→参加者と行政機関の契約→担当者の割当て（case manager）という順序で実施されるが、その過程において参加者に以下のような権利保障がなされている。①情報を十分に知らされる権利、②アセスメントを受ける権利（福祉機関は最初に、就労経験、技能、個人的な家庭の事情等につきアセスメントを行わなくてはならない）、③雇用プランの作成（最大限参加者の希望を反映したものでなくてはならない）、④計画への割当ては、参加者の能力、経験、健康状態、家庭、住居等を考慮したものでなくてはならない、⑤ケースマネージャーの割当て、⑥制裁から保護される権利（事前聴聞手続き、制裁措置の期間を制限する）、⑦就労を拒否する権利（no-net-loss-of-income provision, 就労しても所得がAFDCを受けていたときよりも低くなる場合は、就労を拒否してよいとする権利）。

しかしながら、連邦レベルでの支出削減や就労促進はこれらの一連の改革でも成功せず、一九九五年当時で約五〇〇万家庭がＡＦＤＣを受ける状況であった。このような社会的状況のなかで、クリントン大統領は、一九九六年に「個人責任と就業機会調整法」（The Personal Responsibility and Work Opportunity Reconciliation Act）に署名し、「貧困家庭への一時的扶助」（TANF, Temporary Assistance for Needy Families, 1966）が、ＡＦＤＣと雇用機会・基礎技術訓練計画（JOBS）にとって代わることになった。[20]

V　生活保護適正化と不正受給

一九八〇年代に入って、マスコミで生活保護の不正受給が取り上げられるようになり、これを受けて、いわゆる生活保護適正化政策が本格化することになった。一九八一（昭和五六）年の厚生省社会局通知「生活保護の適正実施の推進について」（社保一二三号）は、不正受給の防止の目的のもと、保護申請時の資産保有状況および収入状況の調査を徹底するために、①収入・資産の申告書を詳細化して、収入内容が事実である旨の署名捺印、②実施機関に包括的な調査権を認めるために、関係先（銀行、雇主等）に照会してもよい旨の同意書の署名捺印を求めることになった。この通知は、「暴力団関係者の不正受給を排し、真に生活に困窮している者を保護する」ことを標榜しているが、その内容は一般的な濫給防止対策である。こうした適正化政策のもと、なによりも被保護者にとっての脅威は、ささいな資産の保有、わずかな収入の不申告に対して刑罰を科されることであった。

不正受給を直接規定しているのは生活保護法七八条と同法八五条である。

七八条「不実の申請その他不正な手段により保護を受け、又は他人をして受けさせた者があるときは、保護費を支弁した都道府県又は市町村の長は、その費用の全部又は一部の返還を命じることができる。」

八五条「不実の申請その他不正な手段により保護を受け、又は他人をして受けさせた者は、三年以下の懲役又は三〇万円以下の罰金に処する。ただし、刑法に正条文があるときは、刑法による。」

不正受給の大半は、保護受給中に収入があったのに申告しなかったとか、預貯金を申告しなかったというような届出義務（生保法六一条）違反である。不正受給が発見された場合、まず、保護の不利益変更、停止・廃止（同二五条二項、二六条一項）の措置がとられ、その後、次の四つの処置がなされる。①六三条により不正に受給した分の返還を求める。六三条は、本来、急迫の場合に扶助費を支給した後の事後調整規定であるが、七八条が不正受給分の全額返還を求めているので、受給者に不当に受給しようという意思がなかった等の事情によっては、返還額の裁量が可能な六三条が援用される場合がある。②七八条により不正に受給した保護費の徴収。③八五条による行政罰の適用。行政罰を科される者は、七八条の費用徴収にとどまらず行政罰を科さねばならないほど不正受給の手段・方法が悪質であるが、その行為が刑法二四六条の詐欺罪の構成要件に該当するに至らないものである。七八条により不正受給額を全額徴収された場合も、なお八五条により罰金を科しうる。④刑法二四六条の詐欺罪の適用。この場合、不正受給が詐欺罪の保護法益とされている個人的法益を侵害するかどうか、六一条の届出義務を法律上の告知義務と解するか否か、被保護者に真実の届出をする期待可能性があったかどうか等により詐欺罪の成否が決定される。さらに問題なのは、現行法下で不正受給事件は、ほとんど八五条但書の刑法（詐欺罪）により処断されていることである。

不正受給のなかには、一部の悪質な事例は除いて、補足性の原理の解釈・適用の誤りであったり、ケースワーカーの知識不足で、年金や各種手当の受給に気づかず、結果的に不正受給の形になってしまったものも少なくない。また、不正受給とされたケースのなかには、受給者の生活環境や家族の実態を十分把握しておれば決して悪質とはいえないものもあるはずである。罰則を伴う刑事事件であればなおさら、補足性の原理と生存権保障（自立助長を含む）、最低生活保障の原理との対抗関係が意識されなくてはならない。例えば、被保護者に真実を申告させることができたかどうかの判断（期待可能性）においても、どのような場合に、何を基準にして、どの程度期待することが可能だったかを対抗関係のなかで考えていかなくてはならないであろう。そうならば、「保護の適正な運営を図るためには、被保護者の実情を把握することが必要不可欠であり……」[21]というように適正化という観点からだけでなく、家族の病気、借金、多子等の理由により生活保護費だけでは生活できないので隠れて働きに行き、その収入を届け出なかった事例（森本事件）や、自分は病気で妻が働きに行き、その日当六〇〇円を三〇〇円と過少に届け出た事例[22]のように、切羽つまった生活をしている者に、真実の届出を期待することができたかどうかを照らし合わせて議論しなくてはならないであろう。[23]

不正受給といわれる事案には、被保護者の生活問題をケースワーカーが把握せず、適切な相談・援助業務が行われないまま推移したものが相当数あるといわれている。ケースワーカーの一人当たりの担当数が多く、十分なケースワークができないとか、二、三年で他の部署へと転勤するため、専門性が育たないという現場の声も聞く。福祉事務所の体制強化や、査察指導員、ケースワーカーの資質の向上が不正受給の防止にとっても重要である。

Ⅵ　おわりに

補足性の原理は、個々人の行動の規範として、自分の生活は自分で支えるべきだという自己責任の原理を基礎に置いたものであり、本質的に、貧困や傷病は個人の責任ではなく、社会のもつ危険がその人に顕在化したものだとする社会的責任の原理と矛盾する構造をとっている。補足性の原理が、生活保護法の本質を最もよく表しているというのはそういう意味においてであろう。しかし、このことは、同時に、補足性の原理は、当然にして、生存権保障の原理（生保法一条、自立助長を含む）、無差別平等の原理（同二条）、最低生活保障の原理（同三条）との対立・調和のなかで理解されるべきであって、これらの原理を侵害する形での運用は許されないということを意味する。これまでの生活保護行政のなかで、「補足性条項だけが一人歩きし、自己肥大[24]」したような運用が行われてきたことが、最近の相次ぐ訴訟で問題とされているのである。

次に、自立助長を補足性の原理の弾力的運用や処遇過程での被保護者の権利を強化することを可能にする概念として位置づけることが考えられなくてはならない[25]。これまでは、自立助長には、保護からの強引な脱却という否定的なイメージがつきまとっており、その批判として、自立とは経済的自立だけでなく、精神的・人格的自立も含むものという新しい考え方が提案されてきたのである。また、「最低限度の生活」（同三条）や「最低保護基準」（同八条）は、ともすれば、それ以上でも以下でもない一線と解され、保護受給者の資産や収入をたやすく控除する根拠とされたり、他の保護受給者や低所得者との均衡や国民感情、社会倫理を考慮するという方向で議論されがちであった。もし、これを「自立助長」との関連で考えれば、保有できる資産や労働能力の活用という点で、ある程度の幅が認められ、補足性の原理の弾力的な運用が可能になるであろうし[26]、要保護者・被保護者の健康状態・技能・個人的な家庭の事情等を考慮した個別的な職業訓練・就労援助ができるはずである。

二一世紀を迎え、これまで社会福祉が主として担当してきた「貧困問題」に加えて、心身の障害、不安、社会的排除や摩擦（路上死、外国人、中国残留孤児）、社会的孤立や孤独（家庭内の虐待・暴力）という問題が重複・複雑化して現れてきている。補足性の原理は、こうした新たな社会問題に対して、保護を抑制するような方向ではなく、むしろ、積極的役割を果たすことができるよう、生存権保障や支援型自立助長との関係で再検討される時期がきたのではないかと思われる[27]。

（1）　藤井康「生活保護制度」社会福祉士養成講座編集委員会編『社会福祉士養成講座6　公的扶助論』（中央法規出版、一九八九年）三二頁。

（2）　明山和夫『生活保護―制度とそのあり方』（ミネルヴァ書房、一九六七年）七一頁。

(3) 厚生省社会・援護局保護課監修『生活保護手帳—別冊問答集〔一九九三年版〕』（社会福祉振興・試験センター、一九九三年）三九四頁。

(4) 小川政亮『社会事業法制〔第二版〕』（ミネルヴァ書房、一九八六年）二二四頁、笛木俊一「生活保護制度の歴史的推移に関する覚書—生存権原理と補足性原則の対抗関係の視点から」社会福祉研究六六号（一九九六年）五五頁。

(5) これについては、「改革の目的は、制度上のそれより、個人の性格の変更である。争点が、受給者の心理的受動性の面からのみ組み立てられており、貧困の原因である経済の状況が除外されてしまっている」という批判を受けている（Ann VanDePol and Katherine E. Meiss, California's GAIN: Greater Avenues or a Narrow Path - The Politics and Policies of Welfare Reform and AFDC Work Programs in the 1980s, *3 Berkeley Women's Law Journal* 49 (1987-1988)）。

(6) 中村永司「生活保護の基本原理」西尾祐吾・清水浩一編『社会福祉士・介護福祉士養成講座—公的扶助論』（相川書房、一九九一年）一八頁。

(7) 木下秀雄「最低生活保障における稼働能力活用義務と扶助支給制限—ドイツ連邦社会扶助法を手がかりとして」賃金と社会保障一二七〇号（二〇〇〇年）五九頁。

(8) 「その他あらゆるもの」という文言は削除すべきであると述べているものに、木下秀雄「二一世紀の社会保障と生活保護の役割」尾藤廣喜・木下秀雄・中川健太朗編著『生活保護法の挑戦—介護保険・ホームレスの時代を迎えて』（高菅出版、二〇〇〇年）三四八頁。

(9) 福岡地判平一〇・五・二六判タ九九〇号一五七頁、賃金と社会保障一二三〇号五二頁。

(10) 田畑洋一『公的扶助論』（学文社、一九九九年）三七頁。

(11) 秋田地判平五・四・二三判時一四五九号四八頁、判タ八一六号一七四頁。

(12) 福岡高判平一〇・一〇・九判タ九九四号六六頁、賃金と社会保障一二四〇号三七頁、福岡地判平七・三・一四判タ八九六号一〇四頁、賃金と社会保障一二四〇号五七頁。

(13) 金沢地判平一一・六・一一賃金と社会保障一二五六号三八頁、名古屋高裁金沢支部判平一二・九・一一、田中明彦「高訴訟高裁判決とこの訴訟が問うもの—生活保護のあり方と社会保障の課題」賃金と社会保障一二八六号（二〇〇〇年）五八頁。

(14) 名古屋地判平八・一〇・三〇判タ九三三号一〇九頁、賃金と社会保障一一九三・一一九四号七六頁。

(15) 名古屋高判平九・八・八判タ九六九号一四六頁、賃金と社会保障一二一二号二八頁。

(16) 最判平一三・二・一三賃金と社会保障一二九四号二一頁。なお、最高裁は、「生活保護法による保護を受ける権利は一身専属の権利であるところ、……本件訴訟のうち保護開始決定の取消しを求める請求に関する部分は、上告人の死亡により終了した」と述べている。

(17) 木下・前掲論文（注７）五八頁。

(18) 全国厚生労働関係部局長会議（厚生分科会）厚生労働省社会・援護局資料「生活保護の適正運営について」（二〇〇一年一月一八日）。ホームレスに対する緊急の対策については、厚生省社会・援護局「社会的な援護を要する人々に対する社会福祉のあり方に関する検討会報告書」（二〇〇〇年一二月八日）。

(19) 高藤昭「新厚生労働省の使命―社会保障・福祉総合化の観点を中心に」週刊社会保障No.二一二五（二〇〇一年）二四頁。

(20) 松原康雄「児童と家族の福祉(二)」仲村優一・一番ヶ瀬康子編『世界の社会福祉九　アメリカ・カナダ』（旬報社、二〇〇〇年）一一七頁以下。

(21) 森本事件：東京高判昭四九・一二・三高刑集二七巻七号六八七頁。

(22) 宇和島事件：高松高判昭四六・九・九刑裁月報三巻九号一一三〇頁。

(23) 桑原洋子「公的扶助の課題と展望―不正受給」石本忠義ほか編『社会保障の変容と展望』（勁草書房、一九八五年）三三七頁。

(24) 小川政亮『社会事業法制〔第４版・改訂〕』（ミネルヴァ書房、一九九四年）二五二頁。

(25) 河野正輝「生活保護法の総論的課題」社会保障法七号（一九九二年）七三頁。

(26) 宇野裕・菊池馨実・八代尚宏・鼎談「これからの生活保護制度を展望する―生活保護法施行五〇周年を迎えて」月刊福祉二〇〇〇年八月号二八頁。

(27) 笛木・前掲論文（注４）六六頁。

第2章 生活保護法と自立

■就労自立支援プログラムを中心として

Ⅰ　はじめに

現在、世界的な規模での経済のグローバル化、産業構造の変化、雇用の流動化等の現象が広がっており、その結果、生活格差が拡大し、加えて家族形態の変化ともあいまって、生活保護を受ける世帯が年々増加している。わが国においても、二〇〇五（平成一七）年一〇月現在、生活保護受給世帯は一〇四万三八〇〇世帯、これに要する費用として、二〇〇六（平成一八）年度は二兆一六六億円が計上されている。生活保護財源に窮迫した各国は、こうした事態を受けて、一様に、労働能力のある受給者に対して、保護受給から就労へと向かわせる政策を打ち出して来た。これをワークフェア（Workfare）と呼んでいる。わが国においても、社会保障審議会福祉部会に「生活保護制度の在り方に関する専門委員会」が設置され、その報告書が、二〇〇四（平成一六）年一二月一五日に出された。そこでは、被保護世帯に対して日常生活自立支援、社会生活自立支援とともに、就労による経済的な自立をめざす就労自立支援プログラムの策定が提案されている。就労自立支援プログラムとは、被保護者の実情に応じて必要な支援メニューを選定して、相談のうえ個別の自立計画を策定し、これに基づいて職業訓練等の支援を実施するものである。このプログラムは、被保護者の同意のもとに実施されることになっているが、正当な理由がなく参加自体を拒否したり、自立に向けての努力がみられない場合には、福祉事務所の指導・指示の後、最終的には保護の停止・廃止という不利益処分も含まれている。就労自立支援プログラムは、参加者本人の積極的な参加と協力なしには成果をあげられない制度である。プログラムへの参加と協力に一定の強制力が働くとすれば、その根拠はどこに求められるのか、その場合、参加者の選択権（自己決定権）との調和をどのようにして図るべきなのかは重要な課題であろう。本章は、既に四〇年以上も前から生活保護受給者に対する就労促進政策を実施し、それに参加を強制される根拠を、受給者と実施自治体との「契約」関係からくる義務あるいは、市民権（Citizenship）に伴う義務として構成するアメリカ合衆国の事例を参考にしながら、生活保護受給者の経済的自立に向けての就労自立支援はどうあるべきか、わが国の就労自立支援プログラムの意義とその問題点について検討しようとするものである。[1]

Ⅱ　生活保護法における「自立」と本章で取り扱う範囲

生活保護法における「自立」問題は、社会保障法学会では、最近では二回取り上げられている。まず、一九九一（平成三）年秋の第二〇回大会で、「生活保護制度の今日的課題」というテーマで取り扱われている。そこでは、①生活保護法から医療、福祉、住宅等の分野を分離して補完的所得保障とする考え方（生活保護法の純化の問題）の提示と自立を図るためのケースワークのあり方の問題、②単に、自立を、生活保護からの脱却＝経済的自立ととらえるだけでなく、生活保護を積極的に利用して自立を図るという考え方（精神的自立、人格的自立）との対比、③生活保護法四条の補足性の原理の適用次第では、資産の保有の厳格化などを通じて自立という名のもとにかえって保護が排除される危険性などが議論されてきた。二回目は、二〇〇五（平成一七）年春の第四七回大会が「現代のホームレス施策の動向と公的扶助法の課題」というテーマでシンポジウムを開催し、そのなかでは、ホームレス生活保護受給に関して出された審査請求や訴訟の検討、および主として実践的な側面から、「ホームレス自立支援特別措置法」（二〇〇二（平成一四）年七月三一日制定、八月七日施行）に基づく自立支援センターの活動や地方自治体における自立支援事業の実際とその実務上の問題点が明らかにされた。そこで、本章では、こうしたこれまでの学会の「自立」に関する研究成果を踏まえたうえで、以下のように取り扱う範囲を限定することにした。①［時代的な背景］被保護世帯の増加、もちろん高齢者世帯の増加が一番であるが、その他にも、労働能力を有する者を含む母子、失業者、ホームレス等の増加も近年目立って来ており（二〇〇三（平成一五）年度では、母子世帯八・七％、その他の世帯九・〇％）、そのなかにはかなり長期にわたって保護を受給しているケースもみられる。また、最近では、これまでの貧困問題に加えて、心身の不安、孤立、虐待、多重債務等の複雑な問題がからんでいることも多い。先進諸国では、こうした複雑な問題を解消しながら、稼働能力を有する受給者を就労へと導くための政策をさまざまな形で既に実施しているという時代的な背景が存する。②［学界の課題］生活保護制度に契約という概念を導入することの是非も含めて、経済的自立をめざして行く場合、そのもとになる就労自立支援プログラムに参加を求められる根拠やその際の問題点につきいまだ十分な議論がなされて来なかったのではないかという点、こうした点を考慮して、ここでは、取り扱う範囲を稼働能力を有する参加者（要保護者）に対する就労自立支援プログラムの意義とその問題点に限定して検討することにした。したがって、専門委員会報告書にあるように、日常生活を送るための支援（日常生活自立支援）や社会的なつながりを維持・回復するための支援（社会生活自立支援）についてはその必要性と重要性は十分認識しているものの本論文ではこれを直接取り上げることをしなかった。

Ⅲ　就労自立支援プログラムの内容

就労自立支援プログラムの内容はおよそ以下のようなものである（図表１－２－１）。①実施機関は、被保護者の自立・就労支援のために活用すべき多様かつ重層的な支援メニューを整備する。②実施機関は、被保護者の実情に応じて必要な支援メニューを選定して自立計画を策定し、これに基づく支援を実施する。③被保護者は、自立計画に基づいて自立・就労に向けた取り組みを行う。④実施機関は、被保護者による自立支援プログラムの取り組み状況を定期的に評価し、必要に応じて支援メニューの見直しを行う。⑤被保護者による取り組みが不十分であると認められる場合には、文書による指導・指示を行い、それでもなお改善がみられない場合には、保護の変更、停止または廃止も考慮する。

Ⅳ　「能力の活用」（生活保護法四条、補足性の原理）と就労自立支援プログラムの位置づけ

生活保護法一条の定める「自立の助長」とは、「［その人の］内容的可能性を発見し、これを助長育成し、而して、その人をしてその能力に相応しい状態において社会生活に適応させること」をいうのであり、惰眠防止というような調子の低いものではないと当時の法制定に携わった関係者は語っている。(2) 就労と保護受給権との関係は、通常、生活保護法四条一項（補足性の原理）に規定されている保護を受けるための条件である「稼働能力の活用」をめぐって問題とされることが多い。稼働能力の活用の要件については、判例を踏まえると、①稼働能力を有するかどうか、②その稼働能力を活用する意思があるかどうか、③稼働能力を活用する就労の場を実際に得ることができる

図表1－2－1　自立支援プログラムの流れ図

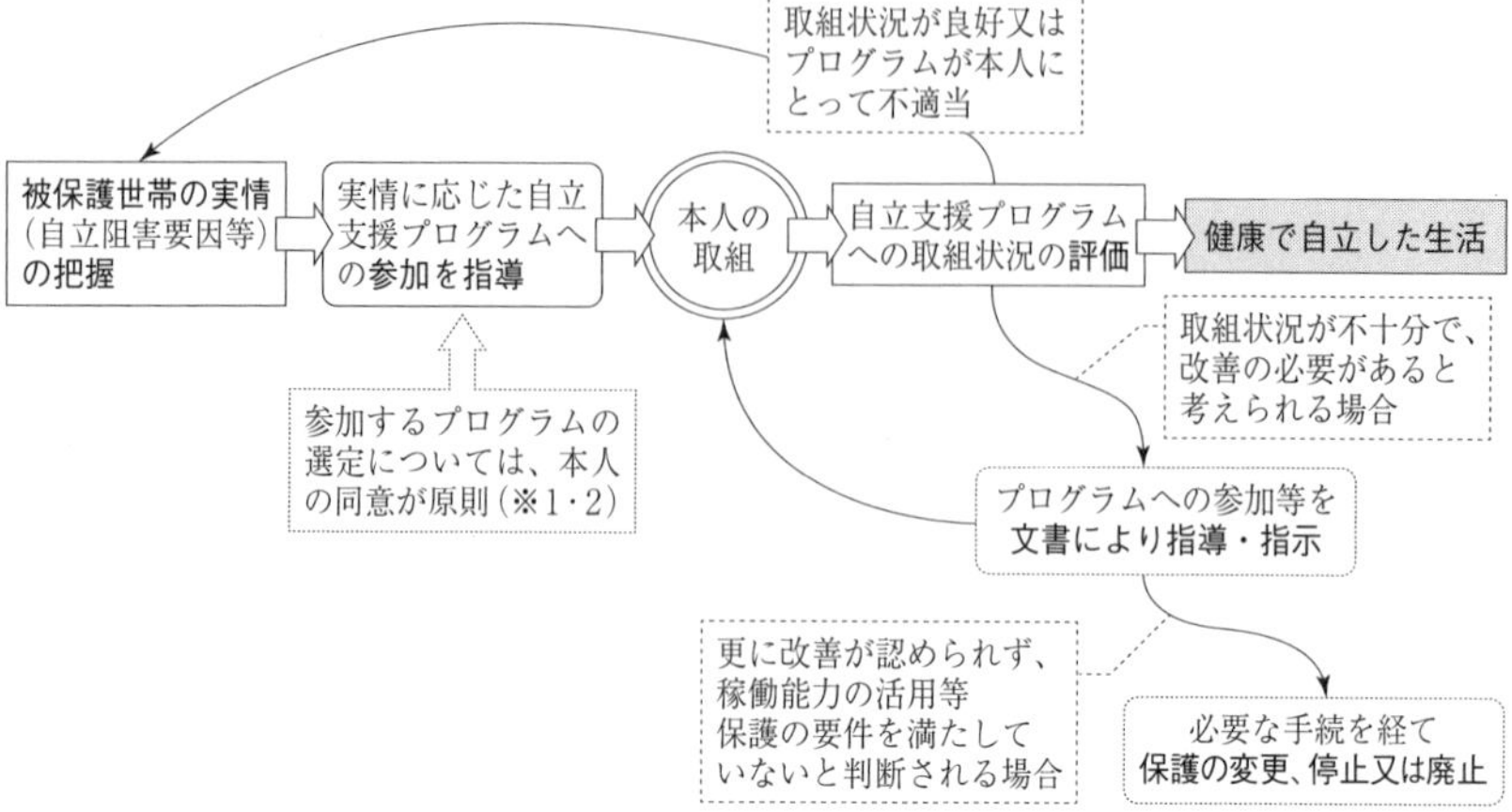

※1　プログラムへの参加以外の方法で自立・就労に向けた取組を行うことを被保護者が希望する場合にはこれを尊重。

ただし、取組そのものが本人に不適当な場合や、定期的に取組状況の評価を行った結果、取組が不十分な場合は、プログラムへの参加を文書により指導・指示。

※2　プログラムへの参加を合理的な理由なく拒否する場合には、参加を文書により指導・指示。

（出典）　厚生労働省資料

かどうかの三要件で判断されている。稼働能力の有無については、年齢、性別、経歴、健康状態、家族状況等から総合的に判断されるが、傷病等を理由に就労していない者については、主として医師の診断書により判断される。しかし、医学的な判断だけでは把握できない状況も現実には多々存在する。さらに難しいのは、稼働能力を活用する「意思」があるかどうかの判断である。活用の意思の認定は、個人の内面性あるいは人格にかかわる問題であり、それをある時点で、ある一定の基準によって一律に判定することは困難である。だからこそ、林訴訟名古屋地裁判決において、稼働能力の活用の意思があるかどうかは、第三の要件である就労の場の提供の有無とからめて判断され、「活用しようとしても、実際に活用できる場がなければ、『利用し得る能力を活用していない』とはいえない。」という結論が導かれたのである。[3]

生活保護法四条一項の稼働能力の活用は、実質的には、保護申請時か受給中かを問わず、保護を受けるための「資格」を規定したものという解釈がとられている。これに対して、稼働能力の活用は保護受給の要件ではなく、原則的には、受給権は「生活に困窮する」（同一条）状態であれば発生するものと考え、稼働能力活用は、いったん成立した受給権を消滅させる要件ないしは受給制限要件と解する立場もある。[4] 仮に「稼働能力を活用する意思がある」との自己申告だけでは、「活用」に当たらないとの解釈をとったとしても、その「活用の意思」をどうやって客観的に評価するかは依然としてあいまいなままである。そこで、まず自立支援プログラムに参加するまで、あるいは、参加中の最低生活を生活保護給付も含めて何等かの形で保障したうえで、[5] 本人の意向を聞き、年齢、性別、経歴、健康状態、家族状況等を考慮した自立計画を策定し、それを実施していく過程において、稼働能力の活用をより具体的、客観的に判断して、保護を実施するか、あるいは継続していくかどうかの決定をしていくことが望ましいのではないかと思われる。自立支援プログラムが、受給者の状況を正しく把握したアセスメントを出発点にして、その後、参加者の希望や意思を尊重した自立計画がつくられ、専門的知識をもったケースワーカーの個別的指導のもとにそれが実施されるという環境が整えられるならば、それは、これまで紛糾の的となってきた「稼働能力の活用」に対して具体的な判断の場を与えるものとして一定の肯定的な位置づけを与えられるのではないかと思われる。そうなると、生活保護法六〇条「被保護者は、常に、能力に応じて勤労に励み、支出の節約を図り、その他生計の維持、向上に努めなければならない。」という条項が今後は重要な位置づけを与えられることになろう。しかし、理想的な形で自立支援プログラムが実施されるかどうかについては不安も残される。例えば、アメリカの家庭支援法は、当初十分な成果を得られなかったと報告されている。その理由は、①ケースワーク過程に専門的知識をもった者が配置されず、必ずしも個別の事情を把握してその人に合った自立計画をつくることができなかったこと、②予算不足のために職業訓練その他について十分なサービスが与えられず、中途半端な形で低賃金の労働市場に送り込んだために、かなりの割合の人たちが数ヶ月後にまた保護を求めて舞い戻って来たこと等である。[6]

受給者に経済的自立をもたらすためには、単に就労自立支援プログラムへの参加を強制するだけでは解決しないことは、既にアメリカの経験が如実に物語っていることである。厚生労働省も、①二〇〇五（平成一七）年、実施機関に対して自立支援プログラムの策定を要請する通知を出していること（平成一七・三・三一、社援発〇三三一〇〇三号、厚生労働省社会・援護局長通知）、②生業扶助のなかの技能修得費（六万六〇〇〇円以内）に関して、自立支援プログラム参加の場合、例外的取り扱いをすること（年額一七万六〇〇〇円）、③二〇〇六（平成一八）年度予算に自立支援プログラム実施のためのセーフティネット支援対策等事業費補助金一五〇億円（人材センター運営、第三者評価事業、運営適正化委員会等の費用も含まれている）が計上されたことなど、同プログラムの実施に向けて準備を進めているようである。

次に、参加者に自立への意欲や改善がみられない場合に、そのことを理由に保護申請を却下したり、保護を停止・廃止する場合には、生活保護が最後のセーフティネットであることを十分考慮して、その適用には極力慎重であるべきであり、最終的に適用せざるをえない場合であっても、その要件や手続き等を可能な限り明確化しておく必要がある。その際には、参加を拒否できる根拠としての、アメリカにおける「適切な雇用」（suitable employment）概念やドイツの「期待可能性」（Zumutbarkeit）（例えば、傷病、高齢、育児、介護）という考え方を大いに参考する必要があろう。また、「適切な雇用」あるいは「期待可能な雇用」を参加者が正当な理由なく拒否したと実施機関が判断する材料のなかには、行政側の相談・助言、アセスメント、職業訓練、職業紹介など就労に向けての適切な支援が実際にあったかどうかが当然に含まれていなくてはならないのであるから、そのためには、自立に向けての一連の支援の仕組みが法的に整備されていることが前提である。就労援助、就労機会の確保といった自立支援に向けて国の積極的責務も、生活保護法のなかに明文化される必要があろう。(7)

V　就労自立支援プログラム参加を保護受給の条件とされる根拠

1　「契約」にその根拠を求めるもの

一九八七年、アメリカ合衆国では、「要扶養児童を有する家庭に対する扶助」（AFDC）の改革が行われ、翌一九八八年に「家庭支援法」（Family Support Act）が成立した。連邦法レベルではっきりとした形で福祉の分野に「契約」概念が登場したのはその審議の段階であったと思われる。下院に出された法案をみると、「人々を貧困と福祉依存から救い出し、働くという習慣およびこれを日課とするような方向に導くことが目的である。」（H.R. 1720）とか、「扶助給付は、ただ自立の準備のためだけに、しかも、出来る限り短期間に限って受けるという『市民としての責任』（civic responsibility）を果たすことが期待されている。」との提案理由が述べられている。当時、保護受給者を就労へと向かわせる試みの核心には、受給者と行政機関との双方に権利と義務を設定する「契約」の概念が宿っているといわれていた。すなわち、州には受給者が自立できるような職業訓練や雇用機会を提供する義務が、受給者にはそれに参加して経済的自立を図る義務が課せられるという考え方である。つまり、生活困窮者は自立支援プログラムに参加することと引き換えに、生活保護受給権を取得することになるのである。これを、自立計画とせずに、契約と構成したのは、受給者に自立支援過程における対等な交渉権限（bargaining power）を与えようとしたためであると説明する議員もいた。しかし、こうした考え方については、当初から猛烈な反対意見もあった。ある論者は、「これは、相手を納得させる方法としての約束（a rhetorical promise）にすぎず、法的意味での契約ではない。」と述べており、その理由として、①就労促進プログラムに参加しなかった場合、単に国だけが制裁として保護給付を与えないという方法によってこの契約を執行できるのであり、受給者がその契約を行政側に強制させる権利はない、②契約内容は予め印刷されており、条件についての交渉など初めからありえず、契約と呼んだところで実質的不平等者間では無意味である、③法律により受給者に与えられている権利、例えば、就労しても純所得が低下する場合は紹介された就労を拒否できるとする権利（純所得低下就労拒否権、no-net-loss-of-income provision）さえも契約のなかで放棄させることができたこと等をあげている。(8)

もちろん、ここでいう契約が「擬制」（pseudo-contract）であることは否定できない。(9) そうではあるが、「契約」論は、これまで上下関係ととらえがちであった生活保護受給関係を対等な交渉当事者関係へと見直していこうという側面も一部有しているかもしれない。ただし、そういう側面があることを認めるとしても、プログラムに参加する参加者の義務とこれを支援する国の義務という就労支援をめぐる法関係と、生活保護受給をめぐる要保護者と国との関係とは一応区別して考えられるべきであろう。しかし、仮に両者を区別したとしても、わが国の場合のように、プログラムへの不参加ないしは消極的態度が、補足性の原理の「能力活用」と安易に結びつけられてしまうと、たやすく一定の制裁的措置へと導かれる可能性は大いに考えられる。そこで、当事者間の非対称性を是正すべく、自立支援過程における参加者の権利保障規定を早急に整備する必要がある。もし最低生活保障や権利保障が不十分なまま、「契約」という概念を導入すれば、自由な法主体として締結した契約であるという理由のもとに、現実には、「［実施機関の］指導又は指示は、被保護者の自由を尊重し、必要の最少限度に止めなければならない。」（生保法二七条二項）とか、「［指導又は指示は］被保護者の意に反して、……強制し得るものと解釈してはならない。」（同三項）という条項に抵触するような就労指導が行われないとも限らない。契約概念は常に個人責任への転化という要素をはらんでいるからである。しかも、憲法上、国の最低生活保障責任規定をもつわが国の場合、例えば、期待可能な就労を拒否する者に対して、生活保護給付の全額を廃止するといった措置をとれるかどうか、その点の問題も浮上してくることになる。(10)

生活保護給付とプログラムへの参加が交換条件となっている関係を是正するために、保護費支給決定機関とケースワーク実施機関を分離するという考え方もあるが、この場合にも、後者の機関は生活保護受給者に限らずすべての失業者を対象とするのかどうか（生活保護受給者の就労自立を一般の失業対策のなかで考えていくことになるのか）という問題が残されることになる。一般失業者と同じく、稼働能力ある受給者を「失業」問題として取り扱うことにはいくつかの疑問も禁じ得ない。理由の一つは、生活保護受給者は、稼働能力を有していたとしても、心身の障害、不安、孤立、多重債務、勤労意欲の喪失などが複雑に絡み合った生活環境をもっていることが多いこと、もう一つは、一九九六年のアメリカの「貧困家庭への一時的扶助」（TANF, The Tenporary Assistance for Needy Families）のように、保護受給は連続二年間、最長五年間までというように、就労が実際に実現したかどうかと関係なく、期間限定的な給付へと変貌してしまう危険性を感じるからである。

2 「自由」や「平等」にその根拠を求めるもの

生活保護を、受給者と行政機関との契約関係ととらえる考え方の根底には、社会保障の目的や人間像をどう理解するかという基本的な問いかけが流れているように思われる。ローレンス・ミードは、平等や市民権といった概念をもって、就労のみならず、子どもを学校に通わすことなどの社会生活上の行為を含めて受給者の義務の面を強調して次のように説明している。「重要なのは、保護受給者にも、他のすべての国民がもっているのと同じ『権利と義務』が課される『市民権』（citizenship）の享有を認めることである。これは受給者とそうでない人たちを本質的に平等な方法でもって取り扱うことを意味する。[11]」。本来、市民権論は、社会的市民である人びとは社会的権利（保護受給権も含めて）を獲得するという意味での権利（entitlement）を含むものであったのに対して、最近の議論は、これの義務の面を強調して、さらにこれを受給者と行政機関との間の契約という概念で説明しようとしている点で特徴的である[12]。

また、最近の新しい理論として、憲法一三条（個人の尊重、幸福追求権）を軸に、社会保障の人間像を、従来の「保護されるべき客体」から「積極的能動的な法主体」ととらえ直したうえで、社会保障の目的は、生活保障にとどまることなく、より根本的には「個人的自由」の確保であり、社会保障制度を、「自律した個人の主体的な生の追求による人格的利益の実現のための条件整備」とみる考え方が登場してきている。そのうえで、個人が能動的法主体であれば、自らも社会に対して一定の貢献をなすべきことが求められ、それは、稼働能力が有る限り、自立に向けた積極的関与（例えば、職業訓練、公共サービスへの従事）を通じての社会的貢献が前提となると考えるのである。また、個人的自由や能動的な法主体を主張することによって、社会保障に避けがたい国家による個人生活への介入という契機が排除されるという方向も描かれている[13]。

「自由」を基礎に社会保障を再構成する立場にあっては、これまでのように受給者という受動的な立場ではなく、能動的法主体として個人の自立や自律を保障する制度の構築が当然に国家に求められるという積極的意義を有する反面、その自由を確保するための交換条件として、一定の義務や貢献が個人に当然として求められるとする義務の面が強調されて理解される可能性もある。そうではなくて、やはり、最低限度の生活の保障という生存権の理念を基礎においたうえで、それだけではこれまで導き出すことが難しかったところの「自らが望む生き方を追求できる」という意味での個人的自由を確保するために、個人の選択権（自己決定権）を最大限尊重しながら、「自立助長」を図るという構図が想定されなくてはならないであろう。稼働能力のある者が、生活保護に依存せざるをえなくなるのは、技能の欠如や育児の必要など就労に何等かの困難が伴っているからである。だから、それらを取り除き、自らの望む形で自立を可能にするための条件整備を図ることこそ（それは、国家の雇用創出・就労支援義務であったり、後述する自立過程における参加者の自己決定権の保障であったりする）、生存権に「自由」という視点を加味することの意味ではないかと思われる。

3　実定法上の根拠

アセスメント実施、メニューの提示、自立計画の策定、取り組み状況の評価と見直し、保護の停止・廃止を含めての指導・指示といった一連の行為の法的根拠は、実定法上は、生活保護法二七条および六二条に置かれることになろう。しかし、被保護者側からの権利規定として構成されているのは、法五六条の不利益変更の禁止規定（「被保護者は、正当な理由がなければ、既に決定された保護を、不利益に変更されることがない。」）ぐらいで、二七条二項、三項は、実施機関の側からみた指導・指示権限の濫用禁止規定という体裁をとっている。就労自立支援プログラムを契約関係ととらえるかどうかは別にして、より対等な関係で自立をめざすためには、就労自立支援プログラムの根拠となる自立支援・就労機会確保に対する国の責務を明文化するとともに、アメリカ合衆国の家庭支援法にならって、例えば、十分なオリエンテーションを受ける権利、個人的な事情を十分把握するためのアセスメントを受ける権利、自立計画にできる限り参加者の希望が反映される権利、不服に対する調整手続きや事前聴聞手続きを受ける権利、参加を免除されたり、就労を拒否できる正当な理由の明確化など、参加者の側からみた権利保障規定が生活保護法のなかにきちんと盛り込まれる必要があろう(14)。

Ⅵ　おわりに

各国の公的扶助改革は、程度の違いこそあれ、一様に生活保護受給と就労による自立とを結びつけるワークフェアの要素を取り込んできている(15)。今回の、わが国の改革もその線上にあることは間違いないであろう。ワークフェアには、①自立支援プログラム参加を条件として保護受給権を認める方式（work first model）と、②プログラム参加を条件とはせずに受給権を認め、それとは別に就労に向けた支援サービスが提供されるもの（service-intensive model）という二つの型があるとされ、アメリカの家庭支援法は両者の妥協案としての性格をもつといわれてきた。生活保護制度が、生活自己責任を基礎とし、それが果たせない者に対してその不足分を補う補足的制度である以上、各国においても、労働能力ある者はその活用による経済的自立をめざすよう一定の法的効果を伴った仕組みが準備されていることが普通である。そして、その仕組みは、近年、次第にwork first modelの考え方の方向に比重を移してきているように思われる。そうすると、当然にして、生活保護受給権との関係や自立支援過程での参加者の選択権（自己決定権）の尊重との衝突が起こってくる。だからこそ、この機会に、就労自立支援プログラムへの参加が保護受給条件とされる根拠やそれを支える理論について今一度検討したうえで、両者の調和を図る方法のひとつとして、生活保護法のなかに、自立支援に対する国の責務とプログラムに参加する者の権利保障規定を整備しておくことが必要ではないかと考える。自立支援プログラムは、これまでのように生活保護実施要領の改訂で行えるようなものではなく、法改正を必要とする事業であるように思われる。

（1）　なお、ここで紹介する自立支援プログラムは、保護を申請する者および既に保護を受給している者双方に適用されるものと考えるので、「受給者」と限定して呼ぶ場合を除いて、両者を含めた意味で「参加者」もしくは「要保護者」という表現を用いることとした。生業扶助（生保法一七条）は対象者として、困窮のため最低限度の生活を維持することのできない者に加えて、「そのおそれのある者」を含めている。

（2）　小山進次郎『改訂増補　生活保護法の解釈と運用（復刻版）』（全国社会福祉協議会、一九七五年）九二頁。

（3）　名古屋地裁判決（平八・一〇・三〇判タ九三三号一〇九頁、賃金と社会保障一一九三号・一一九四号七六頁）は、原告の健康状態からして建築資材運搬などの重労働に従事する能力はなかったこと、野宿者が四〇〇人を超える状況では就労先を見つけることは困難であったと認定したが（具体的な就労可能性）、名古屋高裁判決（平九・八・八判タ九六九号一四六頁、賃金と社会保障一二一二号二八頁）は、有効求人倍率からみて、真摯な態度で就労先と交渉すれば就労の可能性はあったと判断している（抽象的就労可能性）。

（４）ドイツ連邦社会扶助法の規定を参考に、解釈論としてこういう方向を導き出そうとする主張として、木下秀雄「最低生活保障における稼働能力活用義務と扶助支給制限」賃金と社会保障一二七〇号（二〇〇〇年）五八頁、布川日佐史「ドイツにおけるワークフェアの展開」海外社会保障研究一四七号（二〇〇四年）四一頁がある。また、新生活保護法四条が、旧法のような「能力があるにもかかわらず、勤労の意思のない者、勤労を怠る者、その他生計の維持に努めない者」という適用除外規定を削除して、欠格条項としてではなく、保護実施の要件として規定したという法制定の歴史的過程から考えていこうとするものに、石橋敏郎「資産・能力活用と公的扶助」『講座社会保障法第五巻　住居保障法・公的扶助法』（法律文化社、二〇〇一年）一八七頁がある。

（５）現状では、社会福祉協議会の生活福祉資金貸付制度を利用する例もある。

（６）石橋敏郎「アメリカにおける公的扶助制度の最近の動向について」社会保障法六号（一九九一年）一三七頁。

（７）菊池馨実「公的扶助の法的基盤と改革のあり方」季刊社会保障研究三九巻四号（二〇〇四年）四二九頁。

（８）Ann VanDePol and Katherine E. Meiss, California's GAIN: Greater Avenues or a Narrow Path - The Politics and Policies of Welfare Reform and AFDC Work Programs in the 1980s, *3 Berkeley Women's Law Jaurnal* 49 (1987-1988).

（９）そのため、これを「新社会契約」(new social contract) と呼ぶ研究者もいる。

（10）ドイツでは、実務上や判例上では、期待可能な就労を拒否する者に対しては、扶助全額の支給廃止がなしうると解されているが、これに対して、生存最低限を保障すべきであり、保護の廃止は基本法一条の人間の尊厳の尊重に違反するという有力な反対意見もあると聞く。木下・前掲論文（注４）六七頁。

（11）Lawrence M. Mead, *Beyond Entitlement: The Social Obligation of Citizenship*, The Free Press, A Division of Macmillan, Inc. (1986) p. 4-.

（12）菊池・前掲論文（注７）四三二頁。Joel F. Handler, *Social Citizenship and Workfare in the United States and Western Europe: The Paradox of Inclusion*, Cambridge University Press (2004).

（13）菊池・前掲論文（注７）四二八頁。菊池馨実『社会保障の法理念』（有斐閣、二〇〇〇年）一四三頁〜。

（14）石橋・前掲論文（注６）一四一頁。

（15）河野正輝「自立支援サービスの新展開と権利擁護の課題」民商法雑誌一三二巻二号（二〇〇五年）一二九頁。

第3章

就労自立支援プログラムの導入と雇用政策との融合

I　はじめに

近年、日本における生活保護受給者は年々増加して、二〇一一（平成二三）年一〇月の受給者数は二〇七万一九二四人にも達しており、戦後最高を記録したことが厚生労働省より報告された。二〇一二（平成二四）年度政府予算案では八・六％の増額予算が計上されているので、生活保護費用は今年度（二〇一二（平二四）年度）は三兆五〇〇〇億円を超えるのは確実である。生活保護費は国のみならず保護実施自治体である都道府県・市の財政をも圧迫している。また、世帯別では、高齢者が最も多いが、働く能力を有する受給者を含む「その他」の世帯（特に長期失業者）が増加していることも近年の特徴である。こうした傾向は、日本だけでなく、世界的な傾向であって、これを解決するために、一九六〇年代から先進諸国は一様に生活保護支出の抑制を目的として、労働能力ある生活保護受給者に対して生活保護受給と引き換えに就労を求める政策（Workfare）を実施してきた。日本でも、「生活保護制度の在り方に関する専門委員会」報告書（二〇〇四（平成一六）年一二月一五日）に自立支援プログラムの創設がうたわれていたことをきっかけにして、二〇〇五（平成一七）年度から就労自立支援プログラムが実施されることになった。この報告書には、受給者が就労自立支援プログラムに参加しなかったり、積極的な取り組みがみられない場合は、保護の変更、停止、廃止もありうるとした内容を含んできたこともあって、にわかに生活保護受給と就労との関係が注目を浴びるようになってきた。それまでは、日本の生活保護法は、「その最低限度の生活を保障するとともに、その自立を助長することを目的とする。」（一条）と規定しているにもかかわらず、最低生活保障法ないしは経済保障法としての性格が強く、自立助長については、理論的な論争はともかく、具体的な制度として本格的なものが存在していなかったこともあって、生活保護受給者の受給権と就労との関係が議論されることはあまりなかったといってよい。また、その他の新しい動きとして、ドイツのように生活保護受給者のうちで稼働能力ある者と失業者を同じ範疇に入れて、就労支援に向けた施策を展開している国もある。

そこで本章では、生活保護受給者に対する就労支援政策について、諸外国での実情を簡単に紹介しながら、生活保護と雇用政策が融合するようになってきた原因とその歴史的な経緯をたどりながら、生活保護受給者と失業者とを統合することの是非等も含めて、これからの生活保護受給者に対する就労自立支援の望ましいあり方について考えていこうとするものである。

Ⅱ　雇用保険における雇用政策との融合

社会保障給付と雇用政策との関連が最初に議論されたのは、失業保険法から雇用保険法へと法律の名称が変更されるとともに、失業者に対する政策が大きく変化した時期のことである。失業保険法は、一九四七（昭和二二）年、「被保険者が失業した場合に、失業保険金を支給して、その生活の安定を図ることを目的」（一条）として制定された（法一四六号）。その後、社会・経済情勢が変化し、①若年労働者の不足に対して、中高年齢者の失業が多くなるという労働力需給の不均衡、②炭鉱閉山などで労働力が過剰になっている地域と、大都市のように労働力が不足している地域がはっきりしてきたこと、②失業保険給付の対象が若年女子に偏っているとか、季節的労働者の受給が多いなど給付面での不均衡があることなど、失業保険は、新しい社会・経済情勢に対応していないという批判を受けるようになった。こうした時代の要請を受けて、一九七四（昭和四九）年、雇用保険法が成立することになる（法一一六号）。雇用保険法は、その目的に、従来からの「労働者の生活の安定」に加えて、「求職活動を容易にする等その再就職を促進し、あわせて、労働者の職業の安定に資するため、雇用構造の改善、労働者の能力の開発向上……」（一条）という文言を加えて、その法律の性格を明確にすることになった。

雇用保険法は、雇用の改善を積極的に推進し、完全雇用を達成するために、就職難易度（高年齢とか障害者とか）に応じた給付日数区分とか季節的出稼ぎ労働者等に対する特例一時金（基本手当日額の五〇日分）とかの改革を含んでいた。しかし、なんといっても重要なのは、産業界が求めていた労働力流動化政策（雇用促進）という目的のために、雇用改善事業、能力開発事業、雇用福祉事業等の事業（雇用三事業）を含めていたこと、失業給付の内容も求職者給付と雇用促進給付の二本立てに変更され、さらに雇用促進の観点から各種の延長給付が設けられたことであろう。例えば、それまでは、失業給付の受給期間は一年、給付日数は通算して一八〇日が限度とされていたが、これが公共職業訓練中は一八〇日を超えて失業保険金を受給できることとした。第二に、就職支度金の支給、技能習得手当、寄宿手当といった就業促進のための手当が新設された。第三に、雇用三事業（雇用改善事業、能力開発事業、雇用福祉事業）が設けられたことである。これらの事業は失業労働者に対する生活保障給付ではなく、事業主への助成・援助を行う事業、あるいは政府が直接に実施する就職援助事業であるから、社会保障法としての要素は極めて乏しいといわなくてはならない。

これによって、社会保障給付としての失業給付は、労働法たる雇用対策立法の一部門に編入され、雇用促進給付に変更されたと評価されたのはこのためである。荒木誠之氏はそのことを次のように批判している。

「雇用政策の失業保険法への浸透は、失業保険法の中に雇用対策立法的要素を加えるとともに、失業給付自体にも雇用対策的色彩を濃厚に反映させた。それは結果的には失業給付の拡大という現象をもたらしたけれども、失業者の生活保障という失業保険固有の法目的からではなく、雇用対策と結びついた形においてはじめて給付の拡大が可能であったところに、社会保障法としての失業保険法が雇用対策に従属した姿を見出すのである。失業給付の延長が失業労働者にプラスの面を含むことは認めるが、しかし、その前提となるべき条件、すなわち失業給付の本来なすべき生活保障が、はたして失業保険法において十分であったかという点については、ほとんど検討された形跡はない。その基本的な問題のふまえ方が不十分なまま、雇用政策への傾斜を強めてきたところに、社会保障原理の軽視ないしは無視が生ずる可能性を含んでいたということができよう(1)。」

また、雇用促進を急ぐあまり、本来の生活保障としての失業給付が、失業者の再就職への取り組み姿勢によって増減されるようなことがあるとすれば、不本意な職種あるいは能力とかけ離れた仕事でも就労せざるをえなくなるような事態に追い込まれるのではないかという不安も指摘されていた。すなわち、失業労働者の適職選択権の無視や職業訓練の強制等の指摘がそれである。この点については、生活保護受給者のための就労自立支援プログラムの導入のときにも聞かれた不安である。

雇用対策的傾向をもった雇用保険法の制定は、日本の高度経済成長が終わりを迎えようとしていた時期ではあったが、雇用保険法の財政が逼迫してこのまま放置するわけにはいかないというような事情からではなく、どちらかといえば、①過不足労働力の広域的再配置を図るという政策目的（労働力流動化政策）、②失業給付の受給者の大半が、保険料納付期間の短い若年女子労働者や季節的労働従事者に偏っていて、一般労働者との不均衡が問題となっていたこと、③就職支度金が濫用されている場合があったことなどの理由によるものである。しかし、今回、生活保護受給者に対する就労自立支援が叫ばれる背景には、年々、生活保護受給者が増加し、このままでは生活保護費が四兆円にまで達するのではないかという政府の財政的危機感があることも間違いないであろう。

雇用保険法は、その後何回かの改正を経て、現在（二〇一二年一月）は、一般被保険者については保険者期間のみで基本手当の給付日額が決められており（一〇年未満九〇日、二〇年未満一二〇日など）、特定受給資格者および特定理由離職者については[2]、再就職難易度を考慮して、被保険者期間プラス年齢区分の組み合わせで給付日数が決定されるようになっている。給付内容については、失業者の生活の安定を図ることを目的とした求職者給付と離職者の再就職を促進するための就職促進給付に分かれている。就職促進給付は、再就職手当、就業手当、常用就職支度手当、移転費の四種類があるが、このうち再就職手当と就業手当は、基本手当の受給期間中に就職した場合に残りの支払い日数分の三割から五割を支給するもので、これは就労促進的効果を狙ったものというより、早期再就職をした者と最後まで基本手当を受給した者との公平を図るという趣旨も含まれているように思われる。移転費と広域求職活動費は、再就職するとか訓練を受けるとか、広域にわたって求職活動をする場合に、引越しの費用や交通費、宿泊費を支給するものである。教育訓練を受けた場合にその経費の一定割合を支払う教育訓練給付も雇用促進の役割を果たしている。この他、雇用継続を助ける制度としては雇用継続給付があり、高年齢雇用継続給付、育児休業給付、介護休業給付がこれに属する。いずれにしても、これらの雇用促進・雇用継続給付は、失業中の最低所得保障たる性格を有する基本手当とはまったく別に支給されるものであり、基本手当受給者の再就職への取り組み姿勢によって基本手当そのものの額が増減されるようなことはない。その点で、後述する求職者支援制度や生活保護受給者に対する就労自立支援プログラムとは本質的に異なっているといわなくてはならない。

Ⅲ　アメリカ・ドイツにおける生活保護と雇用政策との融合

1　アメリカにおける就労促進政策の展開

生活保護給付と雇用とが結びつくようになったのは、諸外国でワークフェア（Workfare）と呼ばれる政策がとられるようになってきた一九八〇年代からのことであろう。アメリカで一九三五年に創設された「被扶養児童を有する家庭に対する扶助」（AFDC, Aids to Families with Dependent Children）は、一九六〇年代に入って、離婚・未婚の母の増加や社会保障受給に対する権利意識の高まりのなかで、急激に受給者が増大していった。これにより、連邦と州の財政負担が増加すると同時に、働かずにＡＦＤＣを受け続けている母親に対する社会的な風当たりも強くなっていった。共和党のファウエル（Fawell）下院議員は、このような事態をとらえて、「いま働いている母親に対して、あなたは、保育所を探し、保育料を払い、自分の子どもを扶養するために働かなければならないだけでなく、ＡＦＤＣを受給している母親とその子どもを養うために税金を支払わなくてはなりませんといっているようなものだ。」と批判している。こうした世論を背景に、一九八八年、実に五〇年ぶりというＡＦＤＣ改革法、すなわち「家庭支援法」（Family Support Act）が成立したのである。

家庭支援法は、その目的を「就労、児童扶養および家族手当に重点を置いてＡＦＤＣ制度を改定し、新制度のもとで長期の福祉依存を避けるため、貧困児童とその親が、教育、訓練および雇用を得るのを奨励・援助できるように社会保障法第四章を改正し、この新制度が目的をより効果的に達成できるよう、その他の必要な改善を加えること」としている。具体的な施策としては大きく二つある。①雇用機会・基礎訓練計画（JOBS, Job Opportunity and Basic Skills Program）は、ＡＦＤＣを受給している母親に対して、高校程度の教育、英語力（外国人に対して）、技能訓練、就職準備のための活動、職業紹介、保育・交通サービスを提供するものである。②強制的公共作業（Workfare）とは、ＪＯＢＳ参加者のうち、公共作業経験計画（CWEP）による作業を命じられた者は、連邦か州かどちらか高いほうの最低賃金で計算した分だけ公共作業に従事してＡＦＤＣで受給した金額を返済させる制度である。ただし、両者の計画とも、母親が疾病、介護従事、妊娠中、あるいは、三歳以下の子どもを扶養している場合は適用を除外される。正当な理由なくこれらの計画に参加しない母親に対しては、ＡＦＤＣ給付のうち親の分だけ支給停止とし、親がこうした制裁を受けている間は、残りの給付は、子どもの利益のために最も適切に行動できると判断される第三者に対して支払われることになっている。法案の審議過程で、下院議員のスラトレイ（Slatery）は、「この法律が成立すれば、ＡＦＤＣ受給中の母親が一日中家にいるというような日課や、職業能力を高めることなど一切しないというような態度はなくなるであろう。」と述べている。このような賛成意見があったなかで、「この法律はＡＦＤＣ受給者に刑罰を科すようなものであり、受給者を詐欺扱いしている。」という厳しい反対意見や、母親が働くことになっても、質の高い保育サービスが保障されていないことや、就労したとしても、結局、最低賃金と同額の低賃金が支払われるような非正規雇用に従事する結果になってしまうというように、その効果を疑問視する意見も出されていた(3)。

この法律において注目すべきは、貧困状態に陥った要扶養児童を有する母親は、国または州から権利としてＡＦＤＣ給付を受けることができるとしていたこれまでの社会保障受給権の考え方を覆して、国または州との契約（「新社会契約」（new social contract）という言葉が用いられている）によってＡＦＤＣ給付を受給するという考え方を導入したことである。すなわち、国または州は社会保障給付たるＡＦＤＣ給付を与える代わりに、受給者には反対給付として雇用機会・基礎訓練計画（JOBS）に基づき就労に向けた努力をしなければならない義務が課されることになった。その義務は、市民としての責任（civic respnsibility）に由来するとされている。法案審議段階で、共和党の議員は、「ＡＦＤＣ受給者は、地方行政機関と協力して、教育・訓練・雇用計画に誠意を持って参加しなくてはならない。そうすることによって、ＡＦＤＣ給付は、自立に向けた準備のためだけに、しかも、できる限り短い期間に限って受給するという市民としての責任を果たすことができる。」といっている。同じように、ローレンス・ミード（Lawrence M. Mead）は、「重要なのは、生活保護受給者にも他のすべての国民が持っているのと同じ『権利と義務』が課される『市民権』（citizenship）の享有を求めることである。こうすることによって、生活保護受給者とそうでない人たちとを本質的に平等に扱うことになる。」と述べている。(4)

公的扶助給付（AFDC）受給関係に対する「契約」概念の導入は、それまで多くの人びとが、社会保障給付を受ける見返りとして政府は何も求めないと思い込んできた考え方の変更を迫るものであった。これまでのようにＡＦＤＣ給付を権利として受け取るのではなく、契約上の義務（就労自立に向けた努力義務）と引き換えに受給できるということになったのである。もちろんこうした「契約」論に対しては、急迫した状態にある生活困窮者はＡＦＤＣを受給するために契約を結ばざるをえないのであり、さも国や州と対等の立場で契約が結ばれるかのような議論はおかしいとか、「契約といっても、国だけが制裁として給付を停止・廃止するという方法によって契約履行を強制できるだけであり、受給者が国に対して強制できるものは何もない。」といった批判や、法律そのものに対しても、「この法律の内容は、社会保障というより、個人の性格を変更しようとしているものである。論点を受給者の消極的態度の視点からのみ考察しており、貧困の原因がより大きな経済構造の結果にあるということを忘れてしまっている。」という反論が出されていることも見逃してはならない。(5)

一九九六年八月、「個人責任と雇用機会調整法」（The Personal Responsibility and Work Opportunity Reconciliation Act）の制定により、ＡＦＤＣ法は廃止され、新たに「貧困家庭に対する一時的扶助」（TANF, Tenporary Assistance for Needy Families）が制度化された。ＴＡＮＦの特徴は、「一時的扶助」という名称からもわかるように、扶助の受給期間を連続して二年、最長でも五年と限定したことと（もちろん例外はある）、扶助開始から二年経過するまでに教育・職業訓練を義務付けたことである。もうひとつの特徴は、ＡＦＤＣでは申請者が受給要件を満たす限り給付を受けられる権利（Entitlement）を有するとして受け止められていたが、個人責任プランや就労計画プランでは、法律のなかに、ＴＡＮＦの与える給付は「個人の権利ではない」と明言されたことである。つまり、社会保障受給権という憲法上の権利として認められるのではなく、あくまでも、受給者が契約上の義務、すなわち個人責任プランや就労計画プランに従って就労に向けての努力をする義務を果たす限り、反対給付として扶助給付が受けられるということをいっそう明確にしたことである。そうなると、当然のごとく、扶助申請者は、申請時には、個人責任プランや就労計画プランに署名しなければならなくなるし、自立に向けた努力を怠った場合は扶助の停止・廃止が待っているということを承知のうえで扶助を受給することになる。ＴＡＮＦによって扶助受給権が否定されたと評価されるのはそのためである。(6) この段階に至っては、最低生活保障という目的に対して就労促進という目的が完全に凌駕してしまっている現象をみることができよう。

2　失業者と稼働能力ある生活保護受給者との統合

ドイツでは、二〇〇四年までは、失業者に対する所得保障としては、①失業保険給付（社会保険料を財源、所得比例型、給付期間限定）、②失業扶助（税財源、所得比例型、資産調査付き、受給期間の定めなし）、③社会扶助（税財源、定額型、資産調査付き、受給期間の定めなし）の三つの制度が並立していた。そのうち、失業扶助は、失業保険の受給期間を終了したがなお再就職できない者が受給することになっていたが、失業者のなかには社会扶助を受給している者もおり、両者は稼働能力を有するという点では共通しているのに、制度上違った給付を受けているという矛盾が生じていた。また、失業扶助は所得比例型の所得保障給付であったが、受給期間の限定がなかったために、それを長期間にわたって受け続けるという事態も起きていた。そこで、社会扶助を受給していた失業者を社会扶助から分離させ、失業扶助受給者と合体させて「求職者」という範疇でくくり、二〇〇五年から新たな失業者所得保障制度を発足させた。これが求職者基礎保障制度（Grundsicherung fur Arbeitsuchende）と呼ばれるものである。

求職者基礎保障制度の給付の体系は大きく生活保障（失業手当Ⅱ）と就労支援に分かれている。生活保障の部分は基本的にはこれまでの社会扶助の基準を踏襲しているが、就労支援という目的遂行のために、自動車保有を認めたり、資産保有の限度額に工夫がみられるなどの改善点もみられるが、全体としては、労働市場への復帰をさらに強化した制度、受給者の側からいえば求職活動・再就職への義務の強化が図られている制度と評価してよいであろう。例えば、新制度のもとでは、求職者には、失業という状態を打開するために具体的な行動をとる義務があり、この目標を達成するためにあらゆる就労支援計画に積極的に参加しなければならない義務が課されており、正当な理由なくこれらの義務を果たさなかった場合は、給付の減額ないしは停止という制裁を受けることになっている。しかも、新制度になってからは、それまでの社会扶助受給の時代よりも、受給者に対する丁寧なニーズ調査や継続的なケアというやり方が薄れて、決まったメニューに受給者を当てはめていくといった画一的な実務が行われているという指摘もなされている。制裁の発動も、旧制度に比べてかなり機械的に適用されているという報告もある(7)。ドイツの新制度のこうしたいわば就労強行的な制度あるいは運用に対して、最低所得保障を軽んじて、労働市場への移行を強引に成し遂げようとすることは憲法で禁止されている強制労働に当たるのではないかという憲法訴訟が提起されているという(8)。

稼働能力の存在を形式的にみた場合には、短期失業者と稼働能力を有する生活保護受給者とは同一の範疇に属することになるかもしれないが、しかし、労働市場への復帰の可能性と難易度、それに要する時間等については両者には相当に大きな差があるといわなくてはならない。医学的には稼働能力ありと判定されていても生活保護受給者には、さまざまな就労阻害要因、例えば、心身の障害、人間関係への不安、対人不信、孤立や孤独感、ホームレス、社会的な摩擦、DV、虐待、多重債務、無気力等の要因が複雑に絡み合っていることが多い。こうした就労阻害要因を一つひとつ取り除きながら、最終的な就労自立に結びつけるには長期間にわたる相談・助言・ケアが必要になってくる。どういう能力や状態をもって「稼働能力を有する」求職者と判定するかにもよるが、例えば、生活保護受給者のなかの長期失業者を単純に「求職者」と判定し、失業手当の受給者というカテゴリーに移し、そこで画一的な就労促進計画に当てはめていこうとすれば、結局のところ、積極的に計画に取り組まない受給者であるとの烙印を押され、所得保障給付の減額・停止・廃止の措置が待っているだろうことは容易に想像できるところである。ドイツを例にあげれば、どちらも公費で運営される失業手当と社会扶助給付は、これまでと違って両者の同時受給を認めない排他的な関係にある給付とされている。だとすれば、失業手当は最低所得保障たるセーフティネットを構成する制度ということになる。稼働能力に注目し、失業者と社会扶助受給者を共通の制度に含ませるとしても、最低生活保障という第一義的な最優先の給付を確保したうえで、受給者のもつ諸条件を加味しながら就労へ向けてのサービスが展開されるべきであって、それが逆転するような政策は本末転倒との印象を免れないであろう。

Ⅳ　日本における生活保護と雇用政策との融合

1　就労自立支援プログラム

生活保護法一条が、その目的として、「最低限度の生活の保障」と並列する形で「自立の助長」をあげているにもかかわらず、日本では、自立助長のための効果的な取り組みはこれまでほとんどなされてこなかったといってよい。生活保護と雇用政策が本格的に結びつき始めたのは、二〇〇四（平成一六）年一二月一五日、「生活保護制度の在り方に関する専門委員会」報告書が自立支援プログラムの創設を提案して以降のことであろう。自立支援プログラム導入の目的について、厚生労働省社会・援護局長通知「平成一七年度における自立支援プログラムの基本方針について」(平成一七年三月三一日、社援発〇三三一〇〇三号)は、「……経済的給付を中心とする現在の生活保護制度から、実施機関が組織的に被保護世帯の自立を支援する制度に転換することを目的として、自立支援プログラムの導入を推進していくこととしたものである。」と述べている。二〇〇五(平成一七)年度から、生活保護受給者等就労支援事業がスタートし、すべての実施機関において、公共職業安定所と福祉事務所との連携により、被保護者の就労支援を行うべく個別支援プログラム(生活保護受給者等就労支援事業活用プログラム)が実施された。

生活保護法に就労自立支援プログラムが導入されたことにより、生活扶助等の経済的給付と雇用(就労)との関係はどのように変化したとみるべきであろうか。主要な点は二つある。

① ひとつは受給要件となっている生活保護法四条(補足性の原理)の「能力の活用」要件の判定方法に関するものである。「能力の活用」とは、労働能力があり、労働の意思もあり、かつ適当な就業の場があるにもかかわらず、就労することを拒否する場合は、能力を活用しているとはいえないので保護を受けることはできないという要件である。資産活用とならんで保護開始要件のひとつとされている。しかし、「能力の活用」の判断、特に労働の意思の判断については、それが内心的な問題であることもあって、常にその判定の難しさが指摘されてきた。もし、申請の段階で「労働の意思」なしと判定されれば、たとえその者が最低生活を維持できないような困窮状態にあったとしても生活保護給付を受けることはできなくなる。こうした「能力の活用」要件判定の難しさと、これによる無救済状態を避けるために、就労自立支援プログラムを通じた判定をしてはどうかという提案である。つまり、労働能力を有すると認められるが、最低生活を維持できないと判断され、かつ資産の保有もない者については、まず保護を開始し、そのうえで、就労自立支援プログラムを実施し、相談・助言、職業教育、職業訓練、職業紹介、求

職活動といった一連の自立に向けた過程で、「能力の活用」を判断することとし、訓練や求職活動に対して積極的な取り組みがまったくみられないとか、その者に相応しい就業を正当な理由もなく拒否したりとか、どうみても「能力を活用」していないと認められるときは、その時点で保護を継続するかどうかを判断しようとするものである。ただし、その場合にも、就労自立支援プログラムが、受給者の意思や希望を聴きながら、十分なアセスメントのもとにその人に合ったメニューが準備され、かなり長い期間にわたって内容の充実した訓練が行われ、実施過程においても実情に合わないところがあれば受給者の意向に沿って変更され、無理なく就労に結びつくといった一連のサービスが実施されていることを前提にしての議論である。十分なサービスなくして、参加意欲や取り組み姿勢を問われることはない。

ドイツ連邦社会扶助法一八条一項は「すべての扶助申請者は自らおよび家族の生活費をまかなうために稼働能力を活用しなければならない。」として、日本の補足性の原理の「能力の活用」要件とほぼ同じような規定を置いている。しかし、二五条一項「期待可能な労働を行うことを拒否する者、期待可能な措置に従うことを拒否する者は、いかなる扶助請求権も有しない。この場合、第一段階として、扶助基準額の二五％減額するものとする。」という規定との対比でみると、ドイツでは、稼働能力活用義務を扶助の支給要件とするのではなく、「期待可能な労働」や「期待可能な措置」を受給者が正当な理由なく拒否した場合に実施機関が扶助支給を制限または停止できる要件（扶助受給権制限または消滅要件）として規定している。[9]これに対して、日本の生活保護法四条は「保護は、生活に困窮する者が、その利用しうる資産、能力その他あらゆるものを、その最低限度の生活の維持のために活用することを要件として行われる。」という規定の仕方をしており、明らかに保護を開始する要件（保護実施の要件）として規定しているようにみえる。しかし、生活保護法の制定に携わった小山進次郎氏によれば、四条一項が設けられた趣旨は以下のように説明されている。

「実質的にはこの法律による保護を受けるための資格を規定しているものであるが、この場合、この規定が正面から受給資格を規定するの形を採らなかったのは、そうすることが絶対的に必要であるという訳でもなく、又そうすれば必ず何等かの形において欠格条項を設けざるを得なくなるからであって、この条文においてはこれを避け、保護実施の要件として規定することにより、多少の弾力性を持たせることにしたのである。[10]」

また、六〇条は「被保護者は、常に、能力に応じて勤労に励み、支出の節約を図り、その生活の維持、向上に努めなければならない。」と規定しているが、これについても、同氏は、「旧法第二条においては、『能力があるにもかかわらず、勤労の意思のない者、勤労を怠る者その他生計の維持に努めない者』と『素行不良な者』とを『この法律による保護は、これをなさない。』としてこれらの者を保護の絶対的欠格者としていたのであるが、保護の開始前の問題を捉えて本法の適用の有無を決定するのは、機会均等、無差別平等という生活保護法の根本趣旨に反し、特に生活保障の立法として適当でなく、且つ又、社会福祉制度として努むべきことを始めから放棄して了うことになるので、新法においてはこれ迄保護の対象外に置いた絶対的欠格者をも生活困窮の状況にあるならば、一応まず保護の対象とし、そこに生じた法律関係を基として種々の措置を講ずるものとしたのである。」とその立法趣旨を述べている。[11]両者の条文に対する小山氏の説明を読むと、旧法が規定していた欠格事由（勤労の意思のない者、勤労を怠る者その他生計の維持に努めない者）を廃止して、そうした者も生活困窮の状態にあれば保護の対象とすることで、保護実施要件の解釈について「多少の弾力性を持たせることにした」とあるから、こうした意図を踏まえれば、日本においてもドイツと同じような解釈的運用が可能なのではないかと思われる。

②　第二に、就労自立支援プログラムと受給者に対するサンクションの問題である。「生活保護制度の在り方に関する専門委員会報告書」（二〇〇四（平成一六）年一二月一五日）は、被保護者は，生活保護法に定める勤労・生活

向上等の努力義務を実現する手段のひとつとして、稼動能力をはじめとする各被保護者の状況に応じたプログラムに参加する義務があり、もし、被保護者の取り組み状況が不十分な場合や、合理的な理由なくプログラムへの参加自体を拒否している場合には、文書による指導・指示を行った後、それでもなお取り組みにまったく改善がみられず、稼働能力の活用等、保護の要件を満たしていないと判断される場合には、保護の変更、停止または廃止も考慮すると明記している。就労自立支援プログラムへの積極的参加がないことを理由に保護の不利益変更ができるかどうかについては議論が分かれるところである。まず、二〇〇〇（平成一二）年の地方分権一括法により、新たに実施機関による相談・助言が自治事務として導入されたが（生保法二七条の二、「保護の実施機関は、要保護者からの求めがあったときは、要保護者の自立を助長するために、要保護者からの相談に応じ、必要な助言をすることができる。」）、就労自立支援プログラムはこの二七条の二の相談・助言業務に根拠を置くものであり、プログラムへの不参加や消極的な取り組み姿勢を理由として、保護の停止・廃止を行うことはできないという考え方がある。[12]次に、在り方検討委員会の報告書が、「稼働能力の活用等、保護の要件を満たしていないと判断される場合には、保護の変更、停止または廃止も考慮する……」とした点をとらえて、「能力の活用」は、あくまでも生活保護を受給するための保護開始要件であり、保護継続要件ではないとして、能力を活用していないという理由で受給者に対して制裁的措置をとることはできない、また、生活保護法六〇条の「能力に応じて勤労に励み……」という生活上の義務は、法四条一項の能力活用要件とは別なものであり、六〇条に基づく保護の停止・廃止はできないと解する見解がある。[13]しかし、保護受給のいわば入り口で「能力の活用」要件を満たすかどうかを判断することは困難な場合もあり，そのことによって生活困窮しているのに受給がまったく受けられないという不利益を回避するためにも、就労自立支援プログラムの実施過程で「能力の活用」を判断するという考え方に立つほうが良いのではないかと思われる。つまり、四条一項の「能力の活用」要件は、申請段階でも明らかに能力を活用していないとはっきり分かるような場合は別として、最低生活を維持できないと判断されるときには、「能力の活用」要件を緩やかに解して保護を開始し、就労自立支援プログラムへの参加と取り組み状況に応じて、法六〇条の「能力に応じて勤労に励」まなければならないという義務に照らして、その後の支給を判断するという考え方である。もっとも、就労自立支援プログラムの実施過程で能力を活用していないと判断された場合にも、そもそも始めから受給要件を満たしていなかったという取り扱いをする必要はない。また、六〇条については、確かに、「本条に違反してもこれに対する直接の制裁規定はない」のではあるが、「程度をこして怠る者に対しては法第二七条第一項の指導、指示に従わないものとして法第六二条第三項の規定により保護の変更、停止又は廃止をすることができる」と小山氏も述べているように、(14)保護受給期間中の勤労の義務については、義務違反が一定の限度を超えていると判断される場合には、二七条一項の指導・指示を行ったうえで、六二条三項の規定により保護の変更、停止又は廃止ができると解すべきであろう。この場合には、就労自立支援プログラムは、二七条の二の相談・助言規定に根拠を置くものではなく、二七条の規定も関係してくることがありうる事業であるとする見方に立つことになる。就労自立支援プログラムは、一条「自立の助長」に法的根拠を置き、四条一項「能力の活用」、六〇条「能力に応じて勤労に励む義務」の判断基準となるものであり、それをもって保護の開始や継続が決定され、二七条の指導・指示をもってしても改善が見込めない場合には、六二条三項の規定により保護の変更、停止又は廃止ができる、そういった保護の可否・内容にからむ実質的生活保護施策のひとつであり、二七条の二の相談・助言事業の延長線上にあるような施策ではないように思われる。

それだからこそ、保護の変更・停止・廃止については慎重な判断が求められるのであり、「被保護者は、正当な理由がなければ、既に決定された保護を、不利益に変更されることがない。」（同五六条）、「前項の指導又は指示は、被保護者の自由を尊重し、必要の最少限度に止めなければならない。」（同二七条二項）、「第一項の規定は、被保護者の意に反して、指導又は指示を強制し得るものと解釈してはならない。」（同二七条三項）といった条項に反する処分はもちろん許されない。そのためには、就労自立支援プログラムへの取り組み姿勢を理由とする不利益処分については、その手続きを明確にしておく必要がある。制裁措置が置かれている以上、就労自立支援プログラムは、現在のように厚生労働省の行政通知によって実施されるような軽微な制度ではないことを認識しておかなくてはならない。被保護者に対する情報の提供、十分なアセスメント、自立計画への意見の反映、就労を拒否できる正当な理由の明示、事前聴聞手続き、不服申し立て等といった一連の受給者保護規定が生活保護法のなかにきちんと盛り込まれるべきであろう[15]。

２　福祉事務所とハローワークの連携・統合

これまでは、生活保護行政は都道府県と市の福祉事務所が担当し、雇用保険・職業紹介・職業訓練・就労支援は国の機関たる公共職業安定所（ハローワーク）が担うというはっきりした役割分担がなされていた。生活保護申請者のなかで稼働能力のあるとみられる者については、ハローワークに行くように指導するといった形での連携は保たれていたが、現場の実態としては、福祉事務所の職員からは、ハローワークの職員は生活保護申請者や受給者の就労については敬遠しがちであるとか、ハローワークの職員からは、福祉事務所は、生活保護受給を避けたいという気持ちがあるのか、就労可能性がかなり低いような者でもハローワークにまわしてくるといった不満が聞かれることがあった。その後、就労自立支援プログラムが本格的に実施されるようになると、生活保護受給者に対する雇用促進・就労支援が重要な政策目標となり、その前提条件として、福祉事務所とハローワークの連携は不可欠と考えられるようになってきた。その結果、福祉事務所に非常勤ではあるが、ハローワークＯＢが自立支援専門員として配置されたり、福祉事務所のケースワーカーが受給者と一緒にハローワークに出向いて協力して相談・助言をするといったように両者の連携は以前と比べて各段に強化されてきている。現在では、地方分権化の動きあるいは二重行政の解消といった動きと連動して、さらに一歩進めて、福祉事務所とハローワークの統合、その前提としてのハローワークの地方移管が議論されている。最近の動きとしては以下のようなものがある。

地方分権推進委員会「第二次勧告―『地方政府』の確立に向けた地方の役割と自主性の拡大」（二〇〇八（平成二〇）年一二月八日）は、「さらに将来的には、国のハローワークや公共職業関係の職員の地方移管を行うことなどにより、出先機関職員のうち、合計三万五〇〇〇人程度の削減を目指すべきであると考える。」と提言している。全国知事会・国出先機関原則廃止プロジェクトチーム「国の出先機関の原則廃止に向けて（中間報告）」（二〇一〇（平成二二）年三月二二日）では、都道府県労働局、労働基準監督署、ハローワーク、地方整備局、地方運輸局、地方厚生局などの出先機関の廃止と地方移管が提案されている。この提案は、民主党政権が当時主張していた地域主権改革を貫く「国と地方の役割分担」に加えて「二重行政の弊害の排除」が論拠となっている。これに対して、厚生労働省労働政策審議会は、同年四月一日、次のような反論を発表している（厚生労働省労働政策審議会「出先機関改革に関する意見」）。「ハローワークの地方移管については、憲法二七条に基づく勤労権を保障するため、ナショナル・ミニマムとしての職業紹介、雇用保険、雇用対策を全国ネットワークにより一体的に実施していること、特に都道府県を越えた労働者の就職や人材確保ニーズの対応を効果的・効率的に行う必要があること、雇用保険については、保険集団を可能な限り大きくしてリスク分散を図る必要があることから、地方移管は認めることができない。一方、地方自治体が独自に地域の実情に応じた雇用対策をこれまで以上に積極的に進めることは望ましいことであり、国と地方自治体が一体となって、その地域における雇用対策を一層強化する必要がある。」という主張である。

さらに、都道府県側は福祉事務所とハローワークの連携・統合を可能にするために、雇用保険事務の地方移管を求めている。例えば、全国知事会「ハローワークは地方移管でこう変わる」（二〇一〇（平成二二）年一一月一〇日）は、職業紹介だけでなく、雇用保険の認定・給付を含む一体的な事務移管を求めている。これに対して、民主党・

地域主権調査会は、ハローワークは無料職業紹介所や雇用保険給付などの窓口業務を地方自治体に移管し、制度の企画・立案は国の権限として残す内容を提案している（二〇一〇（平成二二）年一一月一八日）。その後、「雇用保険は全国単位でやる必要がある」との反論が出て、窓口業務を法定受託義務として位置づけ、国の関与を残す譲歩案を提示している。二〇一〇（平成二二）年一一月二〇日、同調査会は、ハローワークの主要業務は引き続き国が実施すべきだとしており、当初案から大幅に後退した内容となっている。そこでは、職業紹介や雇用保険の給付は引き続き国家公務員が行い、地方公務員は公営住宅や福祉に関する情報を必要としている求職者の相談業務をするように求めている(16)。

ハローワークが現在行っている業務の地方分権化とハローワークという事務所および職員の地方移管は一応別のものとして考えなくてはならないであろう。厚生労働省労働政策審議会が国の出先機関の地方分権化に反対している理由のひとつは、職業紹介、雇用保険、雇用対策はナショナル・ミニマムとして全国一律に実施されるべき政策であるという点であるが、生活保護制度のように、給付決定・支給は地方機関たる福祉事務所が実施しているが、生活保護基準は国が定めた共通の基準と金額（もっとも級地制度はあるが）に基づいているというやり方でもナショナル・ミニマムは十分確保されるからである。また、雇用保険は社会保険方式をとっているので、定型的な保険事故（失業）に対して画一的な給付が支払われることになる。給付内容はおのずと保険料の額、納付期間、再就職難易度等により決定されることになるから、雇用保険にいたっては、制度としての地域ごとの給付格差を懸念する必要はない。むしろ、生活保護給付のように、給付内容については国の基準で厳しく拘束されているが、生活保護者に対する就労自立支援プログラムの策定は、雇用は地域差が大きいことを考慮して、地域の実情に応じて都道府県・市がそれぞれ独自に定めて実施するということのほうが実情に合っているということもありうるであろう。そう考えていけば、雇用保険の受給資格、失業の認定基準、各種手当の日額、給付日数、給付制限などの基本的な事項について、あるいは職業紹介、職業教育・訓練、雇用支援において全国一律に従わせなくてはならないと考えられる事項については、国がその基準を定め、それを遵守させることとし、その他の事項については、地方公共団体のやり方に任せるということも許されよう。まして、日本でも、失業者と稼動能力を有する生活保護受給者とを「求職者」と位置づけて、最低所得保障と支援とを一体的に実施していくような改革が行われるとしたら、実施機関としてはむしろそのほうが合理的かもしれない。ただし、最低所得保障給付支給機関と雇用支援機関とを統合した場合には、それによって最低所得保障機能が後退していくような事態にはならないようにすることと、雇用支援施策について地域差があまりにもありすぎるというようなことがないように、一定の下支え的な基準や仕組みが必要であることはいうまでもない。就労自立支援プログラムはすべての実施機関で策定されているようであるが、独自に自立支援専門員を配置して、積極的に就労自立支援に取り組んでいる都道府県・市もあれば、プログラムは策定されているものの、実際にはほとんど機能していないようなところもあると聞く。ナショナル・ミニマムを、最低所得保障だけでなく、自立支援サービス等の社会的サービスも含めて考えるべきだとすれば、就労自立支援プログラムの極端な地域格差は許されるところではない。

Ⅴ　おわりに

日本において所得保障給付と雇用政策との結びつきが始まったのは失業保険法の分野からである。失業給付（現在の基本手当）の受給が若年女子労働者や季節的労働者に偏っており、かつ、失業給付が受給できる期間は再就労への意欲をみせないといった事態を打開するために、名称も雇用保険法とし改称し、給付内容も新たな雇用を見つけるための保険給付という性格を明確にするために、求職者給付と雇用促進給付へと変更された。この現象に対して、生活保障たる失業給付が雇用対策に従属させられたという批判や、雇用促進を急ぐあまり、失業者の適職選択権が無視されたりするのではないかという危惧が表明された。しかし、失業保険法の分野での雇用対策の介入は、生活保護の分野のそれに比してまだ危機感という点ではかなり違っていたかもしれない。なぜなら、仮に失業保険給付が雇用への取り組み姿勢によって増減されたり、あるいは、打ち切られたりしたとしても、どこかにまだ最後のセーフティネットとして生活保護給付が残されているという安心感があったからである。だから、生活保護給付が雇用対策的色彩を次第に強化していき、最後には、就労自立支援プログラムへの参加状況、取り組み姿勢によって、保護給付の変更、停止、廃止までに至る場合があるというところまで制度が変更されたときは、これまでの生活保護制度に対する国民の意識を一変させたに違いない。生活保護制度が、自己責任の原則を基本において、その補足的役割を果たすための制度（四条一項の補足性の原理はそのことをよく表している）として設けられたものである以上、稼動能力のあるものはそれを活用して自己の生活を維持することは当然かもしれない。問題は、その認定の仕方である。現在の制度では、保護申請時に「能力の活用」が厳格に判断されれば当初から保護が受けられないという深刻な事態が生じるし、その後の就労自立支援プログラムへの参加や取り組み姿勢によって保護の変更・停止・廃止が決定されることもありうる。したがって、その認定は、生活保護が最後のセーフティネットであることを十分認識したうえで、申請時には弾力的に、変更時には慎重に行われなければならないことはいうまでもない。現行生活保護法には、「被保護者は、正当な理由がなければ、既に決定された保護を、不利益に変更されることがない。」（同五六条）という規定はあるものの、それ以外には受給者の権利保障規定が乏しいことも問題である。「自立支援」という新しい社会保障の動きに呼応して、新たに就労自立支援プログラムが創設されたのであるから、その計画への不参加や取り組み姿勢を理由として不利益変更する場合には、受給者の権利保障を含めた手続き規定が明確にされることが必要である。

また、ドイツの求職者基礎保障制度のように、生活保護受給者のうち労働能力のある者と失業者を「求職者」というカテゴリーで包括して、求職者給付という形で最低所得保障法制度を再編成する動きも出てきている。新しい動きとして注目を浴びるかたわらで、失業給付と社会扶助を合体させたことによって、一方では、かつての失業扶助のような賃金代替的性格がなくなり、一律の保護基準が適用されるようになったこと、他方では、個別性や柔軟性といったこれまで社会扶助がもってきたメリットがなくなったという批判も出されている。就労をあまりにも重視し、迅速性、効率性、結果指向的性格のみが強く打ち出されたような政策が実施されると、憲法二五条一項が明記する「健康で文化的な最低限度の生活」保障たる最低所得保障（セーフティネット）という最優先課題が侵食される危険性がある。最低所得保障と就労自立支援という両者の価値をどのように調和すれば、生活保護受給者の「自己実現」が可能になるのか、いまそのことがあらためて問われている。

（1）　荒木誠之「雇用保障の法的問題」『社会保障の法的構造』（有斐閣、一九八三年）一九九頁。また、別の箇所では、「端的にいえばそれは失業保険の雇用政策への従属をはかったもので、労働力流動化政策の手段として失業保険の制度が利用されたのである。」とも書いている。荒木誠之「第10章　労働権保障と雇用保障法の展開」『生活保障法理の展開』（法律文化社、一九九九年）一八〇頁。

（2）　特定受給資格者とは、企業の倒産等により離職した者、自己の責めに帰する理由でなく企業側の都合で解雇された者等をいい、特定理由離職者とは、期間の定めのある労働契約が満了し、かつ、当該労働契約の更新がないことにより離職した者（いわゆる雇い止め労働者）等である。

（3）　家庭支援法が制定される前にも既に各州で就労促進計画が実施されていたが、いくつかの報告書がその計画の反省点として、計画への参加者が少ないこと、予算不足のために十分な教育や職業訓練がなされていないこと、就労したとしても低賃金の非正規雇用に従事しているので、完全に自立できていないことなどをあげている。

（4）　Lawrence M. Mead, *Beyond Entitlement : The Social Obligation of Citizenship*, The Free Press. A Division of Macmillan, Inc. (1986) p. 4.

（5）石橋敏郎「アメリカにおける公的扶助制度の最近の動向について—公的扶助受給者に対する就労奨励政策の展開」社会保障法六号（一九九一年）一三八頁。
（6）根岸毅宏『アメリカの福祉改革』（日本経済評論社、二〇〇六年）一五〇頁。
（7）嶋田佳広「最低保障制度の変容—就労支援型公的扶助の特徴と課題」社会保障法二四号（二〇〇九年）一一七～一一八頁。こうした職業安定所主導のやり方は短期失業者には対応できても、多くの就労阻害要因をかかえる長期失業者を自立させることは困難であると述べられている。
（8）木下秀雄「ドイツの最低生活保障と失業保障の新たな仕組みについて」賃金と社会保障一四〇八号（二〇〇五年）一五頁。
（9）木下秀雄「最低生活保障における稼働能力活用義務と扶助支給制限—ドイツ連邦社会扶助法を手がかりとして」賃金と社会保障一二七〇号（二〇〇〇年）六一～六二頁。
（10）小山進次郎『改訂増補　生活保護法の解釈と運用（復刻版）』（全国社会福祉協議会、一九七五年）一一九頁。
（11）同上書六四〇頁。
（12）岡部卓「生活保護における自立支援」社会保障法二四号（二〇〇九年）一五七頁。丸谷浩介「生活保護自立支援プログラムの法的課題」社会保障法二四号（二〇〇九年）一八八頁。
（13）布川日佐史「生活保護法における自立支援と稼働能力活用要件」社会保障法二四号（二〇〇九年）一七六～一七七頁。同『生活保護の論点』（山吹書房、二〇〇九年）一〇二頁。
（14）小山・前掲書（注10）六四〇頁。
（15）石橋敏郎「生活保護法と自立—就労自立支援プログラムを中心として」社会保障法二二号（二〇〇七年）五二頁。
（16）京極高宣『生活保護改革と地方分権化』（ミネルヴァ書房、二〇〇八年）一六九頁では、「地方分権化がより推進されれば、将来的にはハローワークと福祉事務所の合体も考えられてよい。……イギリスでは、二〇〇六年七月より、社会保険事務局と職業紹介所が合体し、ジョブセンタープラス（job center plus）となって生活保護と就労支援を統一的に行っている。」と書かれている。

第4章 地方分権と所得保障

■生活保護制度を中心として

Ⅰ　はじめに

今回、「地方分権と所得保障」というテーマを与えられたが、地方分権との関係からは、年金、子ども手当、児童扶養手当等は議論の対象とはなりにくい。そこでこのテーマでは、やはり生活保護分野を取り上げて検討せざるをえない。現在は、生活保護法の相談・助言業務が自治事務、その他は法定受託事務となっているが、国と地方との役割分担、実施体制のあり方、財政負担割合といった基本的な部分についてはこれまで見直しがなされてこなかった。しかし、保護受給者の増加、生活扶助基準の見直しの動き、自立支援プログラムの実施、市町村合併など社会状況が大きく変化した現在、生活保護行政についても地方分権の視点から新たな議論が起きようとしている。特に、増加を続ける生活保護費を背景として、国は、生活扶助基準の設定権限を都道府県に移譲することで給付の適正化を図ろうとし、それとともに、国の負担部分を現在の四分の三から二分の一へと軽減し、代わりに都道府県に四分の一、保護の実施自治体に四分の一を負担させるという主張をしている。他方、保護費の上昇とその負担増にあえぐ地方自治体からは、生活保護費の全額国庫負担の要求が出ている(1)。

高齢者福祉や児童福祉の分野は既に分権化が相当に進んでいるといえる。医療についても第一次、第二次分権改革のなかで、具体的な分権内容が示されている。これに対して、生活保護については、第一次分権改革、第二次分権改革のなかにも具体的内容がまったくといっていいほど登場していない。わずかに、「地域主権戦略大綱」（閣議決定）（二〇一〇（平成二二）年六月二二日）、および、「地域の自主性及び自立性を高めるための改革の推進を図るための関係法律の整備に関する法律」（二〇一一（平成二三）年四月二八日法三七号）のなかに、保護施設の設備及び運営に関する基準（生保法三九条）を条例に委任することと、町村福祉事務所設置の知事同意の廃止（社福法一四条八項）が盛り込まれているのみである。これは、第二次勧告以降、地方分権化の対象が自治事務に限定されたため、法定受託事務がほとんどである生活保護行政が取り上げられなったことにもよる。

生活保護行政の地方分権化としては、二〇〇五（平成一七）年度から実施の自立支援プログラムがあげられるかもしれない。しかし、これは、生活保護法のいわばケースワーク的部分の地方分権化現象であり、所得保障の分権化を正面から取り上げたものではない。また、生活保護法を補完的な所得保障制度として位置づけたうえで、医療扶助・住宅扶助といった扶助やケースワークの部分を分離する構想のもとに、それぞれの扶助をどんな形で地方に役割分担させるべきかという議論も有益であろう[2]。しかし、そうした視点では、まず、現行生活保護制度のあり方、あるいは、改革の方向そのものを議論しなくてはならず、そのうえで、各扶助につき地方分権化の検討を行うというわば二段構えの検討構造になってしまう。そこで、本章は、「生活保護法制のあり方」という視点ではなく、他の論点と区別させる意味でも、「所得保障（特に生活扶助）を地方分権化するというのはどういうことか。」、また、「そこにはどういう問題点があるか。」という点に限定して、生活保護制度に関する地方分権化論のなかから、所得保障部分の中心となる生活扶助基準について、その設定権限を厚生労働大臣から都道府県に移譲すべきとする厚生労働省案を軸にして、特に、給付、財源負担、実施体制の三つの課題について検討を加えることにした。

Ⅱ　現行生活保護制度における国と地方公共団体の関係

法制定当初より生活保護は「国の責任」（生保法一条）であることが強調されたが、国が直接執行したわけではない。一九五〇（昭和二五）年度より一九九九（平成一一）年度までは、生活保護は知事および市長への機関委任事務とされていたが、二〇〇〇（平成一二）年度以降は、県および市への法定受託事務となった。ただし、事務については、従来通り都道府県および市の福祉事務所が担当している。法定受託事務とされた今日でも、福祉事務所の必置規制、扶助の種類と支給基準・金額、詳細を極める級地制度など生活保護行政全般にわたって国の規律密度は極めて高くなっている。もちろん、機関委任事務の廃止とともに、従来の地方公共団体に対する指揮監督権行使としての「通達」という概念はなくなった。しかし、法定受託事務に係る事務は、「処理基準」（地自法二四五条の九）として引き続き拘束力をもたせる仕組みとなっている。(3)

保護の費用は、保護の実施機関（都道府県、市町村）が全額支弁したうえで、国は、政令の定めるところにより、保護費、委託事務費等の四分の三、保護施設の設備費の二分の一を負担することになっている（生保法七五条一項）。

一九五〇（昭和二五）年、新生活保護法制定時に地方負担が導入されたが、その理由として、「都道府県及び市町村もその管内の住民保護について当然責任を負うべきものであること」と、実施機関による「濫救」を防止するためであると説明されていた。(4) しかし、その後、厚生労働省が、国庫負担の軽減（四分の三→二分の一）と地方負担の増加（都道府県四分の一、保護の実施自治体四分の一）を提案したときには、その理由として、最近の保護率の上昇を指摘して、保護率の地域間格差は実務を担っている実施機関の取り組み方の違いに起因すると考えて、その「適正化」を図るために「地方分権化」を持ち出しているようにみえる。

Ⅲ　現行生活保護制度分権化に関する議論状況

1　給付（保護基準、級地）

(1)　生活扶助基準設定権限の移譲

厚生労働省は、生活扶助基準設定権限を都道府県に移譲する（生保法八条一項の改正になろうが）という案を提示した理由として、「生活保護を適正・的確かつ公平に実施するためには国・都道府県・保護の実施自治体が重層的に役割・責任を分担する必要がある。保護基準等は地域事情を的確に反映したものであるべきである。[5]」と述べている。そこでは、地域の事情を的確に反映させる必要があることと、自治体に生活扶助基準を設定させればおのずと生活保護費適正化につながるであろうという二つの提案理由があげられている。これに対して、①「最低限度の生活水準」が地域によって異なることは、ナショナル・ミニマムの確立という生活保護の理念に反する、②地域事情の反映は、地方の裁量の拡大によるのではなく、国がよりきめ細かな基準設定を行うことによって対応すべきであるという地方自治体（全国知事会・市長会）からの反対もあり、その後、生活扶助基準の都道府県分権化案は当分の間、凍結するという決着になっている。

(2)　級地制度

生活保護法は、生活扶助、住宅扶助および葬祭扶助については、級地制をとり、全国の市（区）町村を三級地に分け、さらに各級地を二分し（枝級地）、一級地の一から三級地の二まで六ランクに分割して、それぞれの保護基準額を定めている。級地制は、大都市と農山村とでは、地域ごとに消費者物価など生活環境が異なり、全国一律の扶助基準額では実質的に不平等になるので、その是正を図るために設けられた制度である。

級地制度については、現在、流通経済の進展、モータリゼーションの発達、消費行動の変化などにより、都市部と周辺部、あるいは都市部と山間地域との消費格差が縮小してきているので、こうした状況を反映して、一級地の基準を下げるとか、その他の級地の基準を上げるとか、あるいは級地制度を廃止して全国一律の基準にすべきであるというような見直しの議論が登場してきている。(6) しかし、生活水準に地域格差があることを前提にして、その格差を正確に反映させるためには生活扶助基準の地方分権化（すなわち都道府県による基準設定）による以外にはないという議論には直ちに結びつかないであろう。より実態を反映した級地制度のあり方を考えるとか、合併で周辺地域が市部に編入されたときには、周辺部は従来の級地を適用するとかの方法でも十分対応できるのではないかと思われる。

2　財源負担

生活保護法の前身である救護法（一九二九（昭和四）年制定、一九三二（昭和七）年一月施行）では、生活保護費は原則として市町村が負担し、国および道府県はその負担に対して、それぞれ二分の一以内、および四分の一を補助するという方式がとられていた。当時は、所得保障は親族扶養優先であり、それができなければ隣保扶養が強調され、その地域住民の救済というのは、当然、地方公共団体である市町村がやるべきだという考え方が主流だったからである。しかし、市町村だけでは大変だろうから国が応分の負担をする、こういった思想でこの方式が生まれたといわれている。(7) 旧生活保護法において生活保護費の八割を国が負担することになった経緯を、小山進次郎氏は、国の責任が明確でなかった救護法でさえ国の補助があったのであるから、「生活保護制度に対する国の責任が制度上明確にされた旧生活保護法以後においては、国の経済的責任を一段と重くする方向において解決されねばならぬと考えられるようになり、……」と述べている。さらに、新生活保護法制定に際してはこの負担率をさらに高くすることが活発に論議されたが、地方財政の強化が実施されるまでは、旧法当時の負担率をそのまま新法に受け継ぐことになり、地方負担分の二割については、保護の実施機関である地方公共団体がその全部を負担することになったそのいきさつを記述している。(8)

3　実施体制（福祉事務所）

生活保護の決定・実施は知事・市長から委任を受けた福祉事務所長が行う（生保法一九条四項）。旧生活保護法の時代には、生活保護の実施機関は市町村長となっていたが、市町村の規模による実施体制の格差が大きく、社会福祉事業法（一九五一（昭和二六）年法四五号）によって、都道府県と市に福祉事務所が設置されることになった（社会福祉事業法一三条）。(9)

「地方分権の推進を図るための関係法律の整備等に関する法律」（地方分権一括法、一九九九（平成一一）年七月一六日法八七号）による福祉事務所についての大きな改正点は以下の二点である。

①　従来の社会福祉事業法では、福祉事務所の数はおおむね人口一〇万人に一つとすることとされていたが（社会福祉事業法一三条）、このような規制が廃止された。そのため実際には、数十万人に福祉事務所一ヶ所というところがある。

②　従来は、現業を行う所員の数は、遵守が義務付けられる法定の最低基準であったが、地方分権一括法により、「標準配置数」と変更された（社福法一六条）。その結果、現業員の充足率についてはかなりの地域格差があり、被保護者の急激な増加に対して現業員が不足しているという深刻な事態に陥っている福祉事務所が相当程度の数見受けられる。(10)

Ⅳ　生活保護制度についての地方分権化論の特徴とその制約

1　生活扶助基準分権化論が出てきた背景

厚生労働省が打ち出してきた生活扶助基準設定権限の都道府県移譲論は、その議論が登場してくる背景や要因が医療や福祉サービスの分野とは違っているように思われる。医療や福祉サービスの分野での権限移譲論や規制緩和論は、「全国的に画一的な基準を設定したのでは、それぞれの地方自治体の地域の諸事情、諸条件に適合した施策の展開ができない」[11]という地方分権推進ための基本的な考え方のひとつに合致する場合がありうる。したがって、医療・福祉の分野では、「分権化がいまだ不十分で、現状では地方の実情にあった施策が展開できない。もっと権限を移譲すべきだ」という主張が成り立ちうる（もちろん、医療・福祉分野でも地域格差が出ることに対して反対する意見もある）。これに対して、生活扶助基準設定権限移譲論は、「地域事情の的確な反映」というよりも、都道府県に生活扶助基準等の設定を任せれば、おのずと保護費の抑制が図られるであろうし（適正化）、基準設定権限をもつ以上は都道府県も応分の財政負担をしてしかるべきであるという意図が強く感じられる。[12]

2　財源負担との不可分性

地方分権改革論は、権限の移譲、義務付け・枠付けの見直しと同時に、地方が自主性を発揮するためには、地方への財源移譲や地方の自主財源の確保が必要であるという主張を伴っていることが多い。しかし、生活保護制度についての地方分権改革論の場合には、生活保護事務が国の責任で行われる事務である（法定受託事務）ということを前提にしたうえで、「生活保護を適正かつ公平に実施するためには都道府県・保護の実施自治体も責任を分担する必要がある」という厚生労働省の主張と、「生活保護は国の責任で実施すべきであるから、その経費は、国が全額負担すべきである」という地方自治体の主張との対立構造になっていることが特徴である。[13]国と地方の財源負担については、これまで、事務の性格が法定受託義務であるか自治事務かということと、国の財政負担責任とは直接リンクしておらず、個々の事務の目的や性格に照らして国と地方がどのように財政分担するのが合理的かという政策的な判断で行われてきたといわれている。地方財政法一〇条も、その円滑な運営を期するために国が進んで経費を負担する必要があるものとして、「生活保護に関する経費」を列挙しているが、負担割合については、「国が、その経費の全部又は一部を負担する。」という文言にとどまっている。地方財政法一〇条の四が、「専ら国の利害に関係のある事務」との位置づけのもと、地方公共団体が負担義務を負わない経費として、「国民年金、雇用保険及び特別児童扶養手当に要する経費」をあげていることと対比すると、生活保護費については地方の負担が想定されているともいえる。しかし、地方の負担が過重になれば、漏救といった事態や給付抑制といった法の趣旨に反するような保護行政が行われる危険性もありうる。[14]

3　地方分権改革推進の目的と生活保護制度

地方分権推進の必要性については、現在のような社会・経済情勢の変化のなかで、さまざまな課題に応えていくためには、住民に一番身近な地方自治体が、住民のニーズを把握し、地域の多様な価値観や個性に根ざした政策を実施できるような仕組み、すなわち分権型社会へ転換を図らなければならないと説明されている。[15]それを実現するためには、国と地方自治体の関係を対等の立場へと根本的に転換し、住民が自らの暮らす地域のあり方について自ら考え、主体的に行動し、その行動と選択に責任を負うような政治的・行政的仕組みへの変革が必要であると続くのが「地域主権改革」である。[16]しかし、社会保障法学の観点からみれば、現在の生活保護法が、適用基準や給付水準について全国的な統一的基準を設定していること自体について、かなり問題が生じてきていることの実証と同時に、地方分権改革ないしは地域主権改革を実現することによって、その問題が解決され、それぞれの地域の諸事情、諸条件に適合した施策の展開が可能になり、その結果、「健康で文化的な最低限度の生活」の保障に貢献できるようになるかどうかの論証が必要であろう。

生活扶助基準を厚生大臣（当時）が決定することにしたいきさつを小山進次郎氏は次のように述べている。

「保護の基準は、旧法においては形式的には厚生大臣の認可を受けて都道府県知事が定めることになっていた（旧施行令一〇条）。新法を制定する際にこれを厚生大臣が直接定めることにしたのは、保護の基準をどう決めるかがこの制度の性格をも決定する重大な問題であること及び保護の基準における地域差の問題は保護の基準の内容に関する問題であって厚生大臣が直接に決めても十分解決可能な問題であること、特に、社会保障の理念に立ち国の直接責任を徹底させる立場を採れば技術的に不可能でない限り国の責任者たる厚生大臣が直接定める建前を採ることが望ましいこと等の点を考慮したからである。[17]」

４　生活保護制度と法定受託事務

一九九九（平成一一）年の地方分権一括法により、生活保護は機関委任事務から法定受託義務となり、高齢者・障害者・児童各福祉サービス事務は団体委任事務から自治事務へと変更された。当時、地方自治体と総務省は機関委任事務の廃止を主張し、他方で、厚生労働省は、生活保護行政は国の責務であるとして機関委任事務の存続を主張し、結果的には生活保護行政は法定受託義務となったといわれている。

地方自治法は、法律・政令に明示された法定受託事務以外は自治事務とするという建前をとっている。法定受託事務も地方公共団体の事務であるから、その処理は地方公共団体の責任において行われる。自治事務と法定受託事務の差は相対的なものであるが、法定受託事務はその性質、背景等から、「国が本来果たすべき役割」に属し、かつ、「その適正な処理を『特に』確保する必要があるものとして法律又は政令に『特に』定めがあるもの」である（地自法二条九項一号）。「国においてその適正な処理を特に確保する必要があるもの」という表現にしたのは、法定受託事務は、同じ地方公共団体の事務であっても、自治事務より国がその適正な処理について相対的に高い関心と責任を有することを明確に表現しようとしたものである。(18) この二つの事務はともに地方公共団体の事務であることに変わりはないが、その事務の性格の相違により、処理の仕方や国・地方議会の関与について差がある。(19)

条例制定権について、従来の機関委任事務のときは、国の事務であり地方公共団体の事務ではないので、条例を制定することはできなかったが、しかし、法定受託事務は「国が本来果たすべき役割に係るもの」ではあるが、地方公共団体の事務であるから条例が制定できる（地自法一四条一項）。ただし、法定受託事務であれば、各大臣が定める処理基準（同二四五条の九）によって、その処理が細かく定められる場合が多いものと思われる。もちろん自治事務についても、国が基準を設定することもありうるが、自治事務については、「国は地方公共団体が地域の特性に応じて処理することができるように特に配慮しなければならない」（同二条一三項）という国の特別配慮義務が課されていることもあり、個々の法律又はこれに基づく政令の根拠規定がなければ国は、自治事務については基準を定めることができないと解されている。したがって、これとの対比において、法定受託事務は、「法令に違反しない限りにおいて……条例を制定することができる」（同一四条一項）という規定との関係において、「法令に違反しない」範囲が一般的には自治事務よりも制約されてくるものと想定される。(20)

また、法定受託事務とするための要件についてであるが、「地方分権推進計画」（閣議決定、一九九八（平成一〇）年五月二九日）は、法定受託事務とするためのメルクマールを八つ提示している。生活保護制度（生活扶助）は、そのなかの、「全国単一の制度又は全国一律の基準により行う給付金支給等に関する事務で、以下に掲げるもの。①生存にかかわるナショナル・ミニマムを確保するため、全国一律に公平・平等に行う給付金の支給等に関する業務」という項目に該当する。そこでは、法定受託事務かどうかを判断する重要な要件として、「公平性・平等性」がうたわれており、生活扶助基準を自治事務化することはこれを損なうおそれがあると考えられたものであろう。具体的には生活保護法三条（最低生活保障）、八条二項（基準及び程度の原則）違反の保護基準条例の制定がなされないとも限らない。これを防止するためには、生活扶助の基準設定はやはり法定受託事務とされるべきであろう。[21]

5　生活扶助基準を地方分権化することの制約

現在、生活扶助については、国が一定の基準を設けているが、問題は、生活扶助基準設定を権限移譲した場合、あるいは、福祉事務所の必置規制などの義務付け・枠付けを廃止・緩和すれば、地方自治体が条例を通じて地域の実情に適合した個別的な施策がとれるようになるかどうかである。医療・福祉サービス給付は、人的・物的施設を不可欠とする非金銭的給付であるので、都市部や山間部といった地域の特殊性や実情に合わせて、施設整備状況やサービス提供の方法について、それぞれの地方自治体で創意工夫の余地がありうるかもしれない。もちろん医療・福祉サービスであっても守られるべき最低限度のサービス水準は確保されるべきであるから、最低限のサービス水準を国で決めておくことは必要である。しかし、こうした最低限の水準を確保したうえで、全国画一的な基準ではなく、それぞれの地域の諸事情、諸条件に適合した施策の展開を可能にさせるという意味で、一定の範囲で、地方分権化が望ましい場合がありうるであろう。例えば、介護サービスの分野では、市町村住民の判断によって、最低水準以上のサービスを住民の保険料負担増によって賄うという政策選択が可能な仕組みがとられている。しかし、全額公費負担で実施せざるをえない生活扶助給付は、国民の生活維持に絶対に必要な費用を支給する現金給付であり、地域差を考慮するといっても、それは地域ごとに消費者物価など生活環境が多少異なるので、それに対応した生活扶助基準の設定が必要だという程度の差異でしかない。生活保護の分野は、在宅・施設の基盤整備やサービス内容の工夫、あるいはボランティアの活用といった自治体ごとの独自性や、競争原理によるサービスの向上といった医療・福祉・介護分野でいうところの地方分権化のメリットが働きにくい分野である[22]。また、利用者が事業者を選択しより良いサービスを受けるというような選択権が働く余地もない。現在の級地制度が、生活様式の変化、モータリゼーションの発達、市町村合併という最近の社会環境に適合していない部分があるとすれば、それをどのように適合させたらよいのかについては、当然、議論の必要性があろうが、しかし、それは地方分権化によってしか解決できないものではないといわざるをえない。もちろん、生活扶助基準を都道府県条例で決めるとしても、国が扶助の枠組みや従うべき基準を設定すれば、現在と同じような保障が得られるという主張はありうる。ただ、どういった仕組みにすればナショナル・ミニマムが保障されるかといった配慮やそれを実現するための法整備をしないままに、生活扶助基準の設定権限の移譲や実施自治体の財政負担増を求めるならば、「最低限度の生活」を割り込むような生活扶助基準が条例で設定されたり、あるいは、より高額の扶助基準をもつ自治体に受給者が流入・集中したり等、生活保護法の趣旨に反するような給付抑制策がなされたり、保護率に極端な格差が出るといった事態が起こらないとも限らない[23]。

Ⅴ　おわりに

本章は、「地方分権と所得保障」というテーマで、生活保護制度のうちその中心となる生活扶助について、その基準設定権限を都道府県または実施自治体に移譲すべきであるかどうかという点に限定して論じてきた。いまや、地方分権は動かしがたい潮流であろうし、法定受託事務の抑制と自治事務への移行が地方自治法の描く将来像であることも明確である。[24] もちろん、医療・福祉・介護の分野では、これまでの国による画一的な基準や一律の基準適用に不合理な面があったことは否定できない。しかし、他方でそうした国の基準が社会保障行政全体のなかで最低水準を保障する機能を果たしてきたこともまた事実である。最低基準設定権限を地方自治体の条例に移譲すれば、より良い条例ができる可能性もあると同時に、最低生活レベルを割る給付がなされるかもしれないというリスクも存在する。[25] そこで本章では、生活保護制度、特に所得保障の中心となっている生活扶助基準については、現法体制のまま地方分権化した場合、弊害が生じるおそれがあり、いまのところ地方の財源負担をどうするかという点を除いては、地方分権化については慎重な配慮が必要なのではないかという議論を展開してきた。もちろんそれが十分に立証できているわけではない。また、重要な課題がいくつも残されたままとなった。以下、残された課題のいくつかを列挙して、検討を終わることにしたい。

まず、生活扶助以外の扶助、すなわち、住宅扶助、医療扶助、教育扶助、葬祭扶助などをどうするかという議論が残されている。こうした扶助は、それぞれ医療保障法、住宅保障法等に一元化し、生活保護は所得保障の補完的給付へ純化させるべきであるという意見や、[26] むしろ現物給付に切り替えて、サービス提供者に必要な額を直接支弁するべきであるというような考え方、[27] さらに、それらの給付は一般財源化すべきかどうか、[28] 福祉事務所は必置であるべきかどうかといった議論があるので、それらを整理したうえで、あらためてそれらの扶助基準の設定と実施機関をどういう形で地方分権化すべきかどうかが問われなくてはならない。

次に、新たなセーフティネットの形成または再構築という視点からの考察が残されている。ヨーロッパ諸国では、失業者および高齢者を従来の生活保護制度から分離させ、別個の最低所得保障制度で対応しようとする動きが活発になっている。[29] 今後、雇用や基礎年金、社会手当を含めて、最低生活保障制度としての生活保護制度はどうあるべきかという抜本的改革議論のなかで、生活扶助およびその他の扶助と地方分権化の問題が再び取り上げられる必要があろう。

医療・福祉・介護の分野に比べて、所得保障の分野は、地方分権との関連での検討がいまだ十分ではなかったように思われる。社会保障に関する国と地方の財源負担問題に関してもまたしかりである。これを機会に新たな議論が展開されることを期待したい。

（1）指定都市市長会「社会保障制度全般のあり方を含めた生活保護制度の抜本的改革の提案」（二〇一〇（平成二二）年一〇月二〇日）。

（2）河野正輝「生活保護法の総論的課題」社会保障法七号（一九九二年）六九頁。

（3）地方自治法二四五条の九「①各大臣は、……都道府県の法定受託事務の処理について、都道府県が当該法定受託事務を処理するに当たりよるべき基準を定めることができる。」

例えば、厚生労働省社会・援護局長は、「地方分権の推進を図るための関係法令の整備等に関する法律による生活保護法関係通知の取扱いについて」（平成一三・三・一七社援発五一八号）を知事・市長宛に通知し、今後は、「生活保護法による保護の基準の級地区分の取扱い等について」（昭和四一・五・一八社保一六〇号）（市町村の合体、編入より異なる級地の地域が同一市町村に属することになったときは、合体・編入の翌月から最も高い級地区分を適用すること）を、地方自治法二四五条の九第一項および三項の規定による処理基準とすることを明示している。

（4）小山進次郎『改訂増補　生活保護法の解釈と運用（復刻版）』（全国社会福祉協議会、一九七五年）七七二頁。

（5）「生活保護費及び児童扶養手当に関する関係者協議会」第六回（二〇〇五（平成一七）年一一月四日）に提出された厚生労働省資料。

（6）「生活保護制度の在り方に関する専門委員会報告書」（二〇〇四（平成一六）年一二月一五日）、「生活扶助基準に関する検討会報告書」（二〇〇七（平成一九）年一一月三〇日）。

（7）厚生省社会局保護課編『生活保護三十年史』（社会福祉調査会、一九八一年）五九頁。

（8）小山・前掲書（注4）八一一頁。

（9）古賀昭典編著『現代公的扶助法論』（法律文化社、一九九〇年）一六三頁、京極高宣『生活保護改革と地方分権化』（ミネルヴァ書房、二〇〇八年）五七頁。
（10）日本弁護士連合会「生活保護法改正要綱案—権利性が明確な『生活保障法』に」（二〇〇八（平成二〇）年一一月一七日）。ケースワーカーの人数を法定数とし、都市部は六〇人に一人、郡部は四〇人に一人以上とすることという提案をしている。
（11）西尾勝『未完の分権改革』（岩波書店、一九九九年）六四頁以下。
（12）地方分権改革推進委員会「地方分権改革推進にあたっての基本的な考え方—地方が主役の国づくり」（二〇〇七（平成一九）年五月三〇日）、「地域主権戦略大綱」（二〇一〇（平成二二）年六月二二日閣議決定）などは、地方の自己決定イコール自己責任を強調した改革論となっている。
（13）「生活保護費及び児童扶養手当に関する関係者協議会」第一回（二〇〇五（平成一七）年四月二〇日）での石川県知事の発言。
（14）良永彌太郎「公的扶助費用の法関係」『講座社会保障法　第五巻　住居保障法・公的扶助法』（法律文化社、二〇〇一年）二九三頁。
（15）地方分権改革推進委員会「地方分権改革推進にあたっての基本的な考え方—地方が主役の国づくり」（二〇〇七（平成一九）年五月三〇日）。
（16）「地域主権戦略大綱」・前掲（注12）。
（17）小山・前掲書（注4）一六七頁。
（18）松本英昭『要説・地方自治法〔第六次改訂版〕』（ぎょうせい、二〇〇九年）一八六頁以下。
（19）同上書一九三頁以下。
（20）同上書一九三頁、五八九頁。
（21）「補助金問題検討会報告書」（一九八五（昭和六〇）年一二月二〇日）では、「生活保護制度は国民の健康で文化的な最低限度の生活水準を保障するものであり、その実施に当たっては、全国民に共通した公平と平等が求められるので、事務の性格は今後とも機関委任事務とすることが適当であること。」と述べられている。
（22）「生活保護費及び児童扶養手当に関する関係者協議会」第九回（二〇〇五（平成一七）年一一月二五日）における全国知事会・全国市長会提出資料。「……『地域事情の反映』は、『地方の裁量拡大』によって対応するものではなく、国が各地域の実態を十分把握するとともに、よりきめ細かな基準設定を行うなどによって、適切に対応すべきものである。……基準設定権限を委譲しても、地方に裁量の余地はないし、……『地方の創意工夫が発揮できる』余地もない。」
（23）「生活保護費及び児童扶養手当に関する関係者協議会」第二回（二〇〇五（平成一七）年五月二七日）における高知市長の提出

資料。「保護率の地域間格差についても、特定医療機関、ホームレス受け入れ施設の偏在により、生活保護受給者が大量に当該地域に流入しているという特殊事情がある。周辺地域と比べて生活保護基準が高いところについては、被保護者が都市の利便性を求めて当該地域に移動し、保護率が上昇しているという事情がある。」

(24)　地方分権一括法附則二五〇条「新地方自治法第二条第九項第一号に規定する第一号法定受託事務については、できる限り新たに設けることのないようにするとともに、……地方分権を推進する観点からの検討を加え、適宜、適切な見直し（自治事務への移行）を行うものとする。」

(25)　櫻井敬子「行政法講座45　真の地方分権を問う」自治事務セミナー二〇一〇年三月号五頁、「ナショナルミニマム研究会中間報告」（二〇一〇（平成二二）年六月二三日）。「国の定めるナショナルミニマムは地方自治体の判断で下回ることのできない最低基準であり、地方自治体の独自性や裁量はナショナルミニマムを上回る部分についてのみ認められる。」

(26)　河野・前掲論文(注2)六五頁以下。

(27)　分権型政策制度研究センター・ナショナルミニマム研究会「分権型の生活保護行政に向けて―選別型サービスからユニバーサルサービスへ」（二〇〇六（平成一八）年八月）。

(28)　生活扶助以外の扶助は一般財源化するべきであるという主張をするものに、同上研究会報告書。生活扶助、医療扶助以外を一般財源化すべきであるとの主張が、京極高宣『生活保護改革と地方分権化』（ミネルヴァ書房、二〇〇八年）一〇六頁、一〇七頁。

(29)　イギリスについては、武川正吾「イギリスの最低生活保障制度」栃本一三郎編『積極的な最低保障の確立―国際比較と展望』（第一法規、二〇〇六年）八一頁以下。ドイツについては、嶋田佳広「最低生活保障制度の変容」社会保障法二四号（二〇〇九年）一〇九頁以下。

第5章 最低所得保障給付と雇用促進政策

■ 荒木理論を手がかりとして

Ⅰ はじめに

最近、社会保障の所得保障給付と雇用促進政策とを結びつける考え方が有力になってきており、それに基づいて各国でワークフェア（Workfare）[1]と呼ばれる就労促進政策が実施されている。その背景には、もちろん社会保障財政の悪化・窮迫化という各国に共通した事情があるのだが、その政策を推し進めている理論的根拠として、「社会的排除」（social exclusion）を克服して「社会的包摂」（social inclusion）を図ろうという思想があるといわれている。[2]別ないい方をすれば、これまで労働法の担当領域とされてきた雇用保障ないしは雇用促進について、いまや社会保障法の分野においても、最低生活の保障という本来の目的とならんで、あるいはそれ以上の価値規範として、「就労促進」を前面に掲げることにし、所得保障給付もこれに連動した形のものに変えていこうとする動きである。

日本において、所得保障給付と雇用促進政策との連動が最初に具体的な法制度として現れたのは雇用保険法（一九七四（昭和四九）年法一一六号、翌年四月一日施行）の制定からであったろう。雇用保険法には、それまでの失業保険法（一九四七（昭和二二）年法一四六号）の目的であった失業者の「生活の安定」（失保法一条）ということに加えて、「再就職の促進」、「雇用構造の改善、労働者の能力の開発向上」（雇保法一条）等が新たに加えられることになった。

そして、その目的にしたがって、公共職業訓練等受講期間中の基本手当の給付日数の延長（訓練延長給付）等の特別措置が盛り込まれた。最低所得保障給付と就労促進政策との結びつきは、その後、生活保護給付にも導入され、二〇〇五（平成一七）年度より「就労自立支援プログラム」として実施されている。また、失業者に対する第二のセーフティネットとしての役割を期待されている求職者支援制度も、二〇一一（平成二三）年から実施されている。[3]後者の二つの制度の特徴は、いずれも、失業者や労働能力ある生活保護受給者に対して、職業訓練を受けることや就労自立支援プログラムへの参加を条件に、反対給付として職業訓練受講給付金や生活保護給付を受給することができるという仕組みとなっていることである。そして、もし受給者側に訓練・計画参加に対して積極的な取り組み姿勢や意欲がみられないときは、支給の停止・廃止がなされるというように、かなり雇用政策面に比重が置かれた所得保障制度となっている。

また、理論面でも、雇用と社会保障を結びつけ、両者を含めて社会保障の一体的な改革・再設計をめざすものとして「生活保障」という新しい概念を構想する研究者も出始めている。[4]さらに、生活保護法の目的（生保法一条）に関しても、これまでいわば常識とされてきたところの「最低生活の保障」よりも、むしろ「自立助長」のほうが第一義的な目的であるとする学説も出てきている。[5]

所得保障給付と雇用促進とを結びつけて考える政策傾向は、そのやり方や程度の差こそあれ、いまや世界的な潮流であるといってよいであろう。また、こうした政策は、社会保障財源が困窮していることと、社会保障給付（特に生活保護給付）に依存することへの世論の厳しい視線とがあいまって、かなりの国民の支持を受けるところとなっている。しかし、生活保護給付はもとより、現行の雇用保険法上の基本手当は、実質的には、失業者の最低生活を維持するための最低所得保障給付ともいうべき給付である。[6]こうした最低所得保障給付の支給の可否や給付額の決定が、雇用促進という本来労働法が受け持つべき機能によってどこまで影響を受けることが許されるのかについては、社会保障法学の立場からは、より慎重な配慮がなされなければならない場合もあろうかと思われる。そこで、本章では、労働法と社会保障法の関係を幾度となく考察してきた荒木誠之氏の論文を手がかりにして、最低所得保障給付と雇用促進政策とを結びつける最近の考え方、すなわち、社会的包摂ないしは社会的統合政策について、そのあり方も含めて、法的に問題がないかどうかを検討してみたいと思う。ただ、生活保護制度に対する就労自立支援プログラムの導入など、荒木理論が形成された頃にはなかったような、あるいは想像できなかったような新しい型の政策が登場してきている。したがって、本章では、荒木理論からいけば、この問題については、こういう分析が可能であり、また、こういう結論になるのではないかというような方向での議論もいくつかある。本章は、こうした制約または前提条件のもとで、労働法と社会保障法との交錯領域にある「最低所得保障給付と雇用促進政策」の関係について、荒木理論と照らし合わせながら、若干の検討を加えようとするものであるので、その点をご了承願いたいと思う。

Ⅱ　荒木理論と本テーマとの接点

荒木理論の社会保障法学への貢献といってもさまざまな局面があるが、大雑把にいうならば、次の二つであろう。①従来の社会保険、公的扶助という保障方法による制度別体系論を批判し、保険の技術を採用するかどうかは国の立法選択の問題であり、給付の法的性格を明らかにできないとして、それに代わるものとして要保障性（ニーズ）の構造と程度の分析を通して得られたところの所得保障給付と生活障害保障給付という二大給付体系からなる社会保障法給付別体系を確立したこと、②雇用関係にある労働者と、自営業者・農林業業者のように雇用関係にない非被用者とを、生活手段を超えたところの「生活主体」という法的主体概念でもってくくり、両者を社会保障法のなかに一緒に取り込んで、社会保障の統一的な法体系を確立したことである。本章では、後者の貢献をもって荒木理論と称している。

荒木誠之氏は、当初から、労働法と社会保障法との関係を何度もくりかえし考察してきた。その理由としては、①社会保障法という学問分野が成立するためには、社会保障法の法的独自性や法理的体系性を証明しなくてはならず、そのためには、どうしても社会法領域のなかで関連の深い労働法との異同性を明確にする必要があったことである。生存権の実現形態として両者はどう違うのか、その反面、機能的には両者はどう結びついているのかなど、法的人間像から事業主の拠出義務、実定法の細かな給付規定の内容・解釈まで及ぶ幅広い考察は、現象面での両者の異同性を整理するだけでなく、両立法を法理論的にも吟味する作業を含んでいたといえる[7]。②当初、労働条件保護の目的で制度化された各種の労働者保険は、次第に、労働者という側面からではなく、被用者・自営業者といった生活手段を超えて、生活を脅かされる人間としての「生活人」あるいは「生活主体」という法概念のなかに取り込まれていき、やがて非被用者層も含めたところの社会保険として、社会保障法の一分野を構成することになる。このように社会保障法の歴史的展開過程を踏まえて、被用者・自営者を含めたところの社会保障法という学問分野の成立可能性とその法的統一性を明らかにする必要があったことである[8]。

ただ、本章のテーマとの関連では、主として以下の二つの点につき考察を加えることにした。荒木理論は、現行の雇用促進政策の問題点につき、重要な指摘を行っているのではないかと考えたからである。

①　まず、第一に、荒木論文では、労働法と社会保障法とのそれぞれの「法的独自性と機能的協働関係」を考察する過程で、両者の法的独自性、および、そこからくる明確な役割分担、あるいは社会保障法の労働法に対する補完的関係を論じている箇所がいくつもあることである[9]。すなわち、雇用確保・雇用保障は労働法が責任をもって担うべき政策であり、社会保障給付はそれを補完する第二次的政策であるという一種の役割分担があるにもかかわら

ず、現実の立法（その当時では雇用保険法）についてはそれが必ずしも貫徹されていないという批判を行っている部分である。「社会保障法としての失業保険法が雇用対策に従属した姿を見出す……」[10]という表現は、現行法制度たる生活保護給付と就労自立支援プログラムとの関係、あるいは、失業者に対する職業訓練受講給付金と職業訓練との関係に対する批判にそのままつながっていくのではないかと思われる。また、当時の雇用保障法という新たな法分野の成否を論じるなかで、雇用保障法の提唱者が最も強調したかったのは、雇用保障の権利としての「雇用選択の自由」あるいは「適職選択権」の確保であったと評価している部分も、現在の日本の失業者・生活保護受給者への就労促進政策に対する警鐘となりうるであろう。[11]ただし、注意しておかなくてはならないのは、ここでいう「機能的協働関係」には二つの意味が含まれているように思われることである。ひとつは、不幸にして失業した場合には、直ちに失業保険給付が支給され、失業者の生活が保障されると同時に、できるだけ早い次期に労働市場に戻れるような措置が講じられなければならないという意味で、社会保障法と労働法との連携・協働の必要性を述べている場合である。もうひとつは、労働者保険法の保険料および保険給付については、保険料が賃金を算定基礎にした標準報酬等級をもとに定められていることや、保険給付が賃金報酬比例になっていることなど、保険料・保険給付の金額・水準に関しては、労働条件（ここでは賃金）が深く関係しており、その両者の関係をとらえて「機能的協働関係」と述べている場合である。本章では、前者の意味での「機能的協働関係」を取り上げて、そのことと「法的独自性」との関係を整理してみたいと考える。

②　第二に、市民法から労働法へ、さらに労働法から社会保障法へと移っていく歴史的発展過程における法主体ないし権利主体について述べている箇所がある。すなわち、市民法は、それまでの身分制度を打破して抽象的な「人」を法主体としてとらえ、市民社会を「人」と「人」との自由・対等な契約関係として構成した。しかし、現実の労働関係での使用者・労働者の支配従属関係を目の前にして、抽象的な「人」ではなく、社会的・階級的地位

を背負った「労働者」という具体的法主体としてとらえるべきだという批判から労働法が登場することになったという経緯を述べている部分である。ところが、その後に形成された社会保障法は、労働者だけでなく全国民を対象とすることになった結果、社会保障法の法主体は、生活手段を捨象したところの「人」（生活主体）であるということになった。このことが、市民法の法主体である「人」という概念への回帰を意味するのではないかという問題である。この点について、荒木論文は、市民法から労働法へ、さらに社会保障法へという歴史的流れからいって、旧来の市民法の抽象的法主体概念への回帰はありえず、社会保障法の「人」という法主体は、社会法が直視してきた法的人間像を含んだうえでの概念であることをはっきりと述べている[12]。最近、日本の生活保護法の領域でさえも、アメリカのように受給関係を国あるいは州と被保護者の「契約」関係でみていこうとする傾向が強くなってきているのではないかという印象をもつことがある。このようなときに、上記の記述は、失業者あるいは生活保護受給者は、市民法が想定してきたところの対等当事者として契約を結べる立場にある抽象的人格者たる「人」ではなく、あくまでも社会法としての本質を背負った生活人たる「人」であるということを再確認させるという意味で、いまなお重要であろうと思われる。以下、この二点に論点を絞って、最低所得保障給付と雇用促進に関する最近の日本およびアメリカの政策の動きについて、荒木論文の立場からはどのような評価が与えられるのであろうかという視点（批判的視点）で考えてみたいと思う。

Ⅲ　失業給付に対する雇用促進政策の導入

1　失業保険法から雇用保険法へ

ここでは、旧失業保険法から雇用保険法への移行に対する荒木氏の批判的評価を取り上げながら、特に労働法と社会保障法との「法的独自性と機能的協働性」という考え方をもとに、最低所得保障と雇用促進政策の関係について検討することにしたい。

日本において失業給付立法は、医療、年金給付法と比較するとその歴史が浅く、本格的な立法としては、一九四七（昭和二二）年の失業保険法（法一四六号）からといってよいであろう。失業保険法の制定過程をみると、前年の一九四六（昭和二一）年に旧生活保護法（法一七号）が制定されたが、その審議の過程で、失業保険法の早期制定が要請されていたことがわかる。すなわち、戦後間もない頃であったので、当時の大量の失業者が生活保護給付を受けることになると莫大な国家予算がかかるという財政上の問題と、生活保護による救済を行うと惰民養成になるのではないかという倫理面での問題があって、結局、早期に失業保険制度を創設すべきであるという附帯決議が付けられて旧生活保護法が成立したといういきさつがうかがえる(13)。

失業保険法は社会保障法の一部を構成するとはいえ、労働関係を基盤としている制度であるから、当然にそのなかに労働法の法原理を内包していることは否定できないとして、荒木氏は、失業保険給付の特色として、以下の三つの点をあげている。①失業は労働関係に特有の生活危険であり、その発生は必然的・不可避的であるから、当然、使用者およびその総体としての資本にその責任をとらせるべき問題である。したがって、労災保険のように全額使用者負担とまではいかないまでも、失業保険法の保険料を労使折半方式で負担させることには検討の余地があること。②失業保険給付の法的基礎には、生存権のほかに労働権がある。労働権は、労働の意思と能力を有する者が国に対して労働の機会を要求する権利であるが、失業保険給付は労働権を裏付ける制度としての性格をもっているので、失業者が労働の意思と能力を有しないと認められるときは、給付請求権を失うことになる。③失業保険給付の給付期間が短期間に限定されていることにふれ、その主たる理由として、全失業期間の給付は国家にも使用者にも多大の負担をかけることになるという給付財源の問題を述べたあとに、次のような趣旨のことをいっている。すなわち、失業保険給付は職業安定法その他の雇用安定ないし完全雇用政策によって、失業者の吸収を図り、要保障状態そのものの解消を図るという雇用政策と結びついていることに注目すべきであるという趣旨の記述である。[14] 労働者保険の社会保障法における相対的独自性をしきりに説いてきた荒木理論においても、[15] このように失業保険給付と雇用促進政策の結びつきは最初から当然のごとくに意識されていた課題といえる。問題は、労働権ないしは労働法が担当する雇用促進という法目的と、社会保障法が担当する生活保障という法目的の両方をどこで調和させるか、別ないい方をすれば、労働法と社会保障法との「法的独自性と機能的協働性」との関係をどのように理解し、どこに境界線を引くかということであろう。

この点について、ひとつの手がかりとして、旧失業保険法が雇用保険法へと変容したことについての荒木氏の批判的論述がある。旧失業保険法は、「被保険者が失業した場合に、失業保険金を支給して、その生活の安定を図ることを目的」（失保法一条）として、一九四七（昭和二二）年に制定された。当初は、常時五人以上の従業員を雇用する事業所で働く労働者が当然被保険者とされ（ただし、日雇い労働者、四ヶ月以内の季節労働者等は適用除外）、離職の日以前一年間に通算して六ヶ月以上の被保険者期間があれば、一律に一八〇日分の失業保険金を離職後一年間に受けることができるという内容のものであった。その後、一九六五（昭和四〇）年代になると、若年労働者の不足に対して中高年労働者の労働力が余っているという労働力需給の年齢別不均衡や、労働力不足地域と過剰地域があるという地域別不均衡、および、失業保険給付の受給が若年女子や季節的労働者に偏っているという失業給付受給面での不均衡という現象が顕著になってきていた。そこで、その不均衡を是正するとともに、失業の予防、職業訓練の充実・強化、雇用の改善等の雇用政策を積極的に推し進めるという政策目標をもって雇用保険法が制定されることになったのである（一九七四（昭和四九）年成立、翌年四月一日施行）。これにより、失業給付は、これまでの「失業者の生活の安定」を図るための給付であると同時に、再就職の促進を目的とした給付であることが明確にされた。[16]

具体的には、従来の失業保険給付は、雇用保険法のもとでは、求職者給付と雇用促進給付とに分類され、失業者の所得保障の中心となる基本手当の受給日数は、これまでの被保険者期間の長短ではなく、離職の日における年齢（再就職難易度）によって決められることになった（例えば、三〇歳未満は九〇日、五五歳以上は三〇〇日）。若年層が失業状態に滞留することがないようにとの意図である。受給者が職業安定所長の指示により公共職業訓練等を受ける場合、あるいは、広域職業紹介活動により就職の斡旋を受ける場合には、それぞれ、所定給付日数を超えて基本手当が支給されることになった。就職促進給付には、常用就職支度金、移転費、広域休職活動費があったが、いずれも失業者の早期再就職を促すための給付である。雇用安定事業等（雇用安定三事業、のちに四事業）は、旧失業保険法では付随的に行われていた「福祉施設」を雇用保険法のなかに取り込んだものである。しかし、その大部分が、失業予防、雇用促進のために事業主に対して交付される助成金・奨励金・給付金であり、社会保障法の予定する要保障者への所得保障給付とは性格を異にしていた。

こうした雇用対策的色彩を濃厚に表した雇用保険法の制定に対して、荒木氏は以下のように批判している。

「雇用政策の失業保険法への浸透は、失業保険法の中に雇用対策立法的要素を加えるとともに、失業給付自体にも雇用対策的色彩を濃厚に反映させた。それは結果的には失業給付の拡大という現象をもたらしたけれども、失業者の生活保障という失業保険固有の法目的からではなく、雇用対策と結びついた形においてはじめて給付の拡大が可能であったところに、社会保障法としての失業保険法が雇用対策に従属した姿を見出すのである。失業給付の延長が失業労働者にプラスの面を含むことは認めるが、しかし、その前提となるべき条件、すなわち失業給付の本来なすべき生活保障が、はたして失業保険法において十分であったかという点については、ほとんど検討された形跡はない。その基本的な問題のふまえ方が不十分なまま、雇用政策への傾斜を強めてきたところに、社会保障原理の軽視ないしは無視が生ずる可能性を含んでいたということができよう。……失業給付の社会保障法としての原理が、理論的にも立法的にも確立されていなかった事実があることをみすごしてはならない。[17]」

「雇用促進という政策は、失業立法には本来的に付随しているものではあるが、これが意識的に立法に反映されるのは、産業構造の急激な変化の時期である。そこにも、失業保険に、社会保障の立場よりもいわゆる雇用対策の立場を優先させようとする傾向が顕著であって、失業給付を社会保障法の原理に即して徹底させようという態度はまったくみられない。

わが失業保険法は、第二次大戦前にはついに成立せず、戦後の激しい失業の発生時期にようやく出現した。しかし、適用範囲、給付の期間、給付内容など、失業者の生活保障の面で極めて不徹底であったが、その点を改善しないままに、技術革新と産業再編成の時期を迎え、雇用政策に従属した失業保険法へ移行していった。そして、さらに失業保険法の性格を大きく変化させる雇用保険的なものへの改革が議論されるようになったのである。このようにわが失業保険法は労働者の生存権原理を十分自覚して法が構想され推進されるということがほとんどなかった。……失業保険法が社会保障法の一環をなしているという意味を考えるとき、現行の失業保険の構造さらには失業保険法改革の方向について、生存権保障の立場からの鋭い分析と批判が必要である。[18]」

このように、旧失業保険法時代の失業給付が、給付期間の面でも、給付水準の面でも極めて不十分であったのにもかかわらず、そのことを問題とせずに、社会保障法の目的（所得保障）とは異なる就業促進という法政策が前面に打ち出され、結局のところ、失業給付は雇用促進を図るための誘導的給付へと変容してしまったことへの批判がなされている。あるいは、事業主への助成措置が、いつのまにか、附帯事業としてではなく、失業保険法の本体事業として盛り込まれたことへの疑問も呈している。荒木氏は、失業保険、労災保険などの労働者保険が、労働関係を基盤として展開されている制度である以上、給付の内容と構造が労働関係法理の投影を受けることは当然の前提としながらも（労働権法理の社会保障法への反映）、そこには労働法と社会保障法とが本来もっている基本的立場の違い、および、そこからくる明らかな役割分担も存在していることも、たびたび述べている。

「労働法が失業を取り扱うときには、つねに労働関係を基盤として、その局面での失業防止ないしは失業の解消が法の関心事となる。このような労働法のアプローチと対比するとき、社会保障法のそれは対照的である。社会保障法は失業を一個の生活危険すなわち要保障事故の発生を前提として、失業のもたらす生活上のニードに対して一定の社会的給付を行なう。失業者の労働関係への復帰は、それが望ましいことは当然だとしても、社会保障法の直接の関心事とはならず、労働法にそれを委ねる。その意味では、労働法と社会保障法との間には、失業をめぐって一種の役割分担があると言ってもよい。つまり、失業の防止は労働法が、失業が発生した後の生活保障は社会保障法がうけもち、さらに失業者の労働関係への復帰については労働立法としての雇用対策諸法が取り扱うという相互関係が認められる(19)。」

これは、社会保障法が適用される前に、まず先に労働法の側で、失業の予防措置も含めて、働き続けられるような労働環境の確保や、いったん労働市場から離脱してもすぐに復帰できるような雇用保障制度が実現されることが大前提であり、社会保障給付は、労働生活の保障機能としては、あくまでもこれを補完するための第二次的な役割を担っているにすぎないことを述べた箇所である。労働法と社会保障法はそれぞれに独自の法原理と体系および領域をもつ法として存在しながらも、なおかつ機能面においては相互に関連をもちながら勤労者の生活を支えているというのが、荒木氏の「法的独自性と機能的協働関係」論である。しかし、社会保障法は、労働法を排除し、侵食することによって自己の領域を形成したのではなく、労働法が直接ふれなかった生活主体としての側面を法のレベルに乗せることによって固有の領域を見出してきたというこれまでの一貫した荒木理論のスタンスとあわせて考えてみれば、やはり、労働法と社会保障法とは、その機能的協働関係を論ずる前の段階で、両者の法がもつ「法的独自性」を認識するのが先決であるといっているというのが素直な理解の仕方であろう。そのことをあいまいにしたままで、安易に労働力流動化政策を優先させたことが雇用保険法への批判となったものと思われる。「生存権確保の機能面における社会保障法の労働法に対する補完的役割は、法構造や法関係における両者の独立性ないし独自性と論理的に矛盾するものではない。この点をはっきりさせないと、両者の法的独自性と機能的協働関係を混同するおそれがあり、労働関係における両者の具体的な存在構造も不明瞭となろう。[20]」という論述は、そのような意味で、いわば注意喚起と受け止められるべきものであろう。つまり、労働法のもつ雇用の確保・維持・再就職促進という役割と、不幸にして雇用から離脱した者に対する所得保障という社会保障法の役割とは、それぞれが独立して受け持つべき固有の領域を形成しており（両法の独自性）、一方が他方に先導される、あるいは、一方の法理が他の法理を圧倒するような関係ではないという意味の記述と思われる。もちろん、失業給付が従前の賃金を基準に決められることや、労働の意思と能力を有する者のみに失業給付が支給されることといったように相互に影響を及ぼす関係にあること、あるいは、失業給付受給期間中に当該失業者に対して効果的な就労支援を行うために公共職業安定所の雇用保険給付関連部門（雇用保険給付課）と職業紹介関連部門（職業相談部門）とはお互いに協力しあうべきだという意味での連携の必要性についてはいうまでもない。これが両者の「機能的協働関係」ということの内容であろう。しかし、雇用保険法においては、労働法と社会保障法の「機能的協働関係」のみが強調され、それが法制度全体を支配してしまっているような法構造になっており、前提とされるべき「法的独自性」の認識がかすんでしまっているようにみえること、そうした雇用保険法の法構造に対して、荒木氏は、これでは「両者の法的独自性と機能的協働関係を混同するおそれ」があり、「労働関係における両者の具体的な存在構造を不明瞭にさせている」のではないかという警告を行っているのではないかと思われる。

とはいえ、では実際に、失業保険法のなかで、失業防止・再就職対策としての労働法の法理が、どのような形で、どこまで影響を及ぼすことは機能的協働として容認されることであり、逆に、どこまでいけば、あるいは、どのような法制度をとれば、社会保障法の独自性への侵食であり、社会保障法理を軽視した態度であると批判されるべきなのか、その点は依然として不明なままに残される。実は、雇用保険法制定前、つまり失業保険法の時代にあっても、給付日数は一律一八〇日であったものが、被保険者期間の長短により、九〇日から二七〇日までの四段階に変更されたり、福祉施設に関する規定の明文化（第八次改正、一九五五（昭和三〇）年法一三二号）、公共職業訓練等受講中の給付日数延長制度の創設および広域職業紹介活動命令地域に係る給付日数の延長制度の創設（いずれも第一六次改正、一九六〇（昭和三五）年法一八号）、就職支度金および移転費を福祉施設として支給すること（第二六次改正、一九六九（昭和四四）年法八三号）など、失業保険給付への雇用対策的措置の浸透は徐々に進行していたし[21]、荒木氏ももちろんそうした動きを自覚していた。しかし、①雇用保険法は、その目的に、就職の促進、職業の安定、失業予防、雇用機会の増大、雇用構造の改善など、これまで職業安定法（一九四七（昭和二二）年法一四一号）、緊急失業対策法（一九四九（昭和二四年）、一九九六（平成八）年廃止）、雇用対策法（一九六六（昭和四一）年法一三二号）、新職業訓練法（職業能力開発促進法と改名、一九六九（昭和四四）年法六四号）等が主として担当していた雇用確保・促進という項目を正面から掲げたこと、②就職促進給付等、これまで失業給付に付随する給付として「福祉施設」に分類されていた給付が、本体の「失業給付」としての位置に置き換えられることになったこと、③失業保険給付が生存権の理念からみてあまりにも貧弱である現状に対して、社会保障法の原理に即してこれを充実していこうという態度がまったくみられず、雇用促進政策だけを先行させたこと、こうした理由により、荒木氏は、最低所得保障法たる失業保険法はその性格を一変させ、いまや雇用を確保するための雇用促進法へと変容してしまったとの批判的評価を下したのであろう。

あわせて、荒木氏は、もし、最低所得保障給付が不十分なまま、雇用促進政策だけが優先・強化されると、失業給付受給者の適性、能力、生活基盤、生活背景等を無視した形で、職業訓練に従事させることになったり、短期間雇用や低賃金労働に従事させるのを強制することにもなりかねず、それは失業労働者の「雇用選択の自由」、「適職選択権」の軽視や、職業訓練の強制という事態になりかねないことも指摘している[22]。これも労働法と社会保障法の法的独自性の尊重と両者の適正な役割分担が崩れたときに起こる懸念のひとつである。

これらの指摘は、後述する生活保護受給者に対する雇用促進政策（ワークフェア）のあり方についても、重要な示唆を含んでいる。ワークフェア（Workfare）とは、社会保障法給付たる生活保護給付と、労働法の領域たる雇用促進・再雇用という法目的とを結びつけて、生活保護受給者を早期に労働市場へと復帰（社会的包摂）させようとする政策のことである。ただ、ワークフェア政策といっても、労働市場への再統合を果たすための方法やそれに至るまでの強制の度合いについては、各国ごとに大きな違いがみられる。ただ、労働の義務に関するとらえ方の違いによって、大まかには以下の二つの制度に分類することができよう。ひとつは、アメリカ型とでもいうべきものであり、受給者の就労促進プログラムへの参加や就労に向けての努力といったものを重視して、受給者の就労促進プログラムへの参加、および、それに対する意欲と積極的姿勢がみられることを条件として生活保護給付が受けられるとするものである。つまり就労促進プログラムへの参加と引き換えに、その反対給付として生活保護給付が受給できるとするものである。逆にいえば、受給者側に就労自立への意欲と積極的姿勢がみられない場合には、生活保護給付の停止・廃止が待っていることになる。日本の就労自立支援プログラムもこの型に属する。もうひとつは、北欧型（スウェーデン、デンマーク）ともいうべきものである。北欧型とは、社会保障給付と就労促進プログラムとを切り離して、生活保護給付は継続しながらも、それとは別に就労へ向けたさまざまな就労支援策を実施していこうとするものである。したがって、この政策のもとでは、受給者の就労に向けた意欲や姿勢にかかわらず生活保護受給権が認められることになる。前者を、就労優先型ワークフェア（work first model）、後者はワークフェアと呼べるかどうかはおいておくとして、活性化型ワークフェア（activation）と呼ぶことがある。[23]前者は、いわばペナルティを課すという方法で労働市場への再統合を図ろうとする制度であるのに対して、後者は、教育や育児支援といったサービスも含めて、就労に向けての条件整備を図ろうとする制度であるともいうことができようか。

就労促進に向けての対策が社会保障給付にどのような形式で、どの程度影響を与えているかによって判断が分かれるとしても、少なくとも、前述した荒木理論の、労働法と社会保障法との「法的独自性」と「機能的協働性」との区別立てが必要であるという基本的な考え方からいえば、就労優先型ワークフェアについてはかなりの批判的見解が示されることになろう。しかも、生活危険給付（年金や雇用保険等）と違って無条件に生存権が貫徹しているとみられる生活不能給付（生活保護給付）においては、その「絶対的生活必要費[24]」あるいは「要保障性の絶対性[25]」という位置づけに照らして考えてみると、なおさらのことであろう。

2　求職者支援制度

厚生労働省が発表した「福祉行政報告例」（概数）によれば、二〇一二（平成二四）年三月現在の被保護世帯は全国で一五二万八三八一世帯、受給者数は二一〇万八〇九六人と過去最多を更新し続けている。高齢者世帯が全体の四三％と最も多くを占めているが、働ける年齢層を含む「その他の世帯」が増え続けており、いまや全体の一七％を占めていることも特徴的である。生活保護受給者が全国最多の大阪市では、世帯主が就労できる層（一五歳～六四歳）の生活保護受給が、リーマンショック前の二〇〇八（平成二〇）年八月には全体で九％であったものが、二〇一一（平成二三）年三月には、二一％まで急増している。つまり、長期失業者が生活保護へと流入してきているという現象がうかがえるのである。その結果、大阪市では二〇一一（平成二三）年度当初予算に占める生活保護費の割合は一般会計の一七％にも達しており、そのため過去最高の二九一六億円を計上する事態となっている。(26) このような状況のなか、雇用保険法上の保険給付（基本手当）の所定給付日数を過ぎてもなお再就職できなかった長期失業者や、そもそも雇用保険法の適用対象外とされている非正規雇用労働者(27)は、現行制度上では、その生活を維持するためには生活保護制度に頼る以外にはなく、それが上記のような生活保護受給者の急増の原因のひとつとなっていた。また、生活保護制度は、利用しうる資産、能力等すべてを活用することを給付条件としており、それを活用したうえでなおかつ困窮している者が受給対象者となっている。いわばすべてを失ってからの生活保護受給であるので、それでは労働市場復帰が一層困難になってしまうという指摘も早くからなされていた。これに対して、二〇〇九（平成二一）年、二〇一〇（平成二二）年には、雇用保険の適用拡大、受給資格要件の緩和が行われ、二〇〇九（平成二一）年七月から二〇一一（平成二三）年九月末までは、雇用保険給付を受けられない失業者を対象として、職業訓練期間中の生活保障給付を内容とした「緊急人材育成支援事業」が行われてきた。緊急人材育成支援事業は、「緊急人材育成・就職支援基金」を創設して、雇用保険を受給できなかった非正規雇用労働者や雇用保険給付が終了してもなお再就職ができない長期失業者に対して、三ヶ月から一年程度の無料の職業訓練と訓練期間中の生活保障（「訓練・生活支援給付金」、月額一〇万円）を提供しようとしたものである。(28) しかし、依然として再就職できずに最低基準以下の生活を強いられている失業者や、生活保護を受給せざるをえなくなった長期失業者はその後もあとを絶たず、こうした臨時的な緊急対策事業ではなく、長期失業者やもともと雇用保険を受給できない失業者のために、早期再就職を支援する恒久的な制度の創設が望まれていた。こうして雇用保険制度と生活保護制度との間に第二のセーフティネットの役割をもつものとして、二〇一一（平成二三）年五月一三日、「職業訓練の実施等による特定求職者の就職の支援に関する法律」（法四七号、以下、「求職者支援法」と呼ぶ）が成立し、同年一〇月一日より施行されることになったのである。求職者支援法は、緊急人材育成支援事業を引き継いで、その制度を恒久化したものであるが、受けられる職業訓練期間が短くなっていることに加えて、受給資格者の保有しうる所得・資産についての制限やペナルティの点ではより厳格化された内容の法律になっている。

まず、「この法律は、特定求職者に対し、職業訓練の実施、当該職業訓練を受けることを容易にするための給付金の支給その他の就職に関する支援措置を講ずることにより、特定求職者の就職を促進し、もって特定求職者の職業及び生活の安定に資することを目的」（同一条）としている。この目的規定には、求職者支援制度の与える給付が、「生活の安定」という所得保障機能を有しているとの文言が含まれているが、その中心となる「職業訓練受講手当」については、「国は、……公共職業訓練等を特定求職者が受けることを容易にするため……支給することができる」（同七条、雇保法六四条）というように「できる」規定になっている。雇用保険法の基本手当とは違って、職業訓練受講手当は権利性があいまいであるといわなくてはならない。また、厳しい制裁措置が規定されていることからみても、職業訓練受講手当は、あくまでも「公共職業訓練を受けることを後押しするため」の受講促進的給付、ないしは訓練受講と交換条件で受けられる対価的手当との性格が強く、最低所得保障給付という社会保障法の要素は極めて希薄といわざるをえない。職業訓練受講促進のための給付という性格であれば、受給者がその訓練受講を欠席するなど訓練に真摯な態度がみられないならば、直ちに、手当の停止・返還という厳しい措置に結びつくのも当然といえばそうかもしれない。

受給対象者となる特定求職者とは、①公共職業安定所に求職の申し込みをしていること、②労働の意思および能力を有していること、③雇用保険の被保険者や受給者でないこと、④職業訓練その他の支援措置を行う必要があるものと公共職業安定所長が認めたものをいい（同二条）、具体的には、雇用保険を受給中に再就職できずに支給期間が終了した者、雇用保険に加入できなかった非正規雇用労働者、雇用保険の加入期間が足りずに雇用保険給付を受けることができない者、自営業を廃業した者、学卒未就労者などである。特定求職者が、厚生労働大臣が認定した民間の教育訓練機関が実施する求職者支援訓練を受講し（訓練期間は、原則として、一コース三ヶ月から六ヶ月。緊急人材育成支援事業では三ヶ月から一年程度となっていた）、一定の支給要件を満たす場合、その期間に限って、職業訓練受講給付金（職業訓練受講手当と通所手当）を受けることができる（同七条）。職業訓練受講手当は月額一〇万円である。この給付金だけでは生活費が不足する場合には、希望に応じて、労働金庫の融資制度を利用することができ、貸付額の上限は、同居配偶者等がいる場合には、月額一〇万円、それ以外の者は月額五万円である。支給要件は、本人の収入額が月額八万円以下であること、世帯全体の収入が月額二五万以下であること、保有金融資産の合計が三〇〇万円以下であることとなっている。この点、緊急人材育成支援事業では、本人の収入が年収二〇〇万円以下、保有できる金融資産が八〇〇万円以下となっていたことと比べて、所得・資産制限の点ではより厳しい条件が課されていることがわかる。

雇用保険法が対象としている「失業」とはあくまでも短期失業のことであり、短期間の保険給付が終わっても再就職できない長期失業者には生活保護による扶助しかないというこれまでの日本の失業保障制度に対しては、以前から批判の声があがっていた。そこで、失業者を「求職者」というカテゴリーに再整理したうえで、職業訓練による積極的就労政策と訓練受講中の所得保障を行うことによって第二のセーフティネットを構築しようとしたのが求職者支援制度である。その意味では、新しい試みとして、一応の評価は与えられてしかるべきであろう。この制度は、二〇〇三年、ハルツⅣ法の制定とともに段階的に実施されたドイツ求職者基礎保障制度（社会法典第二編）に類似する制度とみられる向きもある。しかし、木下秀雄氏は、「似て非なるもの」という評価を与えている。その理由は、主として二つある。①ドイツでは、職業紹介や職業訓練に関する相談を受けている期間も失業手当が支給されるのに、日本の求職者支援制度では職業訓練を受けている期間しか給付金が支給されないこと、また、募集から実際の職業訓練実施までには一ヶ月を超える期間がかかるのに、その間の生活保障がないこと。②住宅手当との併給が認められていないので、月額一〇万円では生活保護法の最低生活水準を下回ってしまうことである。[29] こうした指摘をあわせて考えると、求職者支援制度はその目的に「就職の促進」と「生活の安定」の両者を掲げているが、職業訓練受講給付金をみる限り、「生活の安定」を目的とした最低所得保障制度というよりも、「就職の促進」に重点を置いた雇用対策給付金という性格が強い給付であるということができよう。そのことは、次の厳しい制裁的措置にも表れている。

公共職業安定所長の就職支援に関する指示を受けた特定求職者には、「職員の指導又は指示に従うとともに、自ら進んで、速やかに職業に就くように努めなければならない」義務が課されている（同一三条二項）。一度でも職業訓練を遅刻・早退・欠席したり（やむを得ない理由を除く）、ハローワークの就職支援（訓練終了後の就職支援を含む）を拒否すると、職業訓練受講給付金が不支給となる。やむを得ない理由がある場合でも、八割以上の出席が求められる。やむを得ない理由とは、本人の疾病または負傷、親族の看護、求人者との面接や就職セミナー受講、列車遅延・交通事故・天災などである。また、遅刻・早退・欠席を繰り返すと、訓練期間の初日に遡って給付金の返還命令等の対象となることがある。不正行為により職業訓練受講給付金を受けた場合には、給付金の返還に加えて最大二倍（したがって、実質的には三倍までの返還）の額の納付が命じられることがある（同八条一項）。また厚生労働大臣は、必要があると認めるときは、特定求職者に対して、報告を求めることができ（同一五条二項）、これをしなかった場合または虚偽の報告をした場合は、六ヶ月以下の懲役または二〇万円以下の罰金が科されることになっている（同二一条）など、厳しいペナルティが待っている。これをみても、最低生活保障という社会保障法の機能よりも、就職促進という雇用政策的機能が優先されている制度といえるのではないか。全労働省労働組合・求職者支援制度検討プロジェクト「求職者支援制度の創設に関する提言」では、失業して生活困窮に陥った者が真っ先に考えるのは生活費をいかに確保するかであって、職業訓練の受講ではないこと、生活困窮者への経済的支援を職業訓練の受講を前提に実施している点が求職者支援制度の最大の問題点であるという批判がなされている(30)。

このように、求職者支援制度は、職業訓練受講給付金が権利として認められていないことや、受講欠席に対する厳しい制裁措置などからみて、これを社会保障法上の所得保障給付と位置づけることは困難である。事実、雇用保険法上も職業訓練受講給付金は、雇用保険本体からは外れるところの「附帯事業」に位置づけられているから（雇保法六四条）、もともと労働法の分野での制度であり、あえてこれについて社会保障法との関連性を論じたり、および、その帰結としての「法的独自性と機能的協働性」の基準でこの制度を考察する必要性はないのではないかといえば、そうかもしれない。ただし、これは労働法の領域の問題であると割り切ったとしても、雇用保険給付が短期間で終了することや、そもそも雇用保険の適用対象が限定されていること、かといって生活保護を受給するにはそれ以上の厳格な要件が課されていることなど、日本の現行所得保障法制の生活困窮者救済ネットワーク機能が不十分かつ不備であるために、職業訓練受講のための給付金が、実際には、最低所得保障給付として受給されているのではないかという実態は否定すべくもない。

むしろ、荒木理論との関連で求職者支援制度が問題とされなければならないのは、その財源と費用負担の問題であろう（特に使用者の保険料負担義務）。荒木氏が、労働者保険について、労働者保険が社会保障法の一部に組み込まれるとしても、その労働関係的要素を無視してはならないとか、労働者保険は社会保障法体系においては「相対的独自性」をもつと述べたり、失業・労災を他の生活危険と区別して「労働関係的生活危険」と表現したのは、その意図のひとつに、労働者保険における使用者の法的責任、あるいは、その総体としての資本の法的責任を明確にする必要があると考えたからである。具体的にいえば、失業保険財源における使用者負担と保険料拠出責任を強調するためであったといえる。すなわち、失業と労災は労働関係に特有の生活危険であること、業務外の傷病も、職場の環境、労働の内容等の労働条件とは無関係ではないことから、国家は、労働関係と結びついた生活危険については、労働者の生活を保障する責任を資本に法的義務として課すこととし、その具体化が使用者の保険料拠出義務であるという理解の仕方である。[31] また、労働法との関係では、使用者の労働法上の法的責任（労災補償給付、失業給付、安全保持義務、解雇防止の法的責任）が、社会保障法では保障給付の財源負担責任として具体化されるというような別ないい方もしている。[32] 労働者保険における使用者の保険料負担義務の根拠については、工場の衛生環境は労働者の健康に影響を与えるのであるから事業主も責任を負うべきであるとか（事業活動起因説）、健康保険制度によって労働者の労働能率があがることによって事業主が利益を受けているとか（生産性向上説）、事業主は労働者を使用して利益をあげているのであるから、労働者使用税の意味で保険料を払うべきであるとか（事業主利得税説）、さまざまな論が主張されてきた。[33] これに対して、荒木氏の根拠論はまったく違った視点に立っている。すなわち、労災や失業は労働関係特有の、あるいは、労働関係に不可避の生活危険であり、この点に着目して、国家は、資本の労働者に対する生活保障責任を社会保障法のなかに取り込んで、これを法的責任として構成し、個別使用者の保険料拠出義務として具体化したのだという説明の仕方である。別な視点からいえば、労災給付や失業給付といった、これまで労働条件保護としてとらえられてきた労働法上の使用者責任が、労働者保険が社会保障法に組み込まれることによって、保険料負担という別な形で実現されるのであるという理論構成である。これは、生産性向上が図れるとか、使用者は労働者の労働によって利益を得ているとかいった前述の保険料使用者負担根拠説とは根本的に違った論拠である。労働関係と結びついた生活危険という要素、労働法上の労働条件保護に関する使用者責任、そして、国家・使用者・労働者という三面関係をもつ社会保障法の特殊な法的構造、その三つの視点からの考察が結実してこそはじめて可能になった理論というべきである。その意味で、保険料使用者負担に関する「社会法学的根拠説」

ともいうべきものであろう。

荒木理論のこの考え方からすれば、求職者支援制度の財源負担関係はどのように分析されるべきであろうか。求職者支援制度による職業訓練受講給付金は、雇用保険法の規定する「雇用安定事業等」のなかに、雇用安定事業（雇保法六二条）、能力開発事業（同六三条）とならんで規定されているから（雇用保険二事業）、「附帯事業」として実施され（同六四条）、その費用は、国庫が二分の一を負担（同六六条一項四号）、残りを労使で四分の一ずつ負担することになっている。これまでの雇用保険二事業は、失業労働者に対する生活保障給付ではなく、事業主への助成・援助、あるいは国が行う就職支援活動であるから、社会保障法的要素が乏しく、そのために、「附帯事業」という位置に置かれ、費用も当然のごとく、事業主の保険料だけで運営されてきた（国庫負担もない）。これに対して、職業訓練受講給付金の財源には、国庫負担のほかに労働者の保険料が導入されている。荒木氏の理解では、雇用安定事業とか能力開発事業とかは生活保障給付とはいえず、そうした異質のものが雇用保険法のなかに入ってくること自体も最初から疑問視していたし、もしそれがやむを得ず「附帯事業」（当初は「福祉施設」）として雇用保険に導入されたとしても、その費用は、使用者もしくは国が負担すべきであるという立場であったろう。また、労働法が失業防止や再就職促進という本来の役割を十分果たすことが先決であって、社会保障給付たる失業給付はその補完的役割にすぎないこと、および、失業は労働関係に直結する生活危険であるから、雇用保険料は労使折半ではなく、使用者の負担が、全額とはいわないまでも、労働者より多くあるべきではないかという荒木氏の従来からの主張からすれば、雇用二事業（当時は雇用三事業）および職業訓練受講給付金は使用者の失業防止責任・早期再就職実現責任の具体化のひとつであり、その費用も（国の負担も一部あってもよいかもしれないが）使用者が全額負担するのが当然であり、労働者にその費用の一部を負担させることは疑問であるという結論になっていくであろう。そのことは以下の記述にも表れているといえる。

「雇用保険法による失業給付が失業のもつ労働関係的要素をどのように表現しているかを見ると、ここでは労災保障給付のような使用者責任の原理が徹底しているわけではなく、保険料負担は労使折半となっている。諸外国では、失業保険料の使用者負担を重くしている立法例は少なくないが、わが国ではいまだ折半主義を維持している。ただ、失業防止や再就職を容易にするための雇用三事業を使用者の拠出でまかなう点で、間接的に解雇にともなう使用者の社会的責任を表現しているといえよう(34)。」

このように、現行の職業訓練受講給付金に労働者の保険料が加わっていることは、理論的にも説明がつきにくく、また、公平性の点で、実施上も問題がある。実際に何人かの論者がこの点を批判している。例えば、職業訓練受講給付金は、一度も雇用保険の被保険者となったことのない者でも受給できるので、そのような者に現労働者の保険料が原資となっている雇用保険法上の給付を行ってよいものかという疑問である。さらに、賃金日額が低い非正規雇用労働者・短期間労働者の場合だと、雇用保険の基本手当が月額一〇万円に満たない場合もおおいにありうる。それと比較して、雇用保険料を納めていないのに求職者支援制度の職業訓練受講者が月額一〇万円ももらえるとなれば、どうみても不公平感は否めない。こうしてみると、雇用対策関係事業の費用は使用者のみ（もしくは国が一部負担することがありうるとしても）が負担して、実施されることが理にかなっているのではないかと思われる(35)。

Ⅳ　生活保護給付に対する雇用促進政策の導入

日本において生活保護制度に就労自立支援プログラムが導入されたのは比較的最近のことである。それこそ最低所得保障給付たる生活保護給付に、雇用促進的要素が、どのような形で、どの程度まで導入されることが許されるのかという議論は、雇用保険に対するそれと同じように、あるいはそれ以上に社会保障法学にとっては重要なことであろう。その点に関しては、荒木理論の労働法と社会保障法との「法的独自性と機能的協働関係」基準に照らして、生活危険給付たる失業給付と生活不能給付たる生活保護給付とを比べた場合、生活保護給付は生活維持のための最後の砦であるので、よりいっそう、最低所得保障機能が最優先されなくてはならず、雇用促進的な要素が最低生活保障を侵食するような事態になってはならないということを既に述べてきた。また、生活保護における雇用促進は、失業保険におけるそれとは違った側面ももっていることも理解しておかなくてはならない。すなわち、失業保険の分野では、生存権とともに労働権が根拠規定とされ、失業保険給付は、早期の雇用回復を国に対して求めるための労働権を裏付ける制度としての一面をもっていると説明されてきた。これに対して、生活保護の分野では、前述のアメリカのワークフェアの事例をみてもわかるように、稼働能力のある受給者が雇用を求める権利としての労働権というより、むしろ労働の義務（憲法二七条では「勤労の義務」）の問題として就労自立支援が取り上げられていることである。[36] 最低賃金が生活保護基準を下回る逆転現象が一一都道府県で起きていることや（二〇一二（平成二四）年七月二五日現在）、働いていても生活保護基準以下の生活しかできないワーキング・プアの存在もあり、こうした低賃金で苦労しながら生活している労働者との比較においても、労働能力を有する者が生活保護に長期間にわたって滞留する現象は防止されなければならないとの意図がそこには働いている。こうした生活保護給付の失業保険給付とは違った側面を押さえたうえで、本章では、荒木理論のなかで、社会保障法の「人」（生活主体）と市民法の「人」（抽象的人格者）とを対比させながら、社会保障法の法主体について考察している部分があるので、それを素材として、就労自立への努力と引き換えに生活保護給付を認めようとする最近の「契約型」就労自立支援プログラムの問題点について検討することにしたい。

１　ワークフェア（Workfare）と「契約」理論

社会保障給付（Welfare）と労働（Work）を結びつけて「ワークフェア（Workfare）」という造語を誕生させたのはアメリカであり、生活保護給付に雇用促進的要素を最も鮮明に、かつ強力に打ち出しているのもアメリカであるので、ここでは主としてアメリカのワークフェアの事例をもとに、生活保護給付に対する「契約」概念の導入について考察してみたいと思う。

アメリカの代表的生活保護制度である「被扶養児童を有する家庭に対する扶助」（AFDC, Aids to Families with Dependent Children）は、一九六〇年代に入ったころから、離婚・未婚の母の増加に加えて、社会保障受給に対する権利意識の高まりのなかで、急激に受給者を増大させていった。これにより、連邦と州の財政負担が一気に増加すると同時に、働かずにＡＦＤＣを受け続けている母親に対する社会的な風当たりも強くなっていった。共和党のファウエル（Fawell）下院議員は、このような事態をとらえて、「いま働いている母親に対して、あなたは、自分の子どものために保育所を探し、保育料を払い、扶養するために働かなければならないだけでなく、ＡＦＤＣを受給している母親とその子どもを養うために税金を支払わなくてはなりませんといっているようなものだ。」と批判している。[37] 生活保護受給者たる母親を就労に向けるための連邦レベルの対策としては、一九六七年から一九七一年までとられた「就労促進計画」（WIN, The Work Incentive Program）が最初のものであったろう。[38] ＷＩＮのもとで、州は、就労可能な母親に対して、職業訓練、求職活動を含む個別の雇用計画を作成して就労を支援することとし、もし母親が正当な理由なくこれに参加しないときは、三ヶ月または六ヶ月のＡＦＤＣ給付の停止が課されることになっていた。一九八一年になると、母親に、医療、環境保全、公安といった分野での公共作業に従事するよう義務付けることを可能にする権限を州に与える「公共作業体験計画」（CWEP, Community Work Experience Programs）が実施された[39]。これに参加しなかったときの制裁的措置はＷＩＮと同じである。ただ、この二つの連邦法の段階では、州と受給者との間の権利・義務関係を「契約」という概念で説明しようという主張はいまだみられていなかったように思われる。

はっきりと「契約」疑念が登場したのは、一九八五年、カリフォルニア州で制定された「自立促進計画」（GAIN, The Greater Avenues for Independence Program）からであろう[40]。カリフォルニア州法のＧＡＩＮは、ＡＦＤＣについて、給付を受ける権利という観点からではなく、給付を受けるなら働くべきだという義務の観点から社会保障給付を再構成しようとする先駆的な役割を果たした法制度といわれており[41]、その義務を強制させるための法的根拠として使われたのが「契約」概念である。ＧＡＩＮ参加者は、この計画のもとに提供される就労支援サービスや、就労に向けた義務と権利の内容について書かれた「基本契約」（basic contract）を郡（county）と締結し、それに基づいて、受給者に職業訓練、教育、求職活動が義務付けられる。計画に参加しなかったり、参加が怠慢であった場合には、三ヶ月ないしは六ヶ月の給付停止の制裁措置を受けることになる。もちろんこれに不服の場合には不服申し立て制度が準備されている。この基本契約は、「新社会契約」（the new social contract）と呼ばれており、新社会契約を支持する者たちは、これによって、受給者にとっても自立に向けた選択の余地が拡大し、支援計画が受給者の状況に応じてより個別的なものとなることを可能にし、受給者に自分の生活を自分で管理するという責任と権限が与えられることになるということを強調している。州下院議員であるアート・アグノス（Art Agnos）は、あくまでも受給者に権限を与える方法としての「契約」概念導入であることを主張し、州議会において、「雇用計画」と呼ばずに「契約」と構成することで、受給者に、就労自立の過程において、州と対等な立場で取引する権限（bargaining power）を与えようとしたものであると説明している(42)。

ＡＦＤＣ給付を州との契約で受給するというＧＡＩＮの考え方は、ミード（Lawrence M. Mead）をはじめとする保守派の「市民権」（citizenship）思想を取り入れたものだといわれている。すなわち、ミードは、ＡＦＤＣ受給者にも、「権利と義務」が伴う「市民権」の享有を等しく認めさせることが、平等の取り扱いをすることになるのだという基本的な立場に立って、以下のように述べている。

「受給者に対する強制的な就労促進計画は、アメリカの社会が本来持ってきたところの社会的な役割を推進することになろう。従来の福祉制度が失敗したのは、受給者になにも義務を課さなかったからである。これまでのＡＦＤＣは、受給者を私的な労働市場で働いて報酬を得るという当然のことからかくまってきた。これからは、受給者に就労の義務を課し、市民としての社会的義務を果たすよう求めることが、州の社会政策とならなくてはならない(43)。」

もちろん、ＡＦＤＣ給付に「契約」概念を持ち込むことについては、批判もかなり多い。まず第一に、契約概念導入により、受給者が州と対等当事者として交渉し、自分の意思で就労自立計画を策定できるようになるという部分に対する批判である。すなわち、契約といっても、ＧＡＩＮ契約の内容は予め印刷されており、受給者はそれに署名するようにいわれる。郡の担当者は、契約の内容について説明するようになっているが、専門用語も含まれており受給者にはなかなか理解できない。そもそも、生きるために緊急の援助を求めてきた受給者と州の間には本質的な不平等が存在するのであるから、受給者には交渉権も取引力もないという批判である。また、契約といっても、受給者側から契約上の義務の履行（例えば、計画参加中の保育サービスの提供など）を州に対して強制することはできず、むしろ、受給者に積極的な取り組み姿勢がみられなければ、保護の停止をすることができる権限を州側に一方的に与えているにすぎないという批判もある。つまり、自立に向けての態度が積極的でないという受給者側の債務不履行に対して、州だけが給付を与えないという方法で契約を実行できるのであり、契約であるための基本となる「約因」（consideration）を受給者の側に見出すのは困難である。(44) 第二に、個別契約によって実定法上の権利さえも放棄させられる場合があることである。ＧＡＩＮでは、仕事を紹介されたとしても、受給者がその仕事に就くことでこれまでの所得より減少するときは、その仕事への就労を拒否できるという「低賃金労働拒否権」（the no-net-loss-of-income provision）が定められていたが、同時に、この権利は契約のなかで放棄することができるとも規定していた。(45) こうした問題点を指摘しながら、ヴァンデポール（Ann VanDePol）とマイス（Katherine E. Meiss）は、契約概念の導入について次のように批判している。

「ＧＡＩＮ契約は、計画参加者に権利を与えていないばかりか、それによって制定法上のわずかな権利さえも放棄できるようになっている。州は、契約概念導入によって、参加者に自己決定権（decision-making control）を付与することになるといっているが、結果的には、制定法が参加者に与えている法的保護さえも放棄できるような結果へと変容させてしまっている。『新社会契約』という概念は、新しくもなければ、法律上の契約でもない。確かに、受給者ごとの個別の自立プランの策定、事前のアセスメント、仲裁制度、これらは、参加者にとっては制度のなかに取り入れられるべき重要な権利である。しかし、それだけでは、参加者と行政との本質的力関係の差を変えるには十分ではない。本当に参加者に権限を与える唯一の方法は、これを任意参加の計画とし、就労請求権と保育サービス受給権を参加者に認め、それを法的に強制できる権利を参加者に与えることであろう。これこそが『新しい社会契約』に他ならない[46]。」

生活保護給付は受給者と国家との契約による給付であるとの考え方は、一九八八年制定の「家庭支援法」(Family Support Act) に受け継がれていく。家庭支援法の制定過程では三つの改革案が提出されているが[47]、この三つの法案は、子どもの福祉に責任をもつのは国家や地域ではなく、親であるという認識で共通していた。例えば、共和党が提出したH・R・三二〇〇「福祉改革法案」(Welfare Reform Bill) には、「受給者が教育・職業訓練・雇用計画に誠意をもって参加することにより、行政機関と話し合いながら、福祉給付はただ自立の準備のためにだけ、しかも、できるだけ短期間に限って受けるという市民としての責任 (civic responsibility) を果たすこと」がこの法案の目的であると述べられていた[48]。三つの法案のうち、最も寛大であるとされたH・R・一七二〇案でさえ、長期の福祉依存を防止することを目的に掲げていたし、共同提案者であるエスピー下院議員 (Espy) は、「受給者を貧困と福祉依存から救い出し、働くという習慣およびこれを日課とするような方向に導くことがこの法案の目的である」と議会で説明している[49]。これでは、まるで受給者の性格が問題かのような指摘であり、貧困を生み出している経済構造に目が向けられていないという批判は免れないとしても、受給者に倫理観の建て直しや就労に向けての行動を迫る手段として、受給者と行政当局との間の「契約」概念が利用されているのは間違いないであろう。

その後、事態はさらに進んで、一九九六年、「個人責任と雇用機会調整法」(The Personal Responsibility and Work Opportunity Reconciliation Act) の制定により、ＡＦＤＣ法は廃止され、新たに「貧困家庭に対する一時的扶助」(TANF, Temporary Assistance for Needy Families) が制度化された。ＴＡＮＦの特徴は、「一時的扶助」という名称からもわかるように、扶助の受給期間を連続して二年、最長でも五年と限定したことと (もちろん例外はある)、扶助開始から二年経過するまでに教育・職業訓練を義務付けたことである。もうひとつの特徴は、ＡＦＤＣでは申請者が受給要件を満たす限り給付を受けられる権利（entitlement）として受け止められていたが、個人責任プランや就労計画プランでは、法律のなかに、ＴＡＮＦの与える給付は「個人の権利ではない」と明言されたことである。つまり、社会保障受給権という憲法上の権利として認められるのではなく、あくまでも、受給者が契約上の義務、すなわち個人責任プランや就労計画プランに従って就労に向けて努力をする、そうした義務を果たす限り、反対給付として扶助給付が受けられるということをいっそう明確にしたことである。そうなると当然に、扶助申請時には、申請者は個人責任プランや就労計画プランに署名せざるをえなくなるし、自立に向けた努力を怠った場合は扶助の停止・廃止が待っていることを承認せざるをえなくなる。ＴＡＮＦによって扶助受給権が否定されたと評価されるのはそのためである[50]。この段階に至っては、最低所得保障という目的に対して就労促進という目的が完全に優先されてしまっている現象をみることができよう。そこでは、社会保障受給権に代わって、いつ停止されるかわからない「契約」による不安定な生活保障給付が存在しているにすぎない。

2　社会保障法の法主体と契約概念

生活保護給付に対する契約概念の導入についての根本的な疑問は、社会法たる社会保障法に規定される公的給付について、対等当事者関係を前提とする市民法的「契約関係」で説明できるかどうか、またそれがふさわしいことなのかどうかということであろう。これは、社会保障法の法主体をどうとらえるかということと深く関係してくる。荒木理論によれば、市民法上の法主体は抽象的な「法的人格者」であるが、社会保障法における法主体は、法的人格者として抽象化される段階で捨象された社会的実在としての「生活人（生活主体）」である。この概念によって労働関係にある者（被用者）とない者（自営業者など）とが、生活手段の違いを超えて社会保障法という同一の法体系に包摂されることになる。

市民法は、身分制度を打破して、自由・対等な立場で契約を結ぶ抽象的な人間像（「人」）を法主体として形成したが、やがて、労働関係においては、労働者と使用者は自由・対等な関係ではありえず、契約の名の下に悲惨な労働条件を押しつけられたという現実の反省のうえに立って、市民法の修正法としての労働法が誕生した。労働法の法主体は、抽象的な「人」ではなく、ほうっておけば使用者に経済的にも法的にも従属させられる具体的な存在としての、あるいは生身の存在としての「労働者」である。その結果、市民法的な契約概念は大幅な修正を余儀なくされて、労働法のなかに位置づけられることになる。ところが、二〇世紀の中頃から社会保障法が登場し、その展開によって、「労働者」とは違った法主体が出現することになった。すなわち、労働者、農林漁業者、自営業者など生活手段を捨象して、再び一般化された生活主体としての法的主体が社会保障法のなかに取り込まれてくることになったのである。社会保障法が生活手段を捨象したうえで、再び法主体を普遍化するという宿命を負っていることは荒木氏も認めるところであり、そのことを、「社会保障法の法主体は、市民法の定立した『法的人格者』、『人』と相通ずるところがある。」と記述している。[51] しかし、重要なのは、社会法の発展過程からして、一九世紀への市民法時代の抽象的人間像が二〇世紀の社会保障法のなかにそのまま復活したのではなく、社会保障法にいう「人」とは、あくまでも、生活危険によって生活を脅かされる存在としての「人」（生活主体）であることを続けて述べている。

「市民法から労働法への展開をへて、さらに社会保障法へと発展してきた歴史的経過からいっても、社会保障法の主体が単純に市民法の主体概念へ回帰することはありえず、そこには社会法の形成してきた社会的実在を直視した法的人間像を含んだ上で、その延長線上に普遍化が展開しているとみなければならない。社会保障法が実定法の基礎にすえている権利主体像は、社会保障を生活上の切実な要求として掲げ闘ってきた階層をとらえているはずである。そのような社会保障法の人間像というべきものが、実定法としての社会保障法では、普遍的な国民ないし人民という形であらわれる。(52)」

換言すると、こういうことであろうか。社会保障法という共通基盤を形成するため、あるいは、統一的な法体系に包摂させることを可能にするために、生活手段の違いを捨象した「人」という概念が使われているけれども、そこでいう「人」とは、市民法のいう「人」ではない。それは、従属労働関係下での労働者と同じように、いつ貧困や生活障害に遭遇するかわからないという生活弱者、あるいは、生活危険に常に従属した生活を送ることを余儀なくされる生活弱者としての性格を背負った社会法的人格者としての「人」であると。そうだとすれば、もし、アメリカで展開されているような、生活保護給付と引き換えに就労自立を約束するという「契約型」社会保障給付は、社会法的生活者としての存在を無視したものであり、対等当事者関係を想定したところの市民法的な理解に基づく理論構成ではないかという批判を当然にして受けなくてはならなくなるであろう。

もしかすると、それは市民法的な意味での「契約」ではなく、国家と受給者との約束である「社会契約」であるという反論がなされるかもしれない。フランスでは、二〇世紀以降に社会保険の導入を実現するために「社会的連帯」という理念が提唱され、そのもとで社会保険制度を維持するためには、権利（給付）と同時に義務（保険料負担、労働の義務）を果たすことが求められるので、その義務を正当化するために、国家と個人との間に「契約（準契約）」が擬制されたといわれている。(53)雇用と社会保障とを結びつける宮本太郎氏の「生活保障」論においても、やはり、社会保障を含めた生活保障全体が持続して実施されるためには、市民相互の権利・義務に関するルールが明確に設定される必要があり、そのためのルールを「社会契約」と称しているようである。(54)しかし、国家との約束だから

「社会契約」なのだという理解ならともかく、どういう意味で「社会」契約なのか、その「社会」の意味は判然としていない。そこを明らかにしない限り、「社会契約」論は、十分な説得力をもっていないように思われる。荒木氏がいうように、社会保障法の法主体が「社会保障を生活上の切実な要求として掲げ闘ってきた生活人」というのであれば、そうした生活人が結ぶ「契約」は、これを「契約」と呼ぶかどうかは別にして、市民法でいってきたところの「契約」とはずいぶん違った概念になるはずだからである。むしろ、日本の法体系においては、憲法上の「勤労の義務」（二七条）は、道徳的な規定ではなく、労働能力がある者が勤労の義務を果たさないときは生存権や労働権の保障が及ばないというふうに解されており（生保法四条一項）、また、生活保護法六〇条で、「被保護者は、常に、能力に応じて勤労に励み、支出の節約を図り、その他生活の維持、向上に努めなければならない。」と規定されているのであるから、その条文の効果をどこまで認めるかは別にして、日本法の下では、すでに生活保護受給者は就労自立に向けての法的義務が課されていることになる。こうした法構造になっている限り、社会保障給付と雇用促進との関係については、荒木氏のいう労働法と社会保障法との「法的独自性と機能的協働関係」の視点で考察すればすむことであり、生活保護制度の場面で、あえて「社会契約」論を持ち出す必然性はないように思われる。

また、菊池馨実氏は、これまでの生存権理念による社会保障法の理解では、受給者が権利の客体としてしか位置づけられないという問題意識のもとに、憲法一三条の「自由」を規範的根拠にして、社会保障を「自律した個人の主体的な生の追求による人格的利益の実現のための条件整備」と定義している(55)。こうした考え方は、確かに、これまで受動的にみられがちであった社会保障受給者に選択権や参加権（いわゆる自己決定権の尊重）を保障することに寄与することになるかもしれない。しかし、一方で、個人の自由や自律を強調するこの考え方を敷衍していけば、社会保障においても、個人の意思によって給付内容や給付条件を自由に決めうるという「契約」的要素が持ち込まれることを許容する可能性があるのではないか。例えば、自らの主体的な生の追求が優先されるから、国家が責任をもつべき年金制度は基礎年金だけであり、所得比例の厚生年金は廃止して、個人が選択可能な企業年金を普及させるべきであるといった主張がそれである。(56) この論理を進めていけば、失業者や生活保護受給者が自らの判断で、最低所得保障給付の受給と引き換えに就労自立に向けて努力することを約束し、もしその努力を怠ったときは最低所得保障給付さえも停止・廃止されても依存はありませんとの「契約」を所轄行政庁と締結することも当然にありうるということになりはしないか。その点を考慮したのかどうか不明であるが、のちに、菊池氏は、社会保障給付にかかる部分については、直接的には憲法二五条が根拠規定になるとして、「社会保障法とは、憲法二五条を直接的な根拠とし、国民等による主体的な生の追求を可能にするための前提条件の整備を目的として行なわれる給付やその前提となる負担等を規律する法である」と再定義し直している。(57) 生活保護法の領域で、いま台頭し始めている「契約」論を推し進めていけば、ややもすると、受給者の憲法上の権利さえも奪われる結果にならないとも限らない。やはり、日本の法制度の下では、「健康で文化的な最低限度の生活」の保障（生存権、憲法二五条）が大前提としてあり、その保障のうえで自立に向けての受給者の自由（自己決定権）が最大限保障されるような雇用促進政策がとられていくことが望ましい。荒木論文が繰り返し強調してきたところの生存権理念の権利化の理由や社会保障法誕生の歴史的意義、あるいは、社会保障法の「人」（生活主体）という法主体を十分踏まえたうえで検討するならば、社会保障給付に関する「契約」論の導入については、いまなお慎重な姿勢が求められることになろう。

Ｖ　おわりに

荒木氏が、労働法と社会保障法との関連をしきりに述べてきた理由はなんであったろうか。もちろん、社会保障法という独自の学問分野が成立するというためには、姉妹分野とでもいうべき労働法との異同性を明確にしておくことが必要であったことも大きな理由であったろう。[58] しかし、単なる学問分野の成立のためだけの議論とみるのではなく、両実定法の意義と関連を論ずることによって、現行社会保障法制度あるいは政策に対する批判や示唆をも得ることができるのではないか、あるいは、そういう趣旨での議論展開をも意識していたのではないかというのが本章の出発点であった。より具体的にいうと、「とくに近年の著しい産業構造および人口構造の変化は、労働関係と社会保障の二つの領域において、法制上の新たな展開をうながしている。そこでは、労働立法と社会保障立法との相互関連性がいよいよ密接になっている現実がある。いまや、その態様を現象面で整序するだけでなく、法理的に吟味してみることが必要な時期に来ているように思われる。[59]」という文章に触発されて、最近の世界的傾向である最低所得保障と雇用促進政策との結びつきと、両者の望ましい組み合わせ方をテーマに選んで、「労働関係と社会保障立法との相互関連性を……法理的に吟味して」みようとしたのが本章の試みである。「法理的な吟味」になっているかどうかは批判を待つ以外にはないが、最近の社会保障法制度の改正をみる限り、最低所得保障を十分に確保したうえでの就労支援という基本原則が少しずつ後退してきているのではないかという懸念をもって問題提起をしたつもりである。もちろん、荒木理論を十分理解しているかどうかも自信がないうえに、そもそも荒木理論の議論の仕方や概念をこの論点に当てはめて検討すること自体が適切なのかどうかというおしかりも受けるかもしれないし、そのため多分にこじつけ的な議論になってしまっているのではないかという不安もある。

しかし、「社会的包摂」という概念（法的概念か政策的目標かも含めて）をどのように理解するかは別として、これをもとに、どうしたら失業者や労働能力ある生活保護受給者を労働市場へと復帰させられるかという議論の立て方では、どうしても政策論や制度論の域を出ないことになってしまう。「法のレベル」[60]で所得保障と就労自立との関係を取り扱おうとすれば、やはり、歴史的所産としての労働法・社会保障法の意義を理解したうえで、両者の法的主体像とともに、両者の「相対的独自性と機能的関連性」を明らかにする作業が不可欠となってくるのではないかと考えた。また、最近の大きな社会変動に応じて社会政策立法としての社会保障法は柔軟に対応していかなければならないとする一方で、社会法論が築き上げてきた論理と法体系は依然として存在意義を失っていないと述べる荒木理論の両極の境界線を探りたいとの願望もあった。荒木理論は、さまざまな要素を含んだ理論であり、それだけに多方面からの考察を可能とさせるが、実定法上の個別のテーマとの関係で取り上げることが難しい理論であることも理解できたような気がする。弁解じみた話ばかりになってしまったが、社会保障法の何たるかも知らない私に基礎的な知識から丁寧に指導してくださった荒木誠之先生に、つたなき私の論文をささげて、先生のますますのご長寿を祈念したいと思う。

（1）　ワークフェアには、就労促進計画への参加を所得保障給付の受給要件とする就労重視型（work-first model）と、両者を切り離して考える就労支援強調型（service-intensive model）とがある。アクティヴェーション（activation）と呼ばれる政策も後者に属する。

（2）　「社会的排除」という言葉は最初フランスで使われたあとにEU諸国に広がっていった。その反対概念の「社会的包摂」とは、貧困・失業・孤独などの理由で社会から排除されている人びとを社会のネットワークのなかに取り込もうという政策であり、具体的には、雇用やコミュニティ活動への参加を促進する政策をいう。岩田正美『社会的排除―参加の欠如・不確かな帰属』（有斐閣、二〇〇八年）一七～一八頁。宮本太郎『生活保障―排除しない社会へ』（岩波新書、二〇〇九年）六五頁。

（3）　「職業訓練の実施等による特定求職者の就職の支援に関する法律」（二〇一一（平成二三）年五月一三日法四七号、同年一〇月一日施行）。

（4）　宮本・前掲書（注2）の「はじめに」の文章。荒木論文においても、「生活保障」という用語が頻繁に使われ、著書のタイトルにもなっている（『生活保障法理の展開』法律文化社、一九九九年）。しかし、そこでいう「生活保障」の意味は、宮本氏のように雇用と社会保障給付とを結びつけて、労働市場への復帰を図ることを社会保障給付にも期待するような概念、すなわち社会的包摂を意識した概念ではない。荒木氏の「生活保障」とは、労働関係からみた労働者ではなく、生活主体としての労働者、あるいは、生活人としての自営業者が通常期待することのできる生活水準、それを国家が保障していく目的概念として「生活保障」という用語が使われている。むしろ、荒木氏は、労働市場への復帰は、労働法の役割であり、社会保障法はそれができない場合の補完的・二次的役割を担うという考え方をとっており、その意味では、宮本氏の「生活保障」概念とは対照的ということができる。荒木誠之「第三章　労働関係における労働法理と保障法理」『社会保障の法的構造』（有斐閣、一九八三年）八六頁。

（５）　菊池馨実氏は、「生活保護法の目的は、自立助長が本質的要素であり、最低限度の生活の保障はその手段的な性格を持つ」と位置づけ、所得保障を手厚くするよりはむしろ職業教育の充実や保育サービスの実施を、世帯の経済的自立を確保するための前提とすべきであるとして、社会的包摂の重要性を説いている。菊池馨実「公的扶助の法的基盤と改革のあり方―自由基底的社会保障法理論の視角から」季刊・社会保障研究三九巻四号（二〇〇四年）四二七～四二八頁。

（６）「生活危険給付は生存権を基礎とした生活権の法理が支配しているのに対して、生活不能給付では、生存権の法理が無条件に貫徹している……」（荒木誠之『法律学全書　社会保障法〔三訂版〕』（ミネルヴァ書房、一九七七年）五八頁）とか、「無拠出給付であっても資産調査を要しないものは最低生活水準を前提としないものというべく、本来の生活不能給付と区別しなければならない。」（荒木誠之「第一章　社会保障の法的構造」荒木・前掲書（注４）『社会保障の法的構造』四八頁）とかの記述から、荒木氏は、最低所得保障給付イコール生活保護給付との認識のうえに立っていることは明らかである。しかし、最低賃金程度の所得しか得られない非正規雇用で働く労働者にとっては、雇用保険法上の基本手当金額は、生活保護給付と同様、事実上、最低所得保障水準となっている。したがって、本章では、生活保護給付だけでなく、雇用保険法の基本手当、求職者支援制度の職業訓練受講給付金も含めて、これらを実質的な最低所得保障給付と位置づけて、最低所得保障給付と雇用促進政策というテーマで取り扱うことにした。

また、荒木氏は、生活危険給付と生活不能給付とを分けるメリットとして、「立法政策の観点からいえば、生活危険給付の充実によって、生活不能給付をなくして、あるいは、できるだけ少なくしていくことが必要」と述べているが（荒木・前掲書（注６）『法律学全書』五八頁）、現実には、そうなっておらず、むしろ生活危険給付でカバーされない者や生活危険給付の水準の低さから、生活不能給付（生活保護給付）に大量の低所得者がなだれ込んできている現象が起きている。さらに、最近では、こうした現実を前にして、生活保護制度だけに頼るような最低所得保障制度ではなく、年金・雇用保険・社会手当・最低賃金・税制あるいは雇用等を含めたところの重層的なセーフティネットの再構築が必要であるという意見が強くなってきている。駒村康平「序章　なぜ最低所得保障なのか」駒村康平編『最低所得保障』（岩波書店、二〇一〇年）一頁。社会保障・税一体改革大綱（閣議決定、二〇一二（平成二四）年二月一七日）も、社会保障改革の方向性として、「貧困・格差対策の強化（重層的セーフティネットの構築）」を掲げている。

（７）　荒木氏は、自らを社会保障法研究者といわずに「社会法研究者」と記述している。その理由は、研究の対象を社会保障法のみに限定せず、あるいは、社会保障法のある特定分野に限定しないで、制度の生成・発展を常に労働関係・労働法との関連で考察してきたからであると述べている（荒木誠之「社会保障の形成期―制度と法学の歩み」岩村正彦・菊池馨実『社会保障法研究』創刊第一号（二〇一一年）二頁）。また、労働法と社会保障法との関係についての考察に研究者が興味を示さなかったことを、「社会保障法が統一的で独自の原理と体系をもつ法として成立するとき、それが労働関係の構造及びそれを基盤とする労働法といかなる関係にあるかについて、従来さほど関心を向けられていなかったように思う。」と回顧している（荒木誠之「第二章　社会保障法と労働法」荒木・前掲書（注４）『社会保障の法的構造』六九頁）。

（８）「労災保険法、失業保険法、健康保険法、厚生年金保険法といった社会保険法は、戦前から戦後にかけては、労働者の労働条件保護の系列に属するものと解して、労働保護法の一部とされてきた。しかし、社会保障の理念及び政策が労働者保護法に浸透し、給付内容も労働条件そのものというよりは労働者の生活保障に重点が置かれるようになると、これらは労働法に位置づけるよりは社会保障法の構成部分とみるのがより適切と考えられるようになった。また、労働者以外の人々を対象とする国民健康保険法や国民年金法が出現すると、それとの関連も無視できなくなった。そのような理由により、現在では労働者の社会保険法は一般国民の社会保険法とともに社会保障法の構成部分とされている。」（荒木誠之「第１章　社会変動と社会法の変容」荒木・前掲書（注４）『生活保障法理の展開』九～一〇頁）。

（９）「労働法と社会保障法は……それぞれに独自の法原理と体系および領域をもつ法として存在し、かつ機能面においては相互に関連を持ちながら勤労者の生活を支えているのである。」（荒木誠之「第12章　労働関係に及ぼす社会保障の影響―賃金・採用・解雇を中心に」荒木・前掲書（注４）『生活保障法理の展開』二〇三頁）。

社会保障法と他法との関係につき、荒木理論の基本的なスタンスは、既存の法領域や法体系（例えば、労働法とか民法）に干渉し、それを浸食して形成されたのではなくて、既存の法体系が関心をもたなかった、あるいは疎外されてきた領域を汲み上げて新しく社会保障法という分野が形成されたという考え方である。そこには、諸法領域の独自性を認めたうえで、機能的には関連をもって結びついている部分があるという荒木理論の学問上の基本的な認識が存在する。荒木・前掲書（注６）『法律学全書』四一頁。

（10）荒木誠之「第七章　雇用保障の法的問題―失業給付と雇用政策」荒木・前掲書（注４）『社会保障の法的構造』二〇一頁。

（11）荒木誠之「第10章　労働権保障と雇用保障法の展開」荒木・前掲書（注４）『生活保障法理の展開』一八二～一八三頁。

（12）荒木誠之「第三章　労働関係における労働法理と保障法理」荒木・前掲書（注４）『社会保障の法的構造』八八～八九頁。

（13）これらの批判を受けて、旧生活保護法には「本法を中心に、社会事業法、司法保護事業法等の調整を図り、且つ国民健康保険組合の改善、失業保険の創設に邁進すべし、……」という附帯決議が付けられることになった。田多英範『日本社会保障制度成立史論』（光生館、二〇〇九年）九七頁、一〇八頁。

生活保護費が二〇一二（平成二四）年度の三兆七〇〇〇億円から、二〇二五（平成三七）年度には五兆二〇〇〇億円に達するであろうという厚生労働省の試算が、二〇一二（平成二四）年に発表された（中国新聞二〇一二年五月一三日）。大量の長期失業者がこのなかに多数含まれているという現状に危機感をもって、生活保護制度でこれらすべてをカバーしていたら膨大な国家予算が必要になるということで、雇用保険法の改正や長期失業者に対する第二のセーフティネットとしての求職者支援制度の創設を急いだ事情は、七〇年近く前の戦後間もない頃の状況と重なるところがある。

(14)　荒木・前掲書（注６）『法律学全書』一六八〜一六九頁。ただし、「失業という生活危険が存続している限り、生活保障の必要に対応した失業給付を行うのが、社会保障法の原則と考える……。現行法の失業給付の短期打ち切りは、社会保障原理に対する雇用政策ないし労働政策の優越のあらわれとみるべきであろう。」というのが基本的な考え方であったろう。荒木誠之「第三章　労働関係における労働法理と保障法理」荒木・前掲書（注４）『社会保障の法的構造』九九頁。もっとも、「著者はたんに失業給付を無制限に支給せよと論じているわけではない。」と断っている。同上書一〇〇頁、注(6)。

(15)　「労働関係の法理は、社会保障の法理と絶縁されるのではなく、一般的生活保障のなかで社会保障の法理に包摂される。そのため、いわゆる労働者保険が社会保障体系で相対的な独自性を持つのである。」荒木誠之「第二章　社会保障法と労働法」荒木・前掲書（注４）『社会保障の法的構造』七一頁。

(16)　これを明確にするために、雇用保険法の目的（一条）のなかに、これまでの「労働者の生活の安定」に加えて、「求職活動を容易にする等その就職を促進し、あわせて、労働者の職業の安定に資するため、失業の予防及び雇用機会の増大、雇用構造の改善、労働者の能力の開発及び向上その他労働者の福祉の増進を図ること……」という文言が盛り込まれることになった。

(17)　荒木誠之「第七章　雇用保障の法的問題—失業給付と雇用政策」荒木・前掲書（注４）『社会保障の法的構造』一九九頁。また、別の箇所では、「端的に言えば、それは失業保険の雇用政策への従属をはかったもので、労働力流動化政策の手段として失業保険の制度が利用されたのである。」とも書いている。荒木誠之「第10章　労働権保障と雇用保障法の展開」荒木・前掲書（注４）『生活保障法理の展開』一八〇頁。

(18)　荒木誠之「第三章　労働関係における労働法理と保障法理」荒木・前掲書（注４）『社会保障の法的構造』一〇〇〜一〇一頁。

(19)　同上書九八頁。おそらく、労働者保険の「相対的独自性」という用語はこのような意味合いにおいて使われているものと思われる（荒木誠之「社会保障の法的構造—その法体系試論(一)」熊本法学五号（一九六五年）一七頁）。ただし、両者のこのような本来的な関連形態が日本の現実の立法では必ずしも貫徹していないことも認めている。荒木誠之「第三章　労働関係における労働法理と保障法理」荒木・前掲書（注４）『社会保障の法的構造』九九頁。

(20)　荒木誠之「第三章　労働関係における労働法理と保障法理」荒木・前掲書（注４）『社会保障の法的構造』八六頁。

(21)　労働省職業安定局雇用保険課編著『改訂版　雇用保険法—労働法コンメンタール　６』（労務行政研究所、一九八三年）五〇頁以下。

(22)　荒木氏は、従来の集団的労働法、個別的労働法と別個に「雇用保障法」という独自の法分野を認めることについては、失業予防の中心となる解雇制限法が不十分であること、雇用保障法体系における失業保険給付の位置づけがいまだ不明確であることなど肝心なところが詰めきられておらず、残された課題はいくつもあるとしながらも、雇用保障法論者が提唱する雇用保障の権利としての「雇用選択の自由」、「適職選択権」については肯定的評価をしている。「雇用保障法の提唱者が最も強調するところは、雇用保障の権利としての『雇用選択の自由』あるいは『適職選択権』の確保であった。従来の労働権の観念では、ともかく失業者に就労の機会を与えることに重点が置かれていた。失業保険と失業対策事業が労働権具体化の場であった段階では、それであまり問題はなかったであろう。しかし、急激な産業構造の変化に対応した労働力流動化の手段としての雇用政策が出現したとき、本人のこれまでの知識・経験・能力を考慮せず、またその生活基盤を無視するような雇用促進が事実上強制される可能性が生じる。それが極端に走るとき、結果的には強制労働に類するものになりかねない。雇用保障法の論者は、この可能性を鋭く意識して求職者の『適職選択権』を中心にとらえ、さらに就労状態においても自己の能力を開発するための職業訓練を受ける権利、また正確な雇用情報を得る権利等を労働権の具体的内容として展開したのである。」荒木誠之「第10章　労働権保障と雇用保障法の展開」荒木・前掲書(注4)『生活保障法理の展開』一八〇～一八二頁。

(23)　武川正吾「ワークフェアの射程と限界」海外社会保障研究No.一四七（国立社会保障・人口問題研究所、二〇〇四年）二頁。同座談会「ワークフェアとベーシック・インカム―福祉国家における新しい対立軸」三頁以下。

(24)　荒木誠之「社会保障の法的構造―その法体系試論（二・完）」熊本法学六号（一九六六年）三一頁。

(25)　荒木・前掲書(注6)『法律学全書』五八頁。

(26)　産経ニュース二〇一一年六月一五日。

(27)　雇用保険法では、基本手当を受けるためには、原則として、離職の日以前二年間に、被保険者期間が通算して一二ヶ月以上あることが要件となっている（雇保法一三条一項）。ただし、特定受給資格者または特定理由離職者については、離職の日以前一年間に、被保険者期間が六ヶ月以上ある場合でも良いとされている（同二項）。ただし、週当たりの所定労働時間が二〇時間未満の者は適用が除外されている（同六条一項一号）。特定受給資格者とは、企業の倒産等により離職した者、自己の責めに帰する理由でなく企業側の都合で解雇された者等をいい、特定理由離職者とは、期間の定めのある労働契約が満了し、かつ、当該労働契約の更新がないことにより離職した者（いわゆる雇い止め労働者）等である。したがって、被保険者期間を満たしていないとか、週当たりの所定労働時間が二〇時間未満であるとかの理由で、雇用保険法の適用を受けることができない非正規労働者が多数存在している。

(28) ただし、訓練・生活支援給付金は、訓練の出席日数が八割に満たない場合は、それ以後の給付金は支給されないことになっていたほか、以下のように支給対象者がかなり限定されていた。世帯の主たる生計者であること、年収二〇〇万円以下かつ世帯全体の年収が三〇〇万円以下であること、世帯全体で保有する金融資産が八〇〇万円以下であること、現在住んでいるところ以外に土地・建物を有していないこと。

(29) 木下秀雄「求職者支援制度の検討」労働法律旬報一七四八号（二〇一一年）一〇～一二頁。

(30) 全労働省労働組合・求職者支援制度検討プロジェクト「求職者支援制度の創設に関する提言」労働法律旬報一七四八号（二〇一一年）五九頁以下、河村直樹「求職者支援制度に関する提言の背景と今後の課題」労働法律旬報一七四八号（二〇一一年）二〇頁。

(31) 荒木誠之「第二章　社会保障法と労働法」荒木・前掲書（注4）『社会保障の法的構造』七一頁。「現在では社会保険が労働者のみを対象とする制度ではなくなったといっても、労働者保険が一般国民の社会保険と相対的に違った要素を持つことは否定できず、また労働災害及び失業を保険事故とする労働者保険は、その性質上一般国民の社会保険にはみられない特質を有する。労働者保険は労働関係を基盤として組織されるから、保険をめぐる法の内容は労働関係の構造に沿って定められている。事業主（使用者）に保険料負担義務があり、労働者保険に特有な財源調達方法をとるほか、保険料と保険給付の内容が労働者の賃金を基礎として定められる。国民保険にはこのような構造はみられない。」（荒木誠之「保険関係の当事者—労働保険論」窪田隼人教授還暦記念論文集『労働災害保障法論』（法律文化社、一九八五年）一五一頁）。

(32) 荒木誠之「第三章　労働関係における労働法理と保障法理」荒木・前掲書（注4）『社会保障の法的構造』九二頁。「問題の焦点は、労働法上の使用者の法的責任（労災補償給付、失業給付、安全保持義務、解雇の法的責任）が、社会保障法においてどのような形でとりいれられるのかということである。結論を述べれば、使用者の労働法上の法的責任は、社会保障法ではそのままの形では表面に現れないが、要保障事故を発生せしめたことによる生活保障の実質的責任者として、保険料等の負担を課せられることになる。つまり、労働法上の責任が社会保障法では保障給付の財源負担の責任として具体化される。」

(33) 詳しくは、江口隆裕『社会保障の基本原理を考える』（有斐閣、一九九六年）一〇七頁を参照のこと。

(34) 荒木誠之『社会保障法読本〔第3版〕』（有斐閣、二〇〇二年）一六一頁。

(35) 水島郁子「長期失業・貧困と社会保険」菊池馨実編『社会保険の法原理』（法律文化社、二〇一二年）二二八頁。水島論文によれば、労働政策審議会段階では、求職者支援制度は、一般財源による独立事業として検討されていたのに、三大臣合意で労使の雇用保険料も財源とすることが決められたという経緯が説明されている。また、求職者支援法附則一三条では、三年後の見直し規定を置き、その二項で、見直しに当たっては、「その支援施策に要する費用の負担の在り方について速やかに検討し、その結果に基づいて所要の措置を講ずるものとする。」という規定が置かれている。木下・前掲論文（注29）一〇頁。

(36) 憲法論者の間では、労働の義務の意義および法的性格については、勤労の義務の規定を、単に精神的・道徳的規定とすることなく、一定の法的義務を認めようとするのが多数説である。その法的意味は、生存権や労働権の保障との関係で、勤労の義務を果たさない者、すなわち、勤労の能力があり、その機会があるにもかかわらず、勤労しようとしない者に対しては、生存権や労働権の保障が及ばないとするものである。芦部信喜編『憲法Ⅲ　人権（二）』（有斐閣、一九八一年）四四三頁。

(37) 133 Cong. Rec H11, 525-526 (daily ed. Dec. 16, 1987).

(38) Social Security Amendments, Pub. L. No. 90-248, §204, §444 (b) 81 Stat. 881 (1968) (amended 1971).

(39) 26 U.S.C. §609 (West 1983 & Supp. 1987).

(40) Greater Avenues for Independence Act of 1985, ch. 1025, 1985 Cal. Stat. (codified at Cal. Welf. & Inst. Code §§11320-11320.9 (Deering Supp. 1988)).

(41) ＧＡＩＮ制定の立法趣旨には、「ＡＦＤＣ受給者は働くことを強く望んでいるのにその機会がなかなか与えられないこと、州は十分なサービスを提供して受給者が就労できるように援助すること、受給者は就労するよう期待されていること（recipients will be expected to work)」と書かれている。Welf. & Inst. Code §11320 (a), (b), (c).

(42) Assemblyman Art Agunos, 1985Annual Report 39.

(43) Lawrence M. Mead, *Beyond Entitlement: The Soc ial Obligation of Citizenship*, The Free Press, A Division of Macmillan, Inc. (1986) pp. 237-40.

(44) 家庭支援法（Family Support Act, 1988）の審議過程で出されたＨ・Ｒ・三六四四法案では、その片務的契約関係を示す明文の規定が置かれていた。「この条項によって締結される行政機関と受給者とのいかなる契約も、連邦政府、その官吏、機関を相手とする訴訟原因にはなりえないものとする。」H.R. 3644, 100th Cong. 1st. Sess., 133 Cong. Rec. 11, 536-559 (1987), 1 §415 (g) (B).

(45) Welf. & Inst. Code §§11320.7 (a) (13), (1), §11320.7 (1).

(46) Ann VanDePol and Katherine E. Meiss, California's GAIN: Greater Avenues or a Narrow Path - The Politics and Policies of Welfare Reform and AFDC Work Programs in the 1980s, *3 Berkeley Women's Law Jaurnal* (1987/1988) pp. 72-73, 77. 同論文では、この契約は「擬似契約」（pseudo-contract）と表現されている（同六一頁）。石橋敏郎「生活保護法と自立―就労自立支援プログラムを中心として」社会保障法二二号（二〇〇七年）四八～四九頁。

(47) モニハン上院議員（Moynihan）が代表となって提出したＳ・一五一一「家庭安定法」（Family Security Act）、Ｓ・Ｈ・一七二〇「家庭福祉改革法」（Family Welfare Reform Act）、Ｈ・Ｒ・三二〇〇「福祉改革法案」（Welfare Reform Bill）の三つである。

(48) H.R. 3200, 100 Cong., 1st Sess. (1987) tit. I, §101 (2).

(49) 133 Cong. Rec. 11, 523 (1987). フーム下院議員（Mfume）は、「S・H・一七二〇『家庭福祉改革法』の背後にある基本的な考え方は、『仕事を与えよ、施し物を与えてはならない』（Give a Hand, not a Handaut）である。われわれは、福祉給付を与えるのではなく、福祉依存の連鎖を断ち切るために、労働とその機会を与えるべきである。」とコメントしている。

(50) 根岸毅宏『アメリカの福祉改革』（日本経済評論社、二〇〇六年）一五〇頁。

(51) 荒木誠之「第三章　労働関係における労働法理と保障法理」荒木・前掲書(注４)『社会保障の法的構造』八八頁。

(52) 同上書八八〜八九頁。

(53) 田中拓道「社会契約の再構成―社会的排除とフランス福祉国家の再編」社会政策学会誌一六号（二〇〇六年）八〇頁。

(54) 「政府は雇用保障と社会保障をとおして、人々が失業や病気、知識の不足などを乗り越えて就労する条件を提供する。働くことができる人々は、その条件のもとで就労して納税者として福祉国家を支える。各種の給付は、各人が働いた成果としての現行所得にできるだけ比例させて、人々の労働意欲に報いる。本書が述べてきた生活保障の社会契約的な側面を示す言葉でもある。」（宮本・前掲書(注２)九一頁）。
「生活保障が社会契約的な側面を持つということは、職業訓練や保育サービス、あるいは職業訓練期間中の『第二のセーフティネット』などについては理解しやすい。だが、社会保障制度のなかではもっと中核的なものとみなされてきた公的扶助や年金についてはどうか。まず、公的扶助にも社会契約的な性格がある。日本の生活保護法は、第一条でその目的を『最低限度の生活を保障するとともに、その自立を助長すること』と謳っている。実は日本の生活保護制度は、少なくとも理念からすれば、自立支援の生活保障という考え方と存外近いところにあったのである。ところが、その運用の実際は、こうした理念とはほど遠く、自立を助長する仕組みは極めて弱かった。」（宮本・前掲書(注２)二〇四〜二〇五頁）。

(55) 菊池編・前掲書(注35)一四〇頁。

(56) 菊池編・前掲書(注35)一六六頁。

(57) 「私見によれば、根源的には憲法一三条の解釈によって規律されるとはいえ、直接的には憲法二五条が社会保障制度（とりわけ給付に係る部分）の根拠規定である以上、教育権（憲法二六条一項）や勤労権（同二七条一項）を通じて間接的にではなく、憲法二五条が『無媒介的に』直接の根拠になるとみられる一群の法制度を社会保障法の対象領域に含めることにも十分理由があると思われる。以上の考察を前提として、あくまでも試論の域を出ないが、社会保障法の意義につき私見を展開しておきたい。社会保障法とは、『憲法二五条を直接的な根拠とし、国民等による主体的な生の追求を可能にするための前提条件の整備を目的として行なわれる給付やその前提となる負担等を規律する法である』と定義づけることができる。」菊池馨実「第一二章　新しい社会保障法の構築に向けた一試論―社会保障法の意義をめぐって」小宮文人・島田陽一・加藤智章・菊池馨実編『社会法の再構築』（旬報社、二〇一一年）二四四頁。

(58)　荒木誠之氏は、日本労働法学会一一三回大会（法政大学）での特別講演のなかで、「荒木の関心の一つには、労働法からの社会保障法の自立と、その前提に立って相互関連の態様を考察することにありました。」と述べている（荒木誠之「特別講演　労働関係と社会保障―その特質と相互作用について」日本労働法学会誌一一〇号（二〇〇七年）九頁）。

(59)　荒木誠之「第12章　労働関係に及ぼす社会保障の影響―賃金・採用・解雇を中心に」荒木・前掲書(注4)『生活保障法理の展開』二〇三頁。

(60)「社会保障の法体系を考えるにあたっては、まず、社会保障とはなにかという問題を、政策論や制度論としてではなく、法のレベルではっきりさせておく必要がある。法とは、権利・義務の関係を規律する規範である。法の世界で社会保障とは、いかなる権利・義務の関係がいかなる当事者の間に生じているかを確かめること、いいかえると社会保障の法的定義を明確にすることが、その法体系を考える前提作業となる。」(荒木・前掲書(注34)二四九頁)。

第6章 生活保護法二〇一三年改正と生活困窮者自立支援法の制定

Ⅰ はじめに

長期間続いてきた経済不況を克服するために、デフレからの脱却と富の拡大をめざして、第二次安倍晋三内閣が掲げた一連の経済政策（いわゆるアベノミクス）は、その効果が現れ、株価、経済成長率、企業業績、雇用等多くの経済指標が著しい改善をみせていると報じられている（首相官邸ホームページ）。しかし、その恩恵は、一部の大企業がこうむっているだけで、大部分の零細中小企業や地方の事業所にはそれが目に見える形では現れていない。むしろ経済的な格差はいっそう広がってきているというのが国民の実感ではないだろうか。その証拠に、最近の新聞記事を見ると、片隅に「生活保護受給者が過去最高」という見出しの記事が毎月のように載っている。二〇一四（平成二六）年七月現在、生活保護受給世帯は一六〇万八九九四世帯、受給者数は二一六万三七一六人となっており、この数字は一九九五（平成七）年の約二・五倍にのぼっている。当然のように、生活保護費額は、二〇一四（平成二六）年度で三兆八四三一億円であり、これも二〇〇三（平成一五）年と比較すると一・六倍にも膨らんでいる。高齢者世帯（四七・二％）、傷病・障害者世帯（二八・四％）で約四分の三を占めていることは、以前とあまり変わらないが、最近は、稼働能力があるとみられる母子世帯（平成一六年度は八万七四七八世帯→平成二六年七月 一〇万八三一三世帯）、および、その他の世帯（平成一六年度は九万四一四八世帯→平成二六年七月 二八万二五九四世帯）の増加が目立っているのが特徴的である。このなかには長期失業者も含まれている。扶助の種類別では、医療扶助が一兆六七五九億円（四六・五％）と保護費の約半分を占めている。

こうした社会的状況の変化を受けて、生活保護制度を見直すべきであるという意見が、「社会福祉基礎構造改革法案」に対する国会附帯決議（二〇〇〇（平成一二）年）や社会保障審議会意見（二〇〇三（平成一五）年）に盛り込まれるようになった。「生活保護制度の在り方に関する専門委員会」報告書（二〇〇四（平成一六）年一二月一五日）は、生活保護制度を「その最低生活保障を行うだけでなく、生活困窮者の自立・就労を支援する観点から見直すこと……」を提案し、これを受けて、二〇〇五（平成一七）年度から、生活保護受給者のための就労自立支援プログラムが実施されている。

また、二〇一一（平成二三）年五月には、雇用保険を受給できなかった非正規雇用労働者や雇用保険給付期間が終了してもなお再就職ができなかった長期失業者に対して、三ヶ月から六ヶ月間職業訓練を受講させ、その受講期間中は職業訓練受講手当として月額一〇万円を支給するという内容の「職業訓練の実施等による特定求職者の就職の支援に関する法律」（求職者支援法）が制定された。生活保護受給に至る前の段階で、雇用保険法の仕組みを利用しながら、就労自立へと向かわせようとする「第二のセーフティネット」としての役割を期待されている。

「社会保障制度改革推進法」（二〇一二（平成二四）年法六四号）の附則二条では、政府は、生活保護制度に関し、次に掲げる措置その他必要な見直しを行うものとするとされていた。

一　不正な手段により保護を受けた者等への厳格な対処、生活扶助、医療扶助等の給付水準の適正化、保護を受けている世帯に属する者の就労の促進、二　生活困窮者対策及び生活保護制度の見直しに総合的に取り組み、……就労が困難でない者に関し、就労が困難な者とは別途の支援策の構築、正当な理由なく就労しない場合に厳格に対処する措置等を検討すること。

そして、今回、さらに就労自立へのインセンティブを強化し、同時に不正受給防止と保護給付の適正化を実施するために生活保護法の改正が行われた（「生活保護法の一部を改正する法律」二〇一三（平成二五）年法一〇四号、二〇一四（平成二六）年七月一日施行、一部二〇一四（平成二六）年一月一日施行）。また、これと密接な関係をもつ法律として「生活困窮者自立支援法」（二〇一三（平成二五）年法一〇五号、二〇一三（平成二五）年一二月一三日公布、二〇一五（平成二七）年四月一日施行）が制定された。本章では、生活保護法の改正および生活困窮者自立支援法の制定に至った経緯を簡単に述べて、両制度の内容をおおまかに紹介したあとに、その問題点をいくつか指摘しておきたいと思う。

Ⅱ　生活保護受給者に就労を求める根拠

稼働能力を有しながら生活保護給付を受けている受給者に対して、就労を求める考え方は、ワークフェア（Workfare）として、アメリカで顕著に展開されてきた。生活自己責任の考え方の強いアメリカでは、もともと生活保護受給対象者は、高齢者、障害者、母子世帯に限定されていたが（制限扶助主義）、そのなかでも、一九六〇年代以降、稼働能力を有しながら生活保護を受給している母子世帯が増加して、それに対する批判の声が強くなっていった。連邦レベルで最初のものとしては、一九六七年の「就労促進計画」（The Work Incentive Program）があげられるが、州はこれをもとに母親に対して職業訓練や求職活動を求めるようになった。就労を求める理由は、生活自己責任原則はもちろんであるが、生活保護の費用が租税によって賄われていることや、国民感情や社会倫理を強調する考え方も根強く残っていた。一九八八年の「家庭支援法」（Family Support Act）の制定過程では、同様の法案がいくつか並行して提案されていたが、そのひとつの「家庭扶助法改革法案」では、「人々を貧困と福祉依存から救い出し、働くという習慣およびこれを日課とするような方向に導くことがこの法案の目的である。」（H.R. 1720, Family Welfare Reform Act）とかかれていた。この法案に対しては、「この改革は、個人の性格の変更であり、貧困の原因の一つである経済や景気の変動という要件が無視されてしまっている」という批判があった。

現在では、こうした労働の義務の面を強調するというよりも、生活保護受給者に対しては、「所得保障だけでなく、労働市場や地域コミュニティのなかで居場所を確保してやることが大切である。[1]」とする「社会的包摂」（social inclusion）の考え方の面から、就労への支援を根拠づける場合が多くなってきているようである。

例えば、厚生労働省社会・援護局「社会的な援護を要する人々に対する社会福祉の在り方に関する検討会」報告書（二〇〇〇（平成一二）年一二月八日）では、従来の社会福祉は主たる対象を「貧困」としてきたが、現代社会においては、心身の障害・不安（社会的ストレス、アルコール依存等）、社会的排除や摩擦（路上死、外国人の排除等）、社会的孤立や孤独（孤独死、自殺、虐待等）といった問題が重複しており、「全ての人々を孤独や孤立、排除や摩擦から援護し、健康で文化的な生活の実現につなげるよう、社会の構成員として包み支え合う（ソーシャル・インクルージョン）のための社会福祉を模索する必要がある。……［そのためには］、金銭やサービスの供給だけでなく、情報提供、問題の発見把握、相談体制を重視し、社会的なつながりを確立していく必要があろう。」と述べられている。社会保障審議会福祉部会「生活保護制度の在り方に関する専門委員会」報告書（二〇〇四（平成一六）年一二月一五日）では、生活保護制度のあり方を、「最低生活保障を行うだけでなく、生活困窮者の自立・就労を支援する観点から見直すこと、つまり、被保護世帯が安定した生活を再建し、地域社会への参加や労働市場への『再挑戦』を可能とするための『バネ』としての働きを持たせることが特に重要である……。」という視点から検討している。そこでは、自立支援の内容として、就労による経済的自立のための支援（就労自立支援）のみならず、それぞれの被保護者の能力やそのかかえる問題等に応じ、身体や精神の健康を回復し、自分で自分の健康・生活管理を行うなど日常生活において自立した生活を送るための支援（日常生活自立支援）や、社会的なつながりを回復・維持するなど社会生活における自立の支援（社会生活自立支援）の三つが提示されている。

社会保障審議会「生活困窮者の生活支援の在り方に関する特別部会」報告書（二〇一三（平成二五）年一月二五日）では、制度の持続可能性や制度に対する信頼といった視点からも、就労自立支援の必要性が説かれていることが、これまでにはなかったとらえ方である。すなわち、「稼働年齢世代にある人々が自立を図る見通しをもてず生活保護の受給を続けざるをえないとすれば、働き続ける困窮層との間で不均衡が生じる可能性もある。制度不信が広がれば、国民の間の連帯を阻害しかねない。生活保護を受給している稼働世帯にも、保護を受給せず働き続ける困窮層にも、安定した就労で生活を向上させる支援を等しく提供する必要がある。それこそ、制度への信頼を強め、連帯を広げていく道筋である。」とある。ただ、生活保護受給者に就労を求める根拠を、働いていても生活保護水準程度（地域によってはそれ以下）の賃金しか得られないワーキング・プアとの比較において、その不均衡感から国民の制度不信を招き、さらには連帯への協力意欲をなくさせるというところに置くならば、自立支援施策はまったく違った二つの方向へと向かうかもしれない。①ひとつは、制度の持続可能性を保障するには、これまでのように単に財源の確保だけでは不十分であり、社会連帯の基盤を再構築する必要があり、そのためには、生活保護受給者を地域で孤立させることなく、個々人の状況に応じて、その人に合った形で、就労自立へ向けて、根気よく、丁寧な支援を続けていく方向である。②もうひとつは、稼働能力のある者が生活保護受給を長く続けることはふさわしくないので、国民の不公平感を解消し、制度への信頼回復を図り、連帯意識を高揚させることが必要であるとの認識に立って、今以上に就労促進政策を強化して、たとえ低賃金の不安定雇用であってもとにかく就職させて、就労に向かわせるといった方向である。この方向は、生活保護の費用が租税によって賄われていることや、稼働能力を活用しないで生活保護給付を受け続けることへの国民感情や社会倫理を強調するという考え方と共通するものをもっている。初期のアメリカの就労促進政策は、後者の方向、すなわち、受給者を無理やり低賃金労働に従事させ、生活保護名簿から脱却させるといった方向で実施された結果、結局、生活の安定をもたらさず、かえって自立を妨げてしまい、再び生活保護に舞い戻ってくるという事態を繰り返してきた。

この点、「生活困窮者の生活支援の在り方に関する特別部会」報告書は、新しい生活支援体系の基本的視点として、自立と尊厳、つながりの再構築、子ども・若者の未来、信頼による支えあいの四つをあげ、「自立と尊厳」については、自立支援は、「生活困窮者一人一人の尊厳と主体性を重んじたものでなければならない。人々の内面から沸き起こる意欲や幸福追求に向けた思いは、生活支援が依拠するべき最大のよりどころであり、こうした意欲や想いに寄り添ってこそ効果的な支援がすすめられる。」と述べている。この基本的視点に立って、生活支援の具体的な形としては、生活困窮者の心身の不調、知識や技能の欠落、家族の問題、家計の破綻、将来展望の喪失など、多様な問題に対して包括的に対処すべきもの（包括的・個別的支援）であり、自立支援とは、「生活困窮者をやみくもに就労に追い立てることではない。社会的自立から経済的自立へと、個々人の段階に応じて最適なサービスが提供されるような継続的な支援が求められる。」（継続的な支援）と明示している。この基本的視点と支援のあり方に関する基本原則からみて、特別部会の報告書は、上記の①の方向をめざすものとして評価できよう。ただし、この特別部会の報告内容を受けて、今回の生活保護法の改正と「生活困窮者自立支援法」が制定されたわけであるが、改正法と新法律の内容が、報告書の基本的方針を明確に受け止めて、それをそれぞれの施策のなかで、個別、具体的にどのように実現しているのかについては、各種サービスの実施形態や内容が、福祉事務所設置自治体の裁量に任されている部分があまりにも多くて、いまだあいまいなところがあるといわざるをえない。

Ⅲ　生活保護法の改正

「生活保護法の一部を改正する法律」（二〇一三（平成二五）年法一〇四号、二〇一四（平成二六）年七月一日施行、一部二〇一四（平成二六）年一月一日施行）の主な内容は以下の通りである。

①　書面による保護の申請の明文化（二〇一四（平成二六）年七月一日施行）

保護の申請に関して、現行生活保護法七条は、「保護は、要保護者、その扶養義務者又はその他の同居の親族の申請に基づいて開始するものとする。但し、要保護者が急迫した状況にあるときは、保護の申請がなくても、必要な保護を行うことができる。」と規定しているが、施行規則二条一項では、「保護の開始又は保護の変更の申請は、左に掲げる事項を記載した書面を提出して行わなければならない。一　申請者の氏名及び住所又は居所　二　要保護者の氏名、性別、生年月日、住所又は居所、職業及び申請者との関係　三　保護の開始又は変更を必要とする理由」となっており、両者の関係が議論になっていた。一般的には、七条には、申請は書面によることと規定されていないので、申請者が、申請の意思表示を明確に行っている場合には、口頭での申請も有効であるとされている。ただし、行政実務上は、保護を与えるかどうかについては、要保護者についての具体的な情報が必要であるので、そのためには書面に記載してもらう必要があり、それが施行規則二条一項の趣旨であると解されてきた(2)。今回の生活保護改正は、厚労省によれば、これまでの基本的な解釈を変えるものではないと説明されているが、しかし、これまでは、保護申請について、書面による要式性は施行規則中に書かれていたものが、法律本体に書かれたことで、口頭による申請の際の「申請の表示行為」（大阪高判平一三・一〇・一九訟月四九巻四号一二八〇頁）の判断に影響があるのではないかと思われる。

改正された生活保護法二四条一項は以下のようになっている。

「保護の開始の申請は、第七条に規定する者が、厚生労働省令で定めるところにより、次に掲げる事項を記載した申請書を保護の実施機関に提出してしなければならない。一　要保護者の氏名及び住所又は居所　二　申請者が要保護者と異なるときは、申請者の氏名及び住所又は居所並びに要保護者との関係　三　保護を受けようとする理由　四　要保護者の資産及び収入の状況（生業若しくは就労又は求職活動の状況、扶養義務者の扶養の状況及び他の法律に定める扶養の状況を含む。）　五　その他要保護者の保護の要否、種類、程度及び方法を決定するために必要な事項として厚生労働省令で定める事項。」

同施行規則一条二項では、「保護の実施機関は、法二四条第一項の規定による保護の開始の申請について、申請者が申請する意思を表明しているときは、当該申請が速やかに行われるよう必要な援助を行わなければならない。」として、書面による申請の際の支援を規定している。

ただし、この書面による申請の法定化は、保護の実施機関の法律に基づく調査権限を二九条（関係先調査）の改正に合わせて強化したこと（同二九条）に伴い、強化された調査権限を行使するのであれば、申請に際しても、保護の決定に必要となる事項を法律上明確にする必要があるという法制的な整合性を図るための改正であり、この改正によって、申請事項や申請様式をはじめ、事情がある者に認められている口頭申請についても、現行の運営を変えるものではないと説明されていることは既述の通りである。また、保護の開始の申請等の意思を示した者に対しては、その申請権を侵害しないことはもとより、侵害していると疑われるような行為も厳に慎むべきであることは改正後も何ら変わるものではない。

②　生活上の義務に健康保持・増進義務を加える（二〇一四（平成二六）年一月一日施行）

生活保護受給者は、自立に向けて、自ら、健康の保持及び増進に努め、また、収入、支出その他生計の状況を適切に把握することを受給者の責務として位置づけるために、従来の六〇条に下線部の文言を加えることになった。

「被保護者は、常に能力に応じて勤労に励み、自ら、健康の保持及び増進に努め、収入、支出その他生計の状況を適切に把握するとともに支出の節約を図り、その他生活の維持及び向上に努めなければならない。」（傍線、筆者）

この結果、二〇一三（平成二五）年度から、福祉事務所に、保健指導や受診に関する専門職員を配置するなどして、受給者の健康面に関して専門的に対応できる体制を整備することになる。あるいは、福祉事務所の調査権限を強化して、健康診査結果等を入手可能にし、それに基づいて、健康面の支援をより効果的にすることをめざすことになった。生活保護受給者は、糖尿病や肝炎といった重症化しやすい疾病患者が国保よりも多いことにかんがみて、健康保持・増進義務が追加されることになったのである。また、家計の状況を適切に把握するために、受給者の状況に応じて、レシート又は領収書の保存や家計簿の作成を求めることも可能になったとされる。

問題は、六〇条が規定する「生活上の義務」および「健康保持・健康増進義務」の法的効果である。「健康保持・健康増進の義務」の挿入は、例えば、福祉事務所からの度重なる保健指導を無視して、健康を悪化させてしまい、頻繁に医療機関にかかることになった場合、二七条の指導・指示に従わなかったことを理由として、六二条三項を根拠に、保護の変更、停止または廃止を命ずることができるようなものであろうか。「生活上の義務」については、四条一項の能力活用要件とかかわっており、稼働能力活用要件は生活保護を受給するための要件であると同時に、生活保護受給の継続要件とみられており、これを怠った場合、最終的には保護廃止という措置がとられてきた[3]。小山進次郎氏によれば、本条が設けられた趣旨は、「法第四条一項と相応する規定であるが、後者（四条一項）は、生活に困窮する国民が本法による保護を受けるための、即ち、被保護者となるための要件を規定したのであるが、前者（六〇条）は被保護者たる状態を継続させるための要件を日常生活における義務の面から規定したものである[4]。」。この記述からすれば、四条一項の能力活用要件は、保護を開始する要件であって、保護継続のための要件ではないことになる。ただ、六〇条が保護の継続の要件を規定したものであるとすれば、「生活上の義務」を怠る者に対して何らかの法的効果が及ぶことを想定している記述といわなくてはならないであろう。そこで、小山氏は、続けて、「本条に違反してもこれに対する直接の制裁規定はない。程度をこして怠る者に対しては法二七条第一項の指導、指示に従わないものとして、法六二条第三項の規定により保護の変更、停止又は廃止をすることができる[5]。」と述べている。ここでは、六〇条は単なる訓示規定ではなく、法的効果を及ぼす規定だと理解されている[6]。

確かに、四条一項の文言からいえば、稼働能力活用要件は保護受給開始要件のようにみえる。しかし、保護が開始された後は、能力活用をしなくてもよいということにはならない。それが六〇条の「被保護者は、常に能力に応じて勤労に励み、……」ということの意味であろう。しかし、六〇条は訓示規定であるとする解釈もあったので、四条一項の能力活用要件を保護開始要件であると同時に保護継続要件であるとの解釈がとられてきたのかもしれない。いずれにせよ、能力活用を判断する際の三つの要件、すなわち、①稼働能力を有するかどうか、②稼働能力を活用する意思があるかどうか、③稼働能力を活用する就労の場が実際に得られるかどうかという要件は[7]、保護開始の際にも、保護を継続している過程でも、共通に判断基準として用いられるものであろう。このなかでも、稼働能力活用意思の判断は、内面的なものでもあるし、また、活用の意思がありますという本人からの口頭での意思表示だけで足りるとすれば、制度が形骸化してしまうおそれもある。そこで、就労自立支援プログラムが新たに導入されたことをきっかけに、能力活用が疑わしい場合であっても、最低限度の生活を営めないような状況に陥っている場合は、まず保護を開始し、その後、自立へ向けての就労支援計画への取り組み姿勢（例えば、職業訓練への積極的参加とか熱心な求職活動とか）によって、能力を活用する意思があるかどうかを判断するのはどうだろうかというのが著者の考え方であった。(8) もし、計画への真摯な取り組み姿勢がみられない場合には、能力活用の意思がないとみて、六〇条の「程度をこして（勤労の義務を）怠る者」であり、「法二七条第一項の指導、指示に従わないものとして、法六二条第三項の規定により保護の変更、停止又は廃止をすることができる。」（小山進次郎）と解するのである。ただし、「生活上の義務」違反が、これまでは四条一項の稼働能力活用要件と結びついて、稼働能力を活用していないという理由で保護の変更・停止・廃止が行われてきたこととの対比で、「健康保持・健康増進の義務」違反に関してはどうなるのか、今後の検討課題となろう。

③　就労自立給付金の創設（二〇一四（平成二六）年七月一日施行）

「都道府県知事、市長及び福祉事務所を管理する町村長は、被保護者の自立の助長を図るため、……被保護者であって、厚生労働省令で定める安定した職業についたことその他厚生労働省で定める事由により保護を必要としなくなったと認めたものに対して、……就労自立支援金を支給する。」（五五条の四第一項）

これは、保護受給中の就労収入のうち一定額を積み立てておき、その後、安定した職業についたことにより保護廃止に至ったときに、それを一括して支給するという制度である。生活保護から脱却すると、税や社会保険料等の負担が生じるために、家計が苦しくなって、結局、生活保護に舞い戻ってくるというような事態が起こりうる。そうした事態を避けるために、脱却後の不安定な生活を支援することを目的として設けられたものである。また、就労収入の分だけ生活保護費が減額されるとなると就労への意欲を失うので、就労自立へのインセンティブを高めるという意味も併せもっている。ただし、保護脱却後、三ヶ月分に相当する税・社会保険料等の負担を軽減することを想定しているので、金額の上限額が、単身一〇万円、多人数世帯一五万円となっている。果たして、この金額で保護脱却後の安定した生活に資することになるのか疑問も残るが、就労自立支援に向けた政策のひとつとしては評価できよう。

④　被保護者就労支援事業の創設（二〇一五（平成二七）年四月一日施行）

「保護の実施機関は、就労の支援に関する問題につき、被保護者からの相談に応じ、必要な情報の提供及び助言を行う事業（以下「被保護者就労支援事業」という。）を実施するものとする。」（五五条の六第一項）。

被保護者就労支援事業は、事務の全部または一部を労働省令で定める者に委託することができる（同二項）。委託を受けた職員等は、委託を受けた事務に関して知りえた秘密を漏らしてはならず（同三項）、これに違反した者は、一年以下の懲役または一〇〇万円以下の罰金に処せられることになっている（同八五条の二）。被保護者を含めた要保護者への相談・助言事業は既に保護実施機関の役割として法二七条の二に規定されている。したがって、五五条の六の新設は、就労の支援に限って、相談・助言事業を民間に委託できるようにしたというのが趣旨であろうか。委託先として、社会福祉協議会や社会福祉法人、NPO法人等が考えられる。委託する場合は、包括的な支援が可能であるか、就労に向けた支援が期待できるか、逆に支援内容が就労支援に偏らないかなどに留意して、真に実効

図表1－6－1　生活保護制度の見直しと新たな生活困窮者対策の全体像

●生活保護制度の見直し及び生活困窮者対策に総合的に取り組むとともに、生活保護基準の見直しを行う。

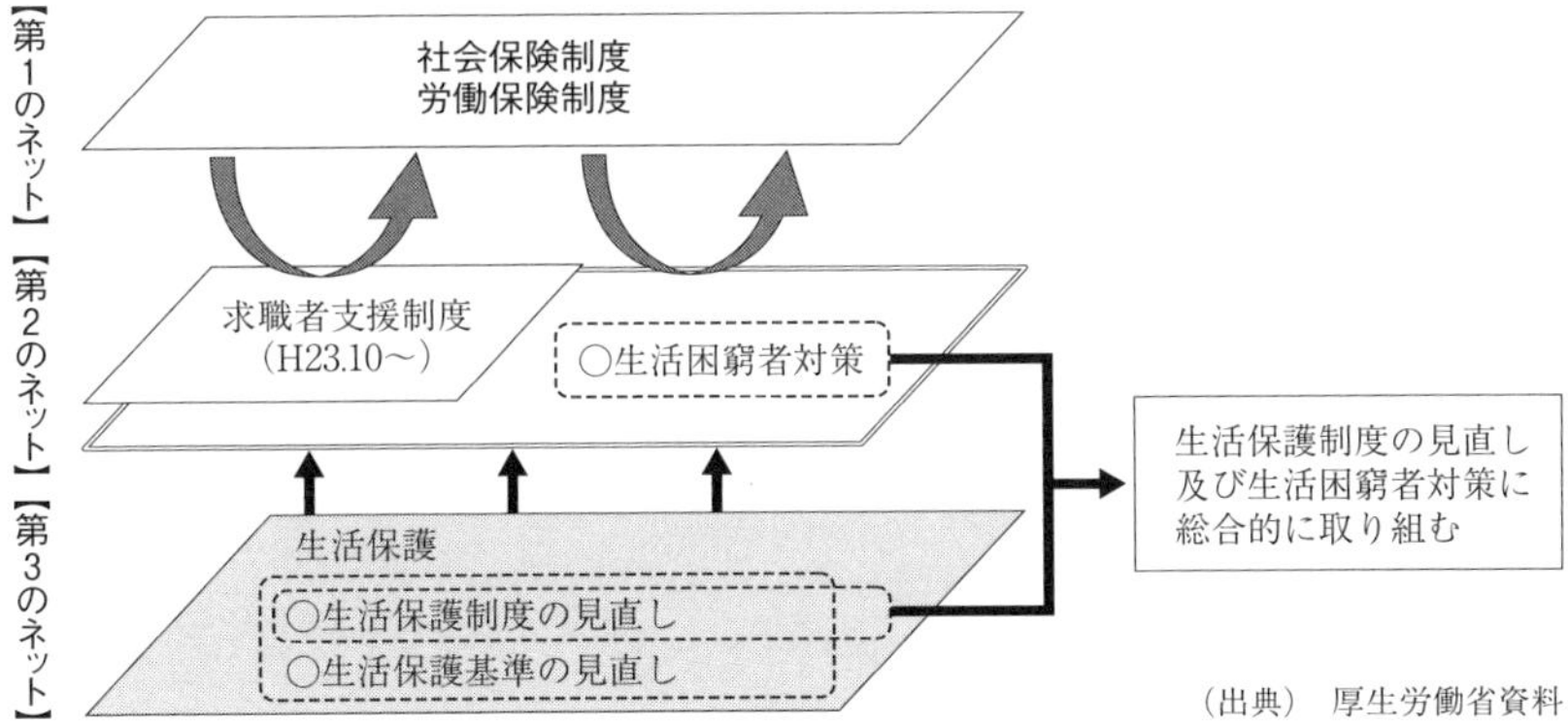

（出典）　厚生労働省資料

性ある委託先を慎重に選ぶことが必要である。ただし、被保護者に対する就労支援は、就労自立支援プログラムの実施と関連しており、それに対する被保護者の取り組み状況によっては、保護の変更・停止・廃止へと直結する重要な問題である。したがって、生活保護受給者に対する相談・助言事業は、生活困窮者自立支援法による相談・助言事業よりもかなり責任が重いといわなくてはならない。委託先の事業所の信頼性や職員の資質が問われてくるのはいうまでもない。また、保護の実施機関が委託先に相談・助言事業を丸投げすることのないように十分留意しなくてはならない。

そのほか、今回の生活保護法改正では、⑤不正受給対策の強化（罰則三〇万円以下の罰金→一〇〇万円以下の罰金）。⑥福祉事務所の調査権限の拡大（調査権限の対象に就労・求職の状況や保護費の支出の状況、健康状態等を加える）、扶養義務者への扶養照会（扶養が困難な理由を求める）。⑦医療扶助の適正化（指定医療機関の指定要件及び取消要件を明確化、六年間の指定有効期間を導入）などがあるが、本章が、論点を就労自立支援に絞っているために説明を省略することにしたい。

Ⅳ　生活困窮者自立支援法

1　生活困窮者自立支援法の目的

全国知事会・全国市長会「新たなセーフティネット検討会」が、二〇〇六（平成一八）年一〇月に出した報告書『『保護する制度』から『再チャレンジする人に手を差し伸べる制度』へ」では、第三章「ボーダーライン層が生活保護へ移行することを防止する就労支援制度の創設」の項目のなかで次のように記している。ボーダーライン層とは、生活保護基準前後の収入しかない階層のことである。

「ボーダーライン層に関しては、たとえば、職業紹介や職業訓練等、有期保護の適用者が利用するプログラムのいくつかを共に利用することにより就労支援をする。ただし、期間は一年間と限定する。ボーダーライン層は、被保護世帯と重なる問題が多いと考えられるため、同じプログラムを利用することは有効である。」

ここでは、生活困窮者が生活保護受給に至ることを防止するために、生活困窮者に対する就労支援制度を設けるという趣旨が明確にされている。

社会保障審議会「生活困窮者の生活支援の在り方に関する特別部会」での二〇一三（平成二五）年一月一六日段階での報告書案においては、生活困窮者自立支援法の目的は、「就労可能な人が可能な限り生活保護を利用することなく、就労により自立できるよう支援する」となっていた。ところが、この部分は、「生活保護受給に至る前の段階から早期に支援を行うことで、就労を実現するなど社会的経済的自立が可能になるように支援する」と修正さ

図表１−６−２　生活困窮者自立支援制度の理念

※以下に掲げた制度の意義、めざす目標、具体的な支援のかたちは、いずれも本制度の「理念」とされている。

1　制度の意義

本制度は、生活保護に至っていない生活困窮者に対する「第２のセーフティネット」を全国的に拡充し、包括的な支援体系を創設するもの。

2　制度のめざす目標

(1)　生活困窮者の自立と尊厳の確保

・本制度では、本人の内面からわき起こる意欲や想いが主役となり、支援員がこれに寄り添って支援する。

・本人の自己選択、自己決定を基本に、経済的自立のみならず日常生活自立や社会生活自立など本人の状態に応じた自立を支援する。

・生活困窮者の多くが自己肯定感、自尊感情を失っていることに留意し、尊厳の確保に特に配慮する。

(2)　生活困窮者支援を通じた地域づくり

・生活困窮者の早期把握や見守りのための地域ネットワークを構築し、包括的な支援策を用意するとともに、働く場や参加する場を広げていく。（既存の社会資源を活用し、不足すれば開発・創造していく。）

・生活困窮者が社会とのつながりを実感しなければ主体的な参加に向かうことは難しい。「支える、支えられる」という一方的な関係ではなく、「相互に支え合う」地域を構築する。

3　新しい生活困窮者のかたち

(1)　包括的な支援……生活困窮者の課題は多様で複合的である。「制度の狭間」に陥らないよう、広く受け止め、就労の課題、心身の不調、家計の問題、家族問題などの多様な問題に対応する。

(2)　個別的な支援……生活困窮者に対する適切なアセスメントを通じて、個々人の状況に応じた適切な支援を実施する。

(3)　早期的な支援……真に困窮している人ほどSOSを発することが難しい。「待ちの姿勢」ではなく早期に生活困窮者を把握し、課題がより深刻になる前に問題解決を図る

(4)　継続的な支援……自立を無理に急がせるのではなく、本人の段階に合わせて、切れ目なく継続的に支援を提供する。

(5)　分権的・創造的な支援……主役は地域であり、国と自治体、官と民、民と民が協働し、地域の支援体制を創造する。

（出典）　厚生労働省資料

れたという。(9) 二〇一三（平成二五）年一月二五日に公表された最終報告書では、新たな生活困窮者支援制度の基本的な考え方として、「生活困窮者に対し、生活保護受給に至る前の段階で早期に支援を行うとともに、必要に応じて生活保護受給者も活用できるようにすることにより、困窮状態からの早期脱却を図るものである。」という文言になっている。一月一六日段階の報告書の素案の考え方は、上記全国知事会・全国市長会報告書の趣旨とほぼ同じもの（生

活保護受給防止）といってよいであろう。しかし、最終報告書のそれは違っている。就労支援によって結果的に生活保護受給に至らずにすむということがあるかもしれないが、それを目的とするのではなく、生活困窮状態からの早期脱却を目的としている点である。[10] これは、生活困窮者自立支援法の目的や理念とかかわってくるところである。生活困窮者自立支援法案については、本来生活保護が受給できるはずの人が、生活困窮者自立支援制度の自立相談支援事業にとどめられてしまうことにならないか、つまり生活保護受給を抑制するための防波堤になってしまうのではないかという不安の声があがっていた。福祉事務所の窓口に行ったとしても、稼働能力のある者は、まず生活困窮者自立支援制度の自立相談事業のほうに回ってもらうというような取り扱いがなされるのではないかという不安である。[11] そうした不安を取り除き、稼働能力があっても生活保護が必要な者には当然支給するという姿勢を明確にするために、最終報告書のような文言に改めたのであろう。同法案の厚生労働委員会の審議でも、「自立相談支援事業の相談窓口においては、……最低限度の生活が維持できないと判断された場合には、生活保護への移行を促すことも含めた適切な対応を講ずるよう指導すること。」との附帯決議が付けられている（衆議院・二〇一三（平成二五）年一二月四日、参議院・同年一一月一二日）。生活困窮者自立支援法では、その目的を、「この法律は、生活困窮者自立相談支援事業の実施、生活困窮者住居確保給付金の支給その他の生活困窮者に対する自立の支援に関する措置を講ずることにより、生活困窮者の自立の促進を図ることを目的とする。」（同一条）と規定している。

2　生活困窮者自立支援法の内容

(1)　対象者

生活困窮者とは、「現に経済的に困窮し、最低限度の生活を維持することができなくなるおそれのある者をいう。」（同二条一項）。生活保護法六条二項は、「要保護者とは、現に保護を受けているといないとにかかわらず、保護を必要とする状態にある者をいう。」とあるので、生活保護を受けていないが最低限度の生活を維持できない者も含まれている。これに対して、生活困窮者自立支援法の対象者は、要保護者以外の者である。生活保護法の対象者と生活困窮者自立支援法の対象者とははっきりとした棲み分けがなされている。ただし、後述する子どもの学習支援事業（同六条一項四号）だけは、生活保護受給者の子どもに対しても適用される。

(2)　必須事業

①自立相談支援事業（二条、四条）　自立相談支援事業とは、就労の支援その他自立に関する問題につき、生活困窮者からの相談に応じたり、情報の提供および助言を行う事業、認定生活困窮者就労訓練事業（同一〇条三項、いわゆる「中間的就労」）のあっせんを行う事業、支援計画を作成し、計画に基づく支援が包括的に行われるよう、関係機関との連絡調整等をする事業である（同二条二項）。この事業を実施するために、主任相談支援員、相談支援員、就労支援員が配置されるが、相談支援員が就労支援員を兼務することもある。自立相談支援事業の相談員が策定する自立支援計画については、生活困窮者本人の意向を十分に考慮したうえで策定されなければならないことや、また、自立支援計画の実施が困難になった場合には、生活保護への移行を促すことも含めた適切な対応がなされなくてはならないのはいうまでもないことである（前述衆議院・参議院附帯決議）。

福祉事務所設置自治体は、自立相談支援事業を行うことになっているが、その事務の全部または一部を厚生労働省令で定める者に委託することができる（同二条三項）。二〇一五（平成二七）年五月一八日現在、全社協地域福祉部による調査では、自立相談支援事業を行政直営でやっているところが四二・八%、社会福祉協議会に委託しているところが四六・七%、次いでＮＰＯ法人三・四%、社会福祉法人二・九%の順になっている。[12] 委託する場合でも、行政には、支援決定や支援調整会議への参画が求められる点や、不足する社会資源の強化・開発などについて主導的な役割を担う必要があることに留意しなくてはならない。

②居住確保給付金の支給（五条）　福祉事務所設置自治体は、離職により住宅を失ったか、またはそのおそれが高い生活困窮者であって、所得等が一定水準以下の者に対して、家賃相当住居確保給付金（有期）を支給する。これまで、緊急雇用創出事業臨時特例基金（住まい対策拡充等支援事業分）事業として二〇〇九（平成二一）年一〇月から行われている住宅支援給付事業（二〇一三（平成二五）年度末までの時限措置）を制度化したものである。支給対象者は、離職後二年以内で、かつ、六五歳未満の者で、現在住居がないか、または、住居を失うおそれのある者である。東京二三区の場合、単身で月収一三・八万円以下の者に対して、五万三七〇〇円を上限として、原則三ヶ月間（就職活動を誠実に行っている場合には三ヶ月延長可能）支給される。なお、この事業は民間に委託することができない。

(3)　任意事業

①就労準備支援事業（二条四項、六条一項一号）　雇用による就業が著しく困難な生活困窮者に対して、厚生労働省令で定める期間にわたり（六ヶ月から一年程度）、就労に必要な知識および能力の向上のために必要な訓練を行う事業である。生活習慣形成のための指導・訓練（生活自立段階、毎日通う習慣をつける、生活リズムを整えるなど）、就労の前段階として必要な社会的能力の習得（社会的自立段階、模擬面接を受ける、集団活動などの訓練）、事業所での就労体験の場の提供や、一般雇用への就職活動に向けた技法や知識の取得などの支援（就労自立段階、技術習得訓練、就職に役立つ技術の習得など）の三段階で実施される。この事業をはじめとして、任意事業は、委託することができる。

②一時生活支援事業（二条五項、六条一項二号）　住居のない生活困窮者に対して、原則として三ヶ月以内で、一定期間宿泊場所や食事の提供等を行う事業である。

③家計相談支援事業（二条六項、六条一項三号）　家計に関する相談、家計管理に関する指導、貸付のあっせん等を行う事業である。具体的な支援を行う「家計相談支援員」を養成することとしている。

④学習支援事業（六条一項四号）　生活困窮家庭の子どもへの学習支援を行い、いわゆる「貧困の連鎖」を断ち切ろうとする事業である。やり方としては、教育支援員が定期的な家庭訪問を行い、親に対して進学の助言等を行うとか、公民館等で教員ＯＢ・大学生による週二回程度の学習支援を実施するとかの方法で行う。

⑤都道府県知事による就労訓練事業（いわゆる「中間的就労」）の認定（一〇条）　雇用による就業を継続して行うことが困難な生活困窮者に対して、就労の機会を提供するとともに、就労に必要な知識および能力の向上のために必要な訓練その他の便宜を提供する事業をいう。この事業を行うものは都道府県知事が認定する。社会福祉法人、ＮＰＯ、営利企業等の自主事業として、軽易な作業等の機会（例えば、清掃、リサイクル、農作業等）を提供することを予定している。

(4)　費用負担

必須事業である自立相談支援事業、居住確保給付金については、国庫負担金は四分の三であるが、任意事業については、就労準備支援事業、一時生活支援事業が国庫補助金が三分の二であり、家計相談支援事業、学習支援事業その他生活困窮者の自立の促進に必要な事業については、国庫補助金が二分の一となっている。国庫補助の少ない任意事業については、実施自治体の取り組みが遅れているのが実情である。

Ⅴ　生活困窮者自立支援制度の課題

失業しても雇用保険の適用を受けることができない非正規雇用労働者、あるいは、雇用保険受給期間が終了してもなお職業に就くことができない長期失業者等にとっては、次に行き着くところは生活保護制度しかなかった。こうしたこれまでの単一セーフティネット制度主義を改めて、生活保護に至る前の段階で就労を支援するための第二のセーフティネットを創設し、重層的な仕組みをつくりあげようとする試みについては誰もが支持できるところであろう。その意味では、生活困窮者自立支援法の意義は決して小さくはない。ただ、第二のセーフティネットとして十分にその機能を果たしうるかどうかについては、不安な面がいくつかあることも否定できない。以下、生活困窮者自立支援法の課題について、列記しておくことにしよう。

①　生活保護法の対象者と生活困窮者自立支援法の対象者は、条文上ははっきりと区別されているが、「保護を要する状態にある者」（生保法六条一項）と「最低限度の生活を維持することができなくなるおそれのある者」（生活困窮者自立支援法二条一項）との区別は、実際のケースでは、さほど明確ではない場合が多い。要保護者なのに生活保護を受けていないいわゆる漏給者も含まれているかもしれない。両法は、対象者を異にしていても、生活困窮の程度の差にすぎず、その境界線をある一線をもってはっきり示すようなことはできない(13)。したがって、両法の事業は連携して、あるいは、連続して運用される必要があり、生活困窮者自立支援法の自立相談支援事業においても、生活保護が必要な場合には、確実に生活保護につなぐような運用がなされなくてはならない。福祉事務所に生活保護の相談に来た者に対して、「稼働能力のある人はまず自立相談支援事業のほうに行ってください」というような運用は戒められるところであろう。

②　生活困窮者自立支援法の基本的視点のひとつは、支援は、「生活困窮者一人一人の尊厳と主体性を重んじたものでなくてはならない。」ということである(14)。これは、生活保護受給者の就労自立支援プログラムにもいえることであるが、「従来、ともすれば『就労自立』という成果を出そうと焦りすぎた結果、目につかない疾患を見落とす、不安定就労に無理やり押し込めるなどといった『指導』がなされ、本人の抑うつ状態を悪化させ、かえって自立から遠ざけるなどの事例が散見され、本末転倒と言わざるを得ない(15)。」という教訓は、常に関係者が心に留めておかなくてはならないことであろう。

③　生活困窮者自立支援法は、全条二三条の短い条文の法律である。規定の仕方をみると、実施自治体と必須事業・任意事業の種類が書かれているだけで、その具体的な内容、規模、やり方については、同法律に明確に定められているわけではなく、各実施自治体にその全部が任される形になっている。立法関係者によれば、同法が細かな規則を作らず、簡単な条文だけとなっているのは、現場の裁量の余地をできるだけ大きくしているからであると説明されている。(16) こうなると、実施自治体の財源力や人的資源の差異によって事業の取り組み方や推進状況に大きな格差が出てくることは眼に見えている。現に生活保護法の就労自立支援プログラムについても、取り組み姿勢にはっきりとした格差が出ているし、特に、町村は実施主体ではないので、熱意に更なる温度差がみられる。実施自治体が三分の一または二分の一負担しなければならない任意事業については、いまだ約三割の自治体で実施されているにすぎず、その取り組みが遅れているのが現状である。ある実施自治体では、生活困窮者自立支援法が第二のセーフティネットとして十分な機能を果たしているのに、別の実施自治体では、以前とほとんど変わらない状況のままであるというのでは、住民が不平等・不公平感をいだくことになろう。国の財政的支援と、実効性のあるやり方、あるいは、効果的な実施の仕方等についての国の指導や助言といった役割が欠かせないところである。

④　生活困窮者自立支援法のうち居住確保給付金を除くすべての事業および生活保護法の被保護者就労支援事業は、社会福祉協議会、ＮＰＯ法人、社会福祉法人等への委託が可能になっている。従来から、介護や福祉の分野では、国や都道府県主導というこれまでのやり方を改革して、市町村や福祉事務所設置自治体に権限を移行させるという形での地方分権が進められてきた。しかし、生活保護受給者に対する被保護者就労支援事業および居住確保給付金を除く生活困窮者自立支援事業は、さらにそれを推し進めて、民間団体にまでそれを任せようとするところまできている。介護保険法が市町村を単位として実施された結果、介護保険料をはじめとして、介護サービスの量にも質にもかなりの格差が生じてきているのに、生活困窮者自立支援事業を民間に委託すれば、委託された民間団体

の規模や人的資源、力量によって、サービスの量と質について、それ以上の格差が出ることが懸念されている。自立相談支援を受けるだけの専門的知識をもった人材が確保できるのだろうか、相談後に相談者の事情に応じた支援をするときにそれに必要な社会資源を確保できるのだろうか、特に就労支援については各種企業、福祉施設等との連携が必要であるが、民間団体にそれができるのだろうか、社会資源が少ない町村部ではどうするのだろうか、などなど不安材料は尽きない。

生活困窮者自立支援法の基本的視点のひとつは、地域社会の住民をはじめとするさまざまな人びとと各種資源を束ね、相互に自立を支えあう仕組みを再構築することにある。この点は、介護保険法の二〇一四（平成二六）年改正により、要支援者に対する訪問介護と通所介護を市町村の実施する地域支援事業に移行させ、これに見守り、移動支援、買い物支援、配食などの日常生活支援サービスを組み合わせて、新しい「介護予防・日常生活支援総合事業」が創設されたことと事情が似ている。見守りや安否確認、ゴミ捨てといった日常生活支援はおそらく地域住民やボランティアの人たちの協力によって実施されることになろうが、常にそうした協力が得られるかどうかも確信がもてない。また、こうしたインフォーマルなサービスを組み合わせることで、介護保険法のカバーする範囲や行政の責任範囲というものが次第にあいまいになってきているという印象も拭いきれないところであろう。自立相談支援事業にしても、中間的就労にしても、子どもの学習支援にしても、非常勤職員やボランティアの人たちが多数これに従事することになろうが、そうした人たちの確保や資質の向上、支援サービスの量的・質的確保等といったことがすべて委託を受けた民間団体の責任になるといったような事態では、自立支援事業はその効果を期待することができない。国、実施自治体の責任というものを今一度明確にしておかなくてはならない。

⑤　自立支援事業を担う人材の育成が急務である。自立相談に訪れる生活困窮者は、直ちにハローワークに行けば何らかの仕事が見つかるようなそのような状態の人たちではない。メンタル面でダメージを受けている人や引き

こもり、多重債務をかかえた人、家族や地域から孤立している人、基本的な生活習慣さえいまだ身につけていない人など、多くの困難をしかも重複してかかえたような人たちである。こうした人たちの相談相手になり、その問題点を確かめ、その解決に向けてその人に最も適した自立支援計画を立てていくという作業は、相当の専門的知識がなければできないことである。例えば、熊本県Ａ市（人口八万九〇〇〇人）の社会福祉協議会では、非常勤職員として七名の相談支援員が配置されている。二市八町が合併してできた市なので、広大な地域をかかえて七名で担当しなければならないという。また、そのうち福祉業務経験者はわずか一名で、その他は金融関係従事者、教員経験者、農協職員経験者等、いわば初心者の人たちばかりである。専門的知識の獲得のための研修が不可欠であろう。現在、国は相談支援員や就労支援員の養成のために、中央研修を実施しており、二〇一四（平成二六）年度は、自立相談支援事業の従事者六二五人が修了したと聞いている。二〇一五（平成二七）年度は、家計相談支援事業、就労準備支援事業における従事者養成も加え、およそ九六〇人を養成する予定である[17]。各支援員の配置は中央研修の受講が要件とされているが、中央研修だけでなく、都道府県ごとの養成研修や支援員同士での情報交換や自主研修といったものを組み合わせながら、支援員の専門性を高めていくことが必要であろう。

⑥　相談に来た生活困窮者のなかには、当面の生活資金や食事・衣服の供給があれば、その後就労に結びつくかもしれないという状態の人もいる。社会福祉協議会の生活福祉資金貸付制度もあるが、これとて貸付まで数週間程度の日数がかかる。そうなると、すぐに少額の現金や食料品・日用品等が支給できるような即座の緊急生活支援事業が必要となってくる。善意銀行やフードバンク等の活用、あるいは、最近、社会福祉協議会や社会福祉法人組織で「生活困窮者レスキュー事業」を始めているところがあり、そうした事業に迅速な緊急支援の実施を期待したいところである。ちなみに、二〇一五（平成二七）年四月より、熊本県社会福祉法人経営者協議会は社会貢献事業のひとつとして、「生計困難者レスキュー事業」を開始した。この事業は、県内の三六の社会福祉法人が資金を出し

合い、その資金をもとに、一事例当たり一〇万円、最長一ヶ月を限度に、現金ではなく現物給付によって緊急支援を行おうとするものである[18]。主として、生活困窮者の食料確保のために、各施設の担当者が付き添って、スーパーで買い物をしたり、施設に緊急入所してもらい、食事と入浴を提供したりする事業を実施している。時には、電気代や水道代に充当して、電気・水道を回復したりすることもあるという[19]。開始から四ヶ月間で、年間想定件数の一〇件をはるかに超える五五件の適用があり、緊急支援の必要度の高さを実感しているという。そのため、その費用をどうするかという悩みをかかえており、現在、経営者協議会の会員約二〇〇法人にこの事業への参加を呼びかけているそうである。

Ⅵ　おわりに

就労していても生活保護基準以下の賃金しか得られないワーキング・プアと呼ばれる人たち、長期間再就職が得られない失業者、非正規雇用で退職・再就職を繰り返す人たち、これらの人たちを「生活困窮者」としてとらえ、社会保険（特に雇用保険）と生活保護との間に、貧困防止、再就労支援といった第二のセーフティネットを構築しようとする生活困窮者自立支援法の意義はそれなりに認められよう。問題は、その事業の内容と実施主体、実施方法、物的・人的資源確保といった中身の問題である。

まず、生活保護受給者あるいは生活困窮者への就労自立支援は、あくまでも、本人の意思を尊重しつつ、本人の尊厳と主体性（自己決定）を基本にして行われるべきものであって、たとえ低額の賃金であってもとにかくいったん就労することを求めたり、本人が望んでいない職種に無理やり就労させようとすることは慎まなくてはならない。また、そのようなやり方では、長続きせず、生活保護に舞い戻ってきたり、長期的な就労定着に至ることはないからである。本人の個別的な事情に応じた支援（個別的支援）とともに、日常生活自立から社会的自立へ、そして最終的には就労自立へと向かわせるための根気強い、継続的自立支援が求められる。

また、「生活困窮者が孤立化し自分に価値を見出せないでいる限り、主体的な参加へ向かうことは難しい」という認識のもとで、生活保護受給者の自立支援も生活困窮者の自立支援も、「地域とのつながりの再構築」のなかで考えていこうとする立場は、これまであまりなかった視点かもしれない。[20] ただし、地域とのつながりの再構築のなかで生活困窮者問題を考えていこうとする姿勢そのものには賛同できるが、その内容や方法がすべて福祉事務所設置自治体あるいは事業の委託を受けた社会福祉協議会等に任されていることについては、地域ごとに違いが出るのではないか、それも極端な地域格差が生じてしまうのではないかという懸念をもたざるをえない。しかも、生活困窮者を地域で支えていくための人的・物的資源の確保や活用も容易ではないであろう。企業や地域住民、ボランティア等の幅広い人的資源を継続的に確実に確保できるかどうかが、生活困窮者自立支援事業の成否にかかっているといっても過言ではない。だとすれば、かなり脆弱な基盤の上に事業が実施されているのではないかという印象をもたれる。また、インフォーマルな支援サービスとの組み合わせによって、行政の責任がどこかあいまいになってしまうのではないかという不安もある。介護サービスの分野もそうであるが、予防給付の一部を市町村の地域支援事業に移行させて、市町村の裁量で実施していこうとする動きは、生活保護受給者自立支援や生活困窮者自立支援の分野でも同様に推し進められようとしている共通の政策である。地域の実情に合わせてという主張はわかるが、あまりにも大きな地域格差や、受けられるサービスの量や質の極端な不平等は、やはり問題となろう。地方分権あるいは民間委託を考えるに当たっては、何を、どこまで、誰にやらせていくかについて、国や地方公共団体が責任をもって保障すべきナショナル・ミニマムとの関連を常に念頭に置いておかなくてはならないであろう。

（1）宮本太郎『生活保障―排除しない社会へ』（岩波新書、二〇〇九年）六五頁。
（2）小山進次郎『改訂増補　生活保護法の解釈と運用（復刻版）』（全国社会福祉協議会、一九七五年）一六六頁では、「申請は要式行為ではないから、申請書の記載が整理されていなくても所要の事項が尽されて居れば、たとえそれが手紙の形を採っていても（このような場合にはその手紙に記載された事項の中から申請書の必要記載事項を要約して作成しその旨明示しておけばよい）、申請として受理すべきである。」と書かれており、口頭による申請も認めるのかどうかについては定かではない。
（3）この点について、四条一項の「稼働能力活用要件は、保護受給者になる要件であるが、受給者でありつづける要件ではないし、保護受給者に対する制裁的不利益変更の要件でもない。」として、稼働能力活用要件は、保護申請時の保護開始要件であって、保護継続要件ではないとする見解がある。布川日佐史『生活保護の論点』（山吹書房、二〇〇九年）一〇二頁。
（4）小山・前掲書（注2）六三九頁。さらに、小山によれば、「生活保護制度の運営について最も注意すべき点の一つは、保護に馴れて能力があるにもかかわらず無為徒食する者、所謂惰民を醸成せず、額に汗して孜々営々として業に励む一般大衆の勤労意欲を低下させないようにすることであるが、これは仲々困難であって英国救貧法の歴史に徴しても明かな如く、社会法永遠の宿題ともいうべきものである。本法は第一条に宣言する如く、単なる救貧法に止まるものでなく、自立助長の理念を有する社会福祉法でもあるから単に惰民防止という見地からではなく、自立助長という見地からも権利の享有に対応する義務の履行を身につけさせることが必要である。このような考え方に基づいて本条が設けられたのである。」（六三九頁）。
（5）同上書六四〇頁。
（6）布川・前掲書（注3）によれば、「程度をこして生活上の義務を怠る者に対しては、制裁として生活保護から排除することはできるが、生活上の義務違反が、制裁に直結するのではない。……確認すべきは、勤労に励む義務を程度をこして怠る受給者を保護から排除するとしても、稼働能力活用要件に根拠があるわけではないことである。」（一〇四頁）と述べており、稼働能力活用要件を理由とする保護の不利益変更はできないが、生活上の義務を過度に怠る者へは、不利益変更ができるという点では小山進次郎の主張と同一線上にあるということができる。同趣旨、西村健一郎『社会保障法』（有斐閣、二〇〇三年）五三六頁。田畑洋一『公的扶助論』（学文社、一九九九年）一一七頁。古賀昭典編著『新版　現代公的扶助法論』（法律文化社、一九九七年）二五一頁［田畑洋一執筆］。これに対して、菊池馨実氏は、「被保護者の生活への過干渉となる恐れがあることから、法六〇条自体は法的効力のない訓示規定と解すべきであろう。」と記している（菊池馨実『社会保障法』（有斐閣、二〇一四年）二三三頁）。
（7）林勝義訴訟：名古屋地判平八・一〇・三〇判タ九三三号一〇九頁、賃金と社会保障一一九三・一一九四号七六頁。名古屋高判平九・八・八判タ九六九号一四六頁、賃金と社会保障一二一二号二八頁。最判平一三・二・一三賃金と社会保障一二九四号二一頁。
（8）石橋敏郎「生活保護法と自立―就労自立支援プログラムを中心として」社会保障法二二号（二〇〇七年）四六頁。石橋・河谷・

木場・坂口「生活保護制度における就労自立支援の問題点」アドミニストレーション一八巻三・四号（熊本県立大学総合管理学会、二〇一二年）八二～八三頁。

（9）　木下秀雄「就労支援と生活保障」法律時報八五巻三号（二〇一三年）二六頁。

（10）　布川・前掲書（注3）一五〇頁では、「申請前の段階から援助をしていれば、健康が悪化したり、多重債務などでマイナス要因を抱え込む状態になることを防げるし、生活保護への受け入れがスムーズにできるようになる。保護開始前の自立支援を生活保護申請回避の新たな『水際作戦』だと批判するのではなく、生活保護に入る支援として積極的に位置づけるべきである。」とあるが、少なくとも、生活困窮者自立支援法はそのような位置づけではない。

（11）　森川清「生活困窮者を支援するのか」賃金と社会保障一五九〇号（二〇一三年）。

（12）　全国社会福祉協議会地域福祉部「社協における生活困窮者自立支援制度への取り組み状況について」月刊福祉二〇一五年八月号三四頁。

（13）　布川日佐史「生活保護改革と生活困窮者自立支援法の創設」貧困研究Vol.一二（二〇一四年）二二頁。

（14）　社会保障審議会「生活困窮者の生活支援の在り方に関する特別部会」報告書（二〇一三（平成二五）年一月二五日）五頁。同報告書は、「支援の名の下に生活困窮者の尊厳と人権が侵されることがあってはならない。」（六頁）とも記述している。

（15）　「ナショナルミニマム研究会中間報告」（二〇一〇（平成二二）年六月）七頁。

（16）　熊木正人「生活困窮者自立支援制度はなぜ創設されたのか」月刊福祉二〇一五年八月号一二頁。

（17）　全国社会福祉協議会地域福祉部・前掲（注12）三五頁。

（18）　熊本県社会福祉法人経営社協議会社会貢献事業「生計困難者レスキュー事業」実施要綱。

（19）　レスキュー事業において援助の対象となるケースは、①生計困難により食材費の負担が困難なケース、②生計困難により光熱水費の負担が困難なケース、③生計困難により生活に必要な日用品の負担が困難なケース、④生計困難により医療費や介護サービス費の負担が困難なケース、⑤生計困難により家賃の負担が困難なケース、⑥その他これに類似するケースとなっている。これに対して、援助にならないケースとしては、①すでに入所型の施設を利用しているケース、②介護保険サービスの上乗せ分を利用しようとするケース、③借入金や滞納金の返済に充てようとするケース、④相談活動を行わず援助を求めるケース、⑤長期にわたって日常生活費の支給を求めるケース、⑥嗜好品（酒、タバコ等）の給付を求めるケース等となっている。

（20）　社会保障審議会「生活困窮者の生活支援の在り方に関する特別部会」報告書（二〇一三（平成二五）年一月二五日）五頁。「生活困窮者が孤立化し自分に価値を見出せないでいる限り、主体的な参加へ向かうことは難しい。一人一人が社会とのつながりを強め周囲から承認されているという実感を得ることができることは、自立に向けて足を踏み出すための条件である。新たな生活支援体系は、地域社会の住民をはじめとする様々な人々と資源を束ね、孤立している人々が地域社会の一員として尊ばれ、多様なつながりを再生・創造できることをめざす。そのつながりこそ人々の主体的な参加を可能にし、その基盤となる。」。もっとも、地域とのつながりを「社会的自立支援」として、自立支援の柱とした社会保障審議会福祉部会「生活保護制度の在り方に関する専門委員会」報告書（二〇〇四（平成一六）年一二月一五日）の内容と共通したものがある。

第2部

介護保険法における自立支援と地方分権

第1章 保健・医療・福祉の連携と地方自治

I はじめに

一九九六（平成八）年四月二二日に提出された老人保健福祉審議会報告書「高齢者介護保険制度の創設について」は、介護保険の基本的目標として、「介護が必要な高齢者に対し、個々のニーズや状態に即した介護サービスが適切かつ効果的に提供されるよう、多様なサービス提供主体による保健・医療・福祉にわたる介護の各サービスが総合的、一体的、効率的に提供されるサービス体系を確立する」ことを掲げている。これは、介護保険制度のみならず、これまでの社会保障制度においても、保健・医療・福祉の連携は早くから叫ばれてきた課題であった。しかし、いまだにその実現は十分ではないといわなくてはならない。確かに、病院、診療所、保健所、保健センター、福祉事務所、社会福祉協議会、福祉公社、老人福祉施設、老人保健施設、在宅介護支援センター等、保健・医療・福祉の関係諸機関およびそこに従事する専門家・職員はその種類と数において従来よりかなり増大してきたことは間違いない。また、お互いに情報を交換する等の「連絡」も徐々に緊密になってきているといってよいであろう。しかし、「連絡」がとれていることと「連携」とはやはり異なっている。これまでの「連携」という言葉は、ある高齢者がもっていた特殊な生活ニーズに保健・医療・福祉のそれぞれの分野の担当者が個別的にかかわって、その結果報告や話し合いのために同じテーブルに集合して「連絡」をとりあったということを指す場合もあったように感じられた。つまり、連携の基本的な視点や共通認識、連携の基盤というものを確立しないまま、対症療法的に関係機関が高齢者のニーズに応えてきたのではないかということである。連携が進んでいるといわれる地域にあっても、そこでは地域の医師や保健師の個人的な努力によって辛うじて連携が保たれているという場合もあった。ここに、連携を阻んできた最大の原因があると考えられる。

そこで本章では、連携の具体的な態様や仕組みというのではなく、連携の基礎的条件を法的に整備するために必要な要件という点に主題を置き、①責任主体・実施主体の一元化、②サービス提供機関の共通認識の確立、③サービス利用者の選択権の保障（自己決定権の尊重）、④サービス従事者（ホームヘルパーや保健師等）の法的・社会的地位の改善の四つの問題に限定して論じることにした。

Ⅱ　保健・医療・福祉の連携の必要性

「連携がとれている」とはいったいどのような状態をいうのかの議論はここではおくとして[1]、連携が必要な理由としてはこれまで次のようなことがいわれてきた[2]。

①ノーマライゼイションの思想　障害者や高齢者が住み慣れた自宅や地域で生活したいと願うならばそれが可能になり、そうした障害者や高齢者が他と同様の生活ができるように彼らを包みこんだ社会がノーマルであるとする思想が根底に流れている。すなわち、自宅や地域での生活を可能にするには、所得保障や住居の整備のほか、保健・医療・福祉それぞれの面から異種のサービスが総合的に提供されなければならないからである。

②財政的理由　現在、どの国においても医療費をはじめとして費用の抑制が国家的な課題となっている。「施設

から在宅へ」という動きは、ノーマライゼイションの思想とともに、他方で病院や特別養護老人ホーム等の施設費用の抑制という目標も併せもっていた。在宅サービスが福祉費用の抑制になるかどうかは、在宅サービスの質と量の問題とからむので一概にはいえないが、少なくとも、施設・在宅を問わずサービスの無駄や重複を避け、効率的な運用を図るためには保健・医療・福祉の分野に有機的な連携が保たれていなくてはならないことは確かであろう。

③総合的ケア、連携による相乗効果、利用者への配慮　高齢者ケアは一つの側面からとらえるのではなく、その人の生活の全体像をとらえて多方面からのケアがなされなくてはならない。別々の制度や種々の機関からサービスが断片的・不定期的に与えられるのでは効果はさほど期待できない。社会的資源が限られているのであればなおさらそれらのサービスを連携させて最大の効果をめざすことが必要であろう。また、連携がなされていない場合の利用者の精神的苦痛も理解しなくてはならない。あるケースでは、保健師、福祉事務所のケースワーカー、民生委員が別々に訪問してきて、それぞれ同じ質問をするので、立場の異なる専門家の質問に何度も答えなくてはならないことに利用者は苦痛を感じたと訴えていた[3]。

④施設と在宅の公平性　病院や老人福祉施設では手厚いサービスが受けられるのに、在宅の高齢者はそうでないとすれば公平性の点で問題がある。在宅の高齢者にも十分なサービスが与えられるためには、保健・医療・福祉の連携は必須のものとなろう。

Ⅲ　保健・医療・福祉の連携の基礎的条件の整備

1　責任主体・実施主体の一元化

(1)　老人福祉行政の市町村への権限移譲

保健・医療・福祉のネットワークは早くから叫ばれていた政策目標のひとつであったにもかかわらず、今日までこのネットワークが完全には実現されず、せいぜい福祉事務所職員、保健師、病院関係者、ホームヘルパーといった関係者が一堂に会して情報を交換し合うという程度にとどまっていたのは、第一の原因として、都道府県（保健所、福祉事務所）の仕事と市町村の仕事が錯綜して極めて複雑なサービス供給体制となっていたことをあげなくてはならない。例えば、児童福祉法以外の措置は、都道府県の福祉事務所を通じて市町村が行う。児童福祉法の措置は、都道府県が児童相談所を通じて行うのが原則であるが、母子寮や助産施設への入所措置は福祉事務所を設置する地方公共団体が行い、保育所入所措置は市町村長が行い、これに対して育成医療は保健所を通じて都道府県が行うといった具合である。また、在宅福祉は市町村が行っているが、在宅重度心身障害児（者）緊急保護事業や在宅障害者への訪問指導は都道府県の担当となっていた。寝たきり老人の施設入所は県の事務とされ市町村の事務とされていなかったので、市町村のなかには、寝たきり老人をかかえても県の特別養護老人ホームへの入所措置に頼りがちで、そうした老人の在宅福祉政策の推進には熱心でないところもみられたと聞く。

こうした欠陥を補うために、一九八六（昭和六二）年、老人福祉法が改正され、それまで予算措置として行われていたショートステイ、デイサービス事業が市町村の事務として法定化されることになった。しかし、老人ホームへの入所措置は都道府県の仕事のまま残されたので、その間の連携を図るために仕方なく実施主体間の連絡調整規定（旧老福法一二条の二）を置くことになったという経緯があった。また、利用者にとっても、相談・申請手続の窓口が都道府県なのか市町村なのかわからないといった問題点も指摘されていた。この問題の解決は、やはり本質的には、市町村への福祉事務の一元化によらなくてはならない。かくして一九九〇（平成二）年六月、「老人福祉法等の一部を改正する法律」（いわゆる福祉八法改正）により、一九九三（平成五）年四月一日を期して、老人福祉サービスと身体障害者福祉サービスの措置権が市町村へと移譲されるという改革が行われることになったのである。また、これと同時に、在宅サービスの推進を図るために、ホームヘルプ、ショートステイ、デイサービスに関する規定を整備し、その位置づけを明確にした。すなわち、これまで、デイサービスとショートステイは、団体委任事務として市町村の直営または委託の両方が認められていたのに対し（旧老福法一一条の二）、ホームヘルプ事業は固有事務とされ委託のみが規定される（同一二条）など、別々の条文でしかも統一的取り扱いを受けていなかったのを改正し、在宅三本柱を同一の条文にまとめ、同じランクの重要性をもつサービスであることを法律のうえで明記することになったのである（老福法一〇条の三第一項〜一〇条の四第一項）。さらに、市町村は、在宅福祉、施設福祉、生きがい対策、単独事業を含めて福祉の措置の実施に関する計画を定めるものとし（老人福祉計画）、そのなかには、当該市町村に居住する高齢者の正確な実態把握、ニーズ調査に基づいて、介護等の措置に関し確保すべき事業量の目標その他の必要な事項を定めなくてはならないことになった（老福法二〇条の八第一項、二項）。特に、老人福祉計画は、老人保健法の定める老人保健計画（老健法四六条の一八）と一体のものとして作成されなければならないことや（老福法二〇条の八第五項）、また、一九九〇（平成二）年改正の老人保健法では、「市町村は、医療等以外の保健事業の実施に当たっては、……保健サービス及び老人福祉法……その他の法令に基づく福祉サービスとの連携及び調整に努めるとともに、その計画的推進を図らなければならない」（二四条の二）と規定するなど、保健と福祉の一体化および相互の連携を強化する方向がはっきりと打ち出されている。

(2) 保健サービスの市町村一元化

一九七八(昭和五三)年度から、第一次国民健康づくり対策のなかで、市町村保健センターの整備が開始され、国民健康保険の保健師が市町村に一元化されたことから、この時期から保健サービスについても市町村を実施主体とする方向が見え始めたといってよい。この方向は、老人保健法の制定(一九八二(昭和五七)年八月制定、一九八三(昭和五八)年二月施行)によってさらに推進された。一九九一(平成三)年の老人保健法改正により、老人訪問看護ステーションが新設され、市町村や地域の医師会、看護協会等がステーションをつくり、訪問看護専門の看護師によって在宅の寝たきり老人などに対して定期的に訪問看護が行われるようになった。こうして市町村での保健と医療の連携の必要性はさらに強まっていった。

一九九三(平成五)年七月、地域保健基本問題研究会の報告を受けて、公衆衛生審議会は最終報告書をとりまとめ、厚生大臣に意見具申を行った。そのなかには、従来は都道府県の保健所を中心に行ってきた地域保健サービスを市町村において一元化し、福祉サービスと同様市町村で実施させることによって、保健・医療・福祉の連携の一層の強化を図るべきであるとの指摘がなされていた[4]。これを受けて、一九九四(平成六)年六月、「地域保健対策強化のための関係法律の整備に関する法律」が制定された。この法律の主な内容は以下の通りである。①「保健所法」を「地域保健法」と改称する。②市町村保健センターを法定化し、国庫補助規定を創設する。③妊産婦・新生児に対する訪問指導、妊産婦検診・乳児検診、三歳児検診等母子保健サービスを市町村に権限移譲する。④都道府県は、小規模市町村における職員の確保のために人材確保支援計画を策定する。ここに至って、少なくとも保健と福祉サービスについては、市町村という同一レベルにおいて連携を可能とする基盤が整えられたといってよいであろう。

こうした動きを背景に、市町村への権限移譲により業務が減少した都道府県福祉事務所と保健所の統合を進める動きが活発になってきた。例えば、岡山県や広島県のように、「保健所長は医師でなくてはならない」という要件と、「福祉を担当する所長と職員は専任でなくてはならない」という要件をクリアーするために、総合福祉保健センターのなかに福祉保健センター長と保健所長を別々に置き、職員はセンター職員と保健所職員を兼務する扱いにして、福祉事務所と保健所の統合を図っているところもある。

(3)　医療との連携

保健と福祉の分野については、市町村への事務の一元化をもって連携の基盤が整ったということができるとしても、医療についてはまったく別の角度から論じる必要があろう。わが国の医療は営業の自由を基礎とした開業医制度を基本として発展してきたために、医療には一元化という意味での連携の基盤は初めから存在していないといわなくてはならないからである。一九二二（大正一一）年の健康保険法の制定を端緒とするその後の社会保険医療の展開によって、医療を受ける側の社会化はなされたが、医療供給体制側は社会化されなかったという矛盾が、医療機関の偏在、救急医療体制の不備等今日の医療問題の大部分にかかわっているといっても過言ではない。このため、日本では、採算のとれにくい保健・予防事業、救急医療、僻地医療は公的医療機関が主として担わざるをえなかったという経緯がある。その結果、保健・予防事業を例にとってみてもわかるように、保健と医療は、一方は伝染病対策に代表されるように取り締まりを中心とする公衆衛生立法として、他方は個人の医療を受ける権利や利益といったものを基礎としている社会保険立法として、歴史的にも法的にも別のカテゴリーとして発展してきた。こうして、保健と医療の間に大きなギャップが生まれることになったのである。(5)

もちろん、わが国の医療供給体制がもつ矛盾を緩和し、医療を他のサービスと連携させようとする試みも続けられてきた。一九八五（昭和六〇）年一二月の医療法改正（三〇条の三）により、都道府県に医療計画の策定が義務付けられ、医療圏の設定、医療圏で整備すべき必要病床数が必要的記載事項として、病院の機能を考慮した整備の目標、僻地医療や救急医療の確保、病診連携や医薬分業等の機能分担、医師や看護師などの確保が任意的記載事項として、計画に盛り込まれることになった。一九九二（平成四）年の医療法改正では、長期的入院・ケアを必要とする高齢患者の増加に対応するために、入院患者六人に一人の割合で看護補助者を配置するなど生活面に配慮した療養型病床群の制度が設けられた。これとともに一九九二（平成四）年度の補正予算から、一般病床から療養型病床群への転換を誘導するという面ももった医療施設近代化整備事業が始まり、その費用を国、都道府県、事業者が三分の一ずつ負担することになった。(6) その後、医療機関を取り巻く環境はさらに変化していった。要介護高齢者の増加という現象のほかに、医療機関の過剰傾向を反映して一部の病院で病床利用率が低下して経営困難が深刻化するという現象が現れ始めたのである。現在、介護保険法の成立をみこして、五〇床までの小規模病院において、医師の配置基準を緩和し（二人）、療養型病床群とは別の長期療養施設としての位置づけをもつ「小規模療養型施設」を設けようとする動きがみられている。(7) こうして、医療機関も患者の生活面への配慮を目標に置くようになれば、必然的に福祉（特に介護）との連携をもたざるをえなくなってくる。

自由開業医制度をとるわが国では地域医療の大半が民間の病院に負わされているという現実のなかで、保健・医療・福祉との連携を公的医療機関だけに求めることは不可能だし、また現実的な解決方法でもないであろう。第三次医療法改正案でも、新しくプライマリーケアを含めた「地域医療支援病院」が創設されようとしているときく。開設者が国、地方公共団体、特別医療法人となっているように、医療法人も民間病院が対応しきれない部分の医療を担当することがはっきり示されている。(8) 自由開業医制度そのものに介入するということではないが、高齢者医療の必要性と特異性という積極的理由と、医療機関の経営が厳しくなってきたという消極的理由から、保健と福祉との連携の基盤確保（市町村への一元化）とは違った意味で、医療が他の分野との連携を求めてくる社会的基盤が醸成されつつあるのではないかと思われる。したがって、これからは保健サービスと福祉サービスとの連携を図っていくのと同じように、市町村がリーダーシップをもって医療との連携を模索し、それに対する新たな対応を迫られるであろうことは想像にかたくないところである。(9)

2　サービス提供機関の共通認識の確立

これまで保健・医療・福祉は実施主体がそれぞれ異なり、縦割り行政の弊害が常に指摘されてきたので、一九八七（昭和六二）年から、行政機関だけでなく民間団体（医師会、社会福祉団体）も含めて保健・医療・福祉の横断的な高齢者ケア調整システムが都道府県、市町村、保健所のそれぞれのレベルで設置されている。すなわち、都道府県では、「高齢者サービス総合推進会議」、市町村では「高齢者サービス調整チーム」、保健所では「保健・福祉サービス調整推進会議」がそれである。高齢者サービス調整チームは、高齢者の多様なニーズに対応し、個々の高齢者のニーズに最もふさわしいサービスを提供するため、保健・医療・福祉の各種サービスを総合的に調整し、推進する目的で設けられた機関で、一般に、ホームヘルパー、保健師、市町村老人福祉担当者、医療機関関係者、施設職員、社会福祉協議会職員、民生委員等から構成されている。また、介護保険制度で採用されることになっているケア・マネジメントも、「ケア担当者が利用者側の立場に立って、本人や家族のニーズを的確に把握し、その結果を踏まえ、ケアチームを構成する関係者が一緒になって、ケアの基本方針であるケアプランを策定し、実行していくシステム」(10)と定義されるように、同様な機能を果たすべく期待されているシステムである。要介護高齢者に対するケアプラン策定には、保健・医療・福祉のそれぞれの立場からの判断とそれを有機的に組み合わせていく作業が不可欠になってくる。しかしながら、実際には、保健・医療・福祉の各分野の担当者間で、当該要介護高齢者にとって「最もふさわしいサービスとは何か。どのようなサービスの組み合わせがよいか。」という点で考え方が違っている場合が多いのである。(11)つまり、共通認識のないまま、各種サービスを連携させようとしても、お互いにつながりのないまま、各種の断片的なサービスが個々に集合して存在するという状態に陥ってしまう。各種機関の情報交換を十分に行ったとしても、共通認識という土台なしにはケアプランの作成は困難を極める。やはり、ケア・マネジメントにおける専門性、科学性の確立という意味でも、より客観的なニーズ・アセスメント基準とケアプランニング基準を設定し、その基準のうえに各分野担当者の共通認識を確保する以外にはないであろう。そうなると、保健・医療・福祉の連携の成否もやはり基本的にはサービス基準の設定の問題と切り離せないことになろう。

こうした意味での保健・医療・福祉サービスの基準は、わが国ではほとんど設定されてこなかったといってよい。例えば、社会福祉サービスの基準についても、「養護老人ホーム及び特別養護老人ホームの設備及び運営に関する基準」（一九六六（昭和四一）年厚生省令一九号）でもわかるように、これはあくまでも施設の構造設備および職員の配置基準であって、施設で提供されるサービスの内容についてはほとんど定められていない。在宅サービスに至っては、まったくといっていいほどサービスの基準に関する規定は存在していない[12]。ただし、一九九〇（平成二）年六月の老人福祉法等の改正により、在宅サービスが法定化される際に、市町村は「政令で定める基準に従い」、在宅サービスを行うことができる旨規定され（老福法一〇条の四）、「この措置に係る者の処遇につき不当な行為をしたときは、……事業の制限又は停止を命じることができる」（同一八条の二）という制裁措置が設けられたことは、基準設定に向けての一歩前進とみることができる。

この点で、施設、在宅両方でサービスの中身を問う「サービス評価事業」は参考に値しよう。施設関係では、一九九三（平成五）年度より、一二の府県で先行的に「特別養護老人ホーム・老人保健施設サービス評価事業」が実施された。具体的には、日常生活援助サービス（食事、入浴、排泄、利用者の自由選択等）、専門的サービス（介護、看護、リハビリ等）、地域連携（協力医療機関、地域福祉等）、施設設備環境、管理運営（職員研修、記録、プライバシー保護、処遇計画等）といったように施設サービスのほぼ全般にわたってサービスの内容を、A・B・C・Dの四段階で第三者的な立場からサービス評価委員会が評価するものである。高齢者在宅福祉サービス評価事業は一九九六（平成八）年度から実施されている。サービス評価事業は、第三者の評価を受けることによってサービスの質の向上と職員の資質の向上を第一の目的としているが、しかし、施設・在宅サービスの最低基準あるいは最適基準を設定するうえでも重要な指針を提供してくれるものである。[13] こうした試みの積み重ねによって、高齢者福祉サービスの基準が、利用者にとっても、サービス提供者にとっても明確でわかりやすい形で設定され、その基準をもとに、保健・医療・福祉の各担当者が一定の共通認識を得ておくことが必要であろう。

医療の分野に至っては、サービスの必要度や適切さといったものに対する基準はもっと不明確である。なぜなら、これまでは医療行為の範囲とその量については全面的に医師の裁量にまかされており、医療費政策はもっぱら支払方法や診療報酬体系の点数操作によって行われてきたからである。医療においては、医療ニーズを社会的に評価して一定基準を設定するというようなことをしてこなかったので、同じような症状をもつ患者であっても医療機関によって診療行為の範囲と量に著しい差が出ることが度々あったのである。当該要介護高齢者に対する介護の必要度とその者に与えられるべき介護サービスの適正量をある程度指数化していこうとしている保健・福祉の分野と、依然として医師の裁量に委ねられ、サービスの基準や適正量がほとんどない医療の分野とを連携させようとしても、そこにはおのずと限界が存するといわなくてはならない。医療の基準としては、医療法二一条一項に基づいてつくられた厚生省（当時）告示「完全看護、完全給食及び完全寝具設備の基準」（一九五〇（昭和二五）年九月）に始まって、「看護・給食及び寝具設備の基準」（一九五八（昭和三三）年）を経て、現在の「基準看護」へと受け継がれているものがある。しかし、いずれも基準看護の類別や看護要員の配置基準であって、看護サービスの内容、範囲、程度等のサービスの基準について規定したものではない。[14] しかしながら、最近、医療においても症状に応じて医療・看護サービスを社会的に評価したうえで、合理的な医療行為基準を設定しようとする動きがみられるようになってきた。例えば、一九九五（平成七）年七月、財団法人日本医療機能評価機構が設立され、一九九七（平成九）年度から本格的に病院機能評価事業が開始されることになったのもそのひとつであろう。病院機能評価に関する研究会（一九八五（昭和六〇）年八月発足）の報告書には、機能評価の目的として、「医療の受け手である患者のニーズを踏まえつつ、質の良い医療を効率的に提供していくためには、組織体としての医療機関の機能の一層の充実・向上が図られる必要がある」と書かれており、具体的な評価の対象領域として、「診療の質の確保」とか「看護の適切な提供」、「患者の満足と安心」という評価項目が入っているところをみると、[15] 評価の内容次第では、機能評価をもとにして、医療サービスにおいても何らかの形で適正基準というものが考えられてくるのではないかと思われる。[16]

3　サービス利用者の選択権の保障（自己決定権の尊重）

しかし、これまで保健・医療・福祉の連携を妨げてきた最大の要因のひとつは、やはり利用者の選択権の保障（自己決定権の尊重）という考え方が希薄だったことではないかと考えられる。つまり、単一のサービスメニューを提示して、これを利用するかどうかを尋ねるのでは、利用者としては「利用する」か「利用しない」かのどちらかの答えしかないのであって、そこでは連携という発想そのものが出てこない。介護保険法が、従前の福祉関係法とは違っている点は、これまでのようにサービス提供側の都合が優先され、利用者は提供されるサービスの限度で利用するという発想を転換させ、高齢者自身の選択に基づく利用者本位のサービス提供を行おうとしていることである。もし、要介護認定手続から、ケア・マネジメントに至るサービス給付決定過程に利用者が参加し、希望を述べ、その希望を尊重する形でサービスが決定されていくとすれば、サービス提供側は保健・医療・福祉のすべての分野を駆使して、希望がかなえられるようなサービスの組み合わせ（連携）を考えていかなければならなくなる。これが連携の基本的な視点であろう。

ただし、利用者の自己決定権の尊重をいうにはいくつかの前提がある。まず、利用者には十分な情報を提供されることが必要である[17]。わが国の社会福祉制度は非常に複雑であるために、利用者にはどういう制度があるのかも、自分がその要件に該当するのかもわからないことが多い。十分な情報がわかりやすい方法で利用者または家族に伝えられることが選択権行使の前提条件であろう。施設サービス評価事業は基本理念のひとつとして「自己決定」をあげ、その内容として、「施設利用者は、選択可能なサービスの内容を事前に知らされ、自らの決定により開始されたサービスを評価する権利を有する。ただし、なんらかの理由で利用者が自ら決定できない場合にあっては、個人を尊重した個別的ケアが家族または第三者によって選択される。」としている。第二に、「選択」とか「連携」という以上は、少なくとも利用者が考えられうる選択のどれもが実現できるくらいにかなり多くの複数のメニューが準備され、しかもそれが可能になるだけの施設と人員とが確保されていることが必要である。病院、保健所、特別養護老人ホーム、老人保健施設等の施設、在宅介護支援センター、訪問看護ステーション等の機関、デイケア、デイサービス、ショートステイ、給食サービス等の多様なサービス、医師、保健師、看護師、ＰＴ、ＯＴ、ホームヘルパー等の専門職員がすべて存在し、しかもその量が十分に満たされていなくては選択権は実質的に制約を受けるし、また、保健・医療・福祉の連携も物的・人的資源の確保された限度での部分的連携にとどまらざるをえなくなるであろう。この点で、福祉サービスの物的・人的資源の確保を目標としてつくられた市町村老人保健福祉計画について、完成年度の中間点を過ぎた一九九七（平成九）年段階にあっても、いまだ目標達成に遠く及ばない市町村が続出していることを知るとき、連携の面からも危惧をいだいている住民は多いはずである[18]。

４　サービス従事者の法的・社会的地位の改善

高齢者福祉サービスを第一線で担っているホームヘルパーや寮母、指導員、保健師、看護師等の法的・社会的地位の向上が、保健・医療・福祉連携の課題でもある。ここではホームヘルパーを例にとりあげてみよう。介護保険法の目玉ともいうべきケアプランは、高齢者に対して適切かつ継続的なケアを提供するために、保健・医療・福祉の専門家からなるチームが、高齢者や家族の相談に応じ、そのニーズを適切に把握したうえで作成されることになっているが、その前身ともいうべき「高齢者サービス調整チーム」へのホームヘルパーの参加が明確に要請されてはいなかったのと同じような事態がここでも考えられる。仮に参加していたとしても、サービス決定の際にホームヘルパーの発言が中心に置かれ、その要望がかなえられる方向で議論が進められてきたかどうかは疑問なしとしない。そこには、やはりホームヘルパーの専門性や法的地位の問題が根底にあるのではないかと思われる。

わが国のホームヘルプ事業は、一九六二（昭和三七）年に国庫補助の対象とされ、同年四月に、厚生省（当時）事務次官通知「老人家庭奉仕事業運営要綱」が出されたことに始まり、翌年の一九六三（昭和三八）年に制定された老人福祉法のなかに「家庭奉仕員」（一二条）として法定化された。しかし、家庭奉仕員派遣事業は、社会福祉事業法上の社会福祉事業とは認められず、ようやく一九九〇（平成二）年六月のいわゆる福祉八法改正によって、老人福祉法の「老人居宅生活支援事業」（五条の二）として定義されると同時に、社会福祉事業法の第二種社会福祉事業（二条三項二の三）として位置づけられることになった。しかし、もっと問題なのは、ホームヘルパーの雇用形態や勤務条件、その専門性への評価等である。

まず、ホームヘルパー派遣事業の実施主体は市町村であるが、その供給方式には、市町村直営方式、社会福祉協議会への委託方式、特別養護老人ホームなどの施設への委託方式、福祉公社委託方式などさまざまであるし、またこの他にも家政婦紹介所、シルバー人材センター、生活協同組合、ＪＡ、民間事業者等も行政の委託を受けて公的在宅サービスの一端を担っている。雇用形態も市町村の正規職員、非常勤職員と分かれており、社会福祉協議会へ委託されている場合でも常勤嘱託や登録ヘルパーがほとんどである(19)。市町村の財源的な理由から、現在、委託ヘルパーおよび非常勤の登録ヘルパーの増大が進んでいる。こうした身分上の不安定さに加えて、いまだにその専門性についての理解も得られていない。垂水市家庭奉仕員事件（鹿児島地判昭六三・一二・一九労判五四九号七八頁）のホームヘルパーの業務に関しての記述を読むと、市の家庭奉仕員に任用されるための具体的な要件は存せず、「職務内容は専門的な知識、経験等を要するというようなものではなく……」と表現されている。[20] 要介護高齢者の生活実態を最も熟知し、それをもとに介護サービスに従事するホームヘルパーの地位がこのようなものだと、その意見がケアプランのなかに反映しにくかったり、理想のサービスを提供しようとしても勤務形態が原因でそれが実現できなくなることはありうることである。

これは医療保険制度のなかでの医療従事者（看護師、医療技術者、栄養士等）の法的地位の問題と軌を一にしている。社会保険医療が、医師のみならず看護師や医療技術者等の総合的作業によって支えられているにもかかわらず、現行の社会保険法のなかには保険医と保険薬剤師のみが存在するというのは常識的にみても無理があるように思われる。[21] ホームヘルパー、寮母、保健師その他のサービス従事者がサービス提供機構のなかに正当に位置づけられることが、保健・医療・福祉の連携の基盤づくりのうえで重要であろう。

Ⅳ　おわりに

介護保険制度の成功・不成功を決める要因のひとつは、やはりこの制度によって保健・医療・福祉の連携がどれだけ実現できるかであろう。介護保険制度創設とともにケアマネジャー（介護支援専門員）の需要が急速に高まっている。ケアマネジャーは、個々の対象者のニーズアセスメントを基本にしてケアプランを立て、それを実際に実施するために利用可能な施設やサービスと結びつけ、最終的にはその効果を評価する等のサービス調整機能を果たすことになるが、その活動も、責任主体・実施主体の一元化、サービス提供機関の共通認識の確立、サービス利用者の選択権の保障、サービス従事者（ホームヘルパーや保健師等）の法的・社会的地位の改善といったような保健・医療・福祉の連携の基盤が確立されてこそ十分な役割が果たせるというものであろう。

また、連携に果たす市町村の役割も増大することは間違いない。保健と福祉の連携はもとより、従来市町村行政とは異質の存在と考えられがちであった医療の分野も、高齢社会の到来、医療費の抑制など、時代の要請を受けて再編成を迫られており、医療と保健・福祉との連携を強化せざるをえない状況に置かれるようになってきた。もちろん現在の時点では、物的・人的資源の不足は覆うべくもないが、物的・人的資源の確保に対する国の財源援助と市町村のリーダーシップのとり方次第では、市町村というレベルにおいて保健・医療・福祉の連携がかなりの程度実現できる可能性があることは認めてもよいであろう。連携が展開される基盤が準備されたあとは、それこそ市町村がそれぞれの地域の特性に応じた連携方式を考えればよいことである。連携の具体的方策においてもまた市町村の叡智と力量が試される時代がきたといってよい。

最後に、高齢者サービスと保健・医療・福祉の連携とは不可分の関係にあることを確認しておかなくてはならない。第一に、高齢者は、身体機能の衰えとともに病気にもかかりやすくなり、それも長期化することが普通だし、治療よりも機能回復訓練が重要な場合も多いことである。個人差がはなはだしいのも要支援・要介護高齢者の特徴である。こうした高齢者を、在宅にしろ施設にしろ、本人が望む生活の場において生活障害を取り除き、なるべく自立した日常生活を送れるようにするには、それこそさまざまな角度からの援助が必要になってくる。第二に、治療の対象とか介護の対象という見方をやめ、高齢者の自己決定権を尊重し、その希望を聴きながらいわば高齢者を主人公にしたサービスの組み立てを行おうとすれば、当然のこととして連携の問題が起こってくる。高齢者サービスにとっては保健・医療・福祉の連携はそれこそ本質的な要素として要請されるものなのである。これまで高齢者に関する保健・医療・福祉の制度は、地域保健法、老人保健法、老人福祉法、介護保険法等さまざまな法制度に分かれており、個別の法律のなかに各種サービスとの連携の必要性が条文として盛り込まれることはあったが、実際には、高齢者の多様なニーズにそれぞれの分野ごとに断片的に対応してきたという印象をぬぐい去ることができなかった。高齢者にとっては、生活障害の除去、軽減、自立支援という意味では、保健・医療・福祉は共通の性質と機能をもつものであり、相互補完の関係にあるのであるから、それらはお互いに本質的に有機的連携を内包したサービスだと考えなくてはならない。今後は、現行法の枠を超えて、「高齢者自身の希望を尊重し、その人らしい、自立した質の高い生活」（老人保健福祉審議会報告書「高齢者介護保険制度の創設について」一九九六（平成八）年四月二二日）が送れるようにするために、「高齢者法」あるいは「高齢者サービス連携基本法」のようなものを想定して、保健・医療・福祉の連携の基本原理・基本原則を定める必要があるのかもしれない。

（1）前田信雄『保健・医療・福祉の統合』（勁草書房、一九九〇年）一三頁では、「連携とは、連絡から統合へ橋渡しをする移行段階である」と述べられている。その他、特集「保健・医療・福祉の連携への模索」のなかの「座談会：保健・医療・福祉の連携を阻むもの」月刊福祉一九九二年三月号一八頁。

（2）大本圭野「医療と福祉の連携について―生活者の立場から」第二三回社会保障研究所シンポジウム「医療と福祉の連携」季刊社会保障研究二五巻一号（一九八九年）二〇頁。

（3）矢野聡「訪問看護ステーションの課題と現状」週刊社会保障№一八一〇（一九九四年）二二頁では、訪問看護ステーションが行うケアの内容のなかに、ホームヘルパーの行うケアとの重複がかなり見受けられることが報告されている。

（4）岡部修「地域保健の法体系の抜本的整備」時の法令一四九四号（一九九五年）六頁。

（5）青山英康「地域保健法をめぐる保健と医療と福祉」週刊社会保障№一八一八（一九九三年）二二頁。また、保健・予防という非個人的性格の事業と医療とを本質的に連携させるには、社会保険方式の見直しを含めて社会保障法体系のなかでの医療給付の位置づけをどうするかという大きな問題ともからんでくるが、この検討は別の機会に譲りたい。荒木誠之「医療の視点―社会保障法学の立場から」健康保険一九七〇年四月号一二頁。

(6) 大道久「医療の再編と自治体」週刊社会保障No.一八一八（一九九三年）四六頁。
(7) 大道久「医療と介護のための小規模施設」週刊社会保障No.一八七三（一九九五年）五〇頁。
(8) 大道久「次期医療法改正にみる医療の姿」週刊社会保障No.一八九七（一九九五年）四六頁。
(9) もちろん小規模町村では、保健・医療・福祉の連携は町村の枠を越えた広域行政として対応しなくてはならない場合もあろう。西垣克「地域医療の今後のあり方」週刊社会保障No.一九〇三（一九九五年）二五頁。
(10) 高齢者介護・自立支援システム研究会報告書「新たな高齢者介護システムの構築を目指して」（一九九四年）。
(11) 熊本県保険医協会は、一九九六（平成八）年八月に実施した要介護老人在宅介護実態調査のなかで、聞き取り調査を行った保健師に、「望ましい在宅介護実現のためにこの人にとってどのようなサービスが与えられればよいか」という観点から、一週間のスケジュール（ケアプラン）を作成してもらった。その結果、極めて似通った要介護状態にある高齢者であっても、調査した保健師によって望ましいケアプランがかなり違っていることがわかった。
(12) 河野正輝『社会福祉の権利構造』（有斐閣、一九九一年）一三五頁。
(13) 河谷はるみ「社会福祉サービスの基準とサービス評価事業について」熊本県立大学生活科学部紀要第三巻（一九九七年）一〇七頁以下。
(14) 河野正輝「医療・福祉の連携に応ずる看護・介護基準の課題」週刊社会保障No.一七七〇（一九九二年）三〇頁。
(15) 日本医師会・厚生省健康政策局指導課『病院機能評価マニュアル』（一九八九年）。
(16) 大道久「病院機能評価と医療」週刊社会保障No.一八二三（一九九四年）四六頁。
(17) 河野正輝「福祉における自己決定権」週刊社会保障No.一七四五（一九九二年）五〇頁。
(18) 上村政彦「医療・保健と福祉」ジュリスト増刊『福祉を創る―二一世紀の福祉展望』（有斐閣、一九九五年）二一〇頁。
(19) 林弘子「在宅介護・看護をめぐる労働法上の諸問題」ジュリスト増刊『高齢社会と在宅ケア』（有斐閣、一九九二年）一三四頁。
(20) 金子和夫「福祉従事者―ある判例からみるホームヘルパーの地位」ジュリスト増刊『福祉を創る―二一世紀の福祉展望』（有斐閣、一九九五年）二一〇頁。
(21) 社会保険制度のなかに正式に組み込まれていない医療従事者は、医師会のように保険医総辞退によって要求を通す法的手段をもたない。結局、争議行為によって労働条件を改善するほかなく、これは社会保険の枠外での解決方法でしかない。

第2章 介護保険法における新予防給付と地域支援事業

Ⅰ　はじめに

一九九七（平成九）年一二月、医療、年金、労災、雇用に続くわが国で第五番目の社会保険制度として制定された介護保険法は、二年あまりの準備期間をおいて、二〇〇〇（平成一二）年四月から実施された。介護保険法はその目的を第一条で次のように規定している。

「この法律は、加齢に伴って生ずる心身の変化に起因する疾病等により要介護状態になり、……これらの者が尊厳を保持し、その有する能力に応じ自立した日常生活を営むことができるよう、必要な保健医療サービス及び福祉サービスに係る給付を行うため、国民の共同連帯の理念に基づき介護保険制度を設け、その行う保険給付等に関して必要な事項を定め、もって国民の保健医療の向上及び福祉の増進を図ることを目的とする。」

家族による介護から社会的なサービスへという目的をもって登場した介護保険法は、実施当初は、周知度の問題もあってか、要介護・要支援状態になってもサービスを利用しない人や、給付限度額いっぱいまでサービスを利用する人が少なかったこともあって、市町村が管理する介護保険財政は一年目は黒字で迎えることになった。しかし、保険料改定期の二〇〇三（平成一五）年を迎えると、市町村が、最初は政治的な配慮もあって保険料負担を低く押さえがちであったことや、その後、要介護・要支援認定者が急激に増加したこと、介護保険の認知度が高まってサービスの利用が促進されたことなどの理由から、介護保険財政は年々悪化の一途をたどり、近年、都道府県からの財政安定化基金の援助を受ける市町村が目に見えて増えてくるようになった。厚生労働省の調査によると、二〇〇四（平成一六）年度に介護保険財政が赤字に陥った市町村は、広域連合も含めて、全国で二九〇団体となり、前年度比で一・七倍にものぼっていることが明らかになった。熊本県でも、六八団体のうち二三％の一六団体が赤字となり、その赤字総額は三億二〇〇〇万円にも達している。また、介護保険制度の中核を担っているケアマネジメント・システムにもさまざまな問題が生じてきた。わが国では、ケアマネジメントにおいて中心的役割を担うケアマネジャー（介護支援専門員）は、居宅介護支援事業所に所属して業務を行っているが、居宅介護支援事業所は実際には介護サービスを与える居宅介護サービス事業所や施設と九割以上が併設される格好となっており、ややもすると自らの事業所のサービスを優先的にケアプランに盛り込んだり、サービス量を水増しする危険性があるのではないかと指摘されてきた。また、ケアマネジャーの不祥事も多発して、各地で介護サービス従事者の専門性の確保や資質の向上が叫ばれるようになってきた。

こうしたなか、二〇〇四（平成一六）年七月三〇日、社会保障審議会介護保険部会「介護保険制度の見直しに関する意見」が公表され、今後とも持続可能性をもった介護保険制度とするために、給付の効率化・重点化、新たなサービス体系の確立、サービスの質の確保・向上、負担の見直し等の諸点について改正の方向が打ち出された。その後、この意見書の内容をほぼ受け入れる形で、二〇〇五（平成一七）年六月二二日、改正介護保険法が参議院の本会議を通過・成立し、費用負担の部分については、二〇〇五（平成一七）年一〇月一日から、その他の部分については二〇〇六（平成一八）年四月一日から実施されるはこびとなった。

介護保険法改正でとりわけ注目を浴びたのが新予防給付と地域支援事業の創設である。新予防給付の創設は、受給者の半数以上を占めている軽度者（要支援者・要介護者１）の多くが時間の経過とともに介護度が重度化しており、現行の介護サービスでは必ずしも利用者の症状の改善につながっていないという問題意識を出発点にしている。新予防給付は、従来の要支援者と要介護者１とを再編成して、要支援１と要支援２に分け、そこでは筋力トレーニングや栄養指導、フットケアなどを導入して、受給者の積極的な協力のもとに、要介護状態の悪化を防止しようとするものである。地域支援事業とは、介護保険法の対象にはならなかったが、今後、要支援・要介護になるおそれの高い者を地域で選出して、介護保険財源の三％以内の予算内で、市町村が責任者となって、運動器の機能向上、口腔機能の向上、閉じこもり防止、うつ予防、認知症予防などの健康維持・自立支援事業を実施するものである。これまで、医療の領域でも介護の領域でも、一九八二（昭和五七）年制定の老人保健法（これが社会保険法に属するかどうかは議論があろう）を除いては、社会保険法がこうした予防・健康維持を目的として積極的に個人に介入していったケースはほとんどなかったといってよい。予防や健康管理の大部分は、これまで公費（租税）をもって運営される公衆衛生の分野と考えられてきたからである。だからこそ、社会保障制度審議会介護保険部会「介護保険制度の見直しに関する意見」（二〇〇四（平成一六）年七月三〇日）でも、「総合的な介護予防システムは……社会保険制度として実施すべき内容のものであるかどうかの吟味を行う必要がある。」（三三頁）との意見が出されているのである。また、こうした新予防給付はどこかで受給者の参加や協力のもとに実施されるのであるから、そこでは受給者の意思（自己決定権）との摩擦が起こることがあるかもしれない。これをどのように理解し、調整していくかは新予防給付の重要な課題となろう。

また、今回の改正では、介護サービス事業者の情報提供が義務化され、介護サービス事業者は、介護サービスの内容および施設の運営状況について都道府県知事に報告しなければならず、知事はその報告が真実かどうかを調査し、結果を公表しなければならないこととされた（改正介護保険法一一五条の二九第一項、二項、三項）。介護手当に関しては、介護保険制度の施行後四年を経て、当初の予想以上にサービスの利用が拡大し、自宅で介護している者に対する現金給付の意義は薄れてきているとして（同「介護保険制度の見直しに関する意見」（二〇〇四（平成一六）年七月三〇日、五一頁））、今回も、改正介護保険法に盛り込むことが見送られた。

この章では、介護保険法の諸改正が行われたこの時期をとらえて、このなかから、新予防給付・地域支援事業の内容とその法的意義に限定して検討を加えてみたいと思う[1]。

Ⅱ　改正介護保険法の新「予防給付」、地域支援事業

１　新予防給付

旧介護保険法一八条は、保険給付の種類として、被保険者の要介護状態に関する保険給付を「介護給付」と呼び、被保険者の要介護状態となるおそれがある状態（要支援）に関する保険給付を「予防給付」（以下、旧予防給付と呼ぶ）と称していた。旧予防給付には、居宅介護サービス費の支給、居宅支援福祉用具購入費の支給、居宅支援住宅改修費の支給、居宅支援サービス計画費の支給、高額居宅支援サービス費の支給などが含まれていた。

現在、介護保険サービスを受けている者のうち特徴的なのは、要支援・要介護１のいわゆる軽度者の大幅な増加が目立っていることである。例えば、熊本県植木町では、二〇〇三（平成一五）年度のサービス利用者のうち要支援と要介護１をあわせると、五一・二％と半分以上を占めていることがわかる。しかし、こうした軽度者に対する介護保険サービスの内容に対しては、要介護度の改善率が低く、必ずしも十分な予防効果を発揮していないという

点が指摘されてきた。特にこれらの軽度者の原因疾患は筋骨格系の疾患をはじめとした慢性疾患が多く、こうした者の多くは「廃用症候群モデル」に該当するとされている。「廃用症候群」または「生活不活発病」とは、心身の不使用が招くさまざまな機能低下をいい、こうした人びとに対しては、過度の安静や何でもしてあげるという型のサービスはかえって本人の残存能力の活用を妨げる結果になるといわれている。例えば、家事を行う能力があるにもかかわらず、すべて家事代行型の訪問介護サービスに委ねて自分は何もしないでいると、能力が次第に低下し、しまいには家事不能に陥る場合があるという。これに対して、旧予防給付は、施設介護サービス費がないだけで、他は介護給付の与えるメニューと完全に同一であり、ただサービスを受けることのできる限度額が違うだけであったため、予防給付としての特性に欠け、「ミニ介護給付」と受け取られがちであった。そこで、今回の改正では、従来の要支援、要介護1の軽度者を対象として、これを要支援1、要支援2と分類し直し、要支援者に対しては筋力予防トレーニング、歯磨きや義歯調整などの口腔ケア、栄養改善指導などを含む新たな「予防給付」を創設することにしたものである（図表2-2-1）。新「予防給付」の対象者については、介護認定審査会において、現行の「介護の必要度」にかかる審査に加えて、高齢者の「状態の維持・改善可能性」の観点からも審査を行い、その結果を踏まえ、市町村が決定することになっている。主治医意見書においても、高齢者の生活機能の評価の点が拡充される。なお、要介護1の者のうち、①疾病や外傷等により、心身の常態が安定していない状態にある者、②認知機能や思考・感情等の障害により、十分な説明を行ってもなお新予防給付の利用にかかる適切な理解が困難な状況にある者、③その他、心身の状態は安定しているが、新予防給付の利用が困難な身体の状況にある者は新「予防給付」の適用から除外されている。条文上は、介護保険法七条二項に、「要支援状態」として、「常時介護を要する状態の軽減若しくは悪化の防止に特に資する支援を要する状態又は身体上若しくは精神上の障害があるために……［一定］期間にわたり継続して日常生活を営むのに支障があると見込まれる状態」という文言が挿入されることに

図表２－２－１　新予防給付

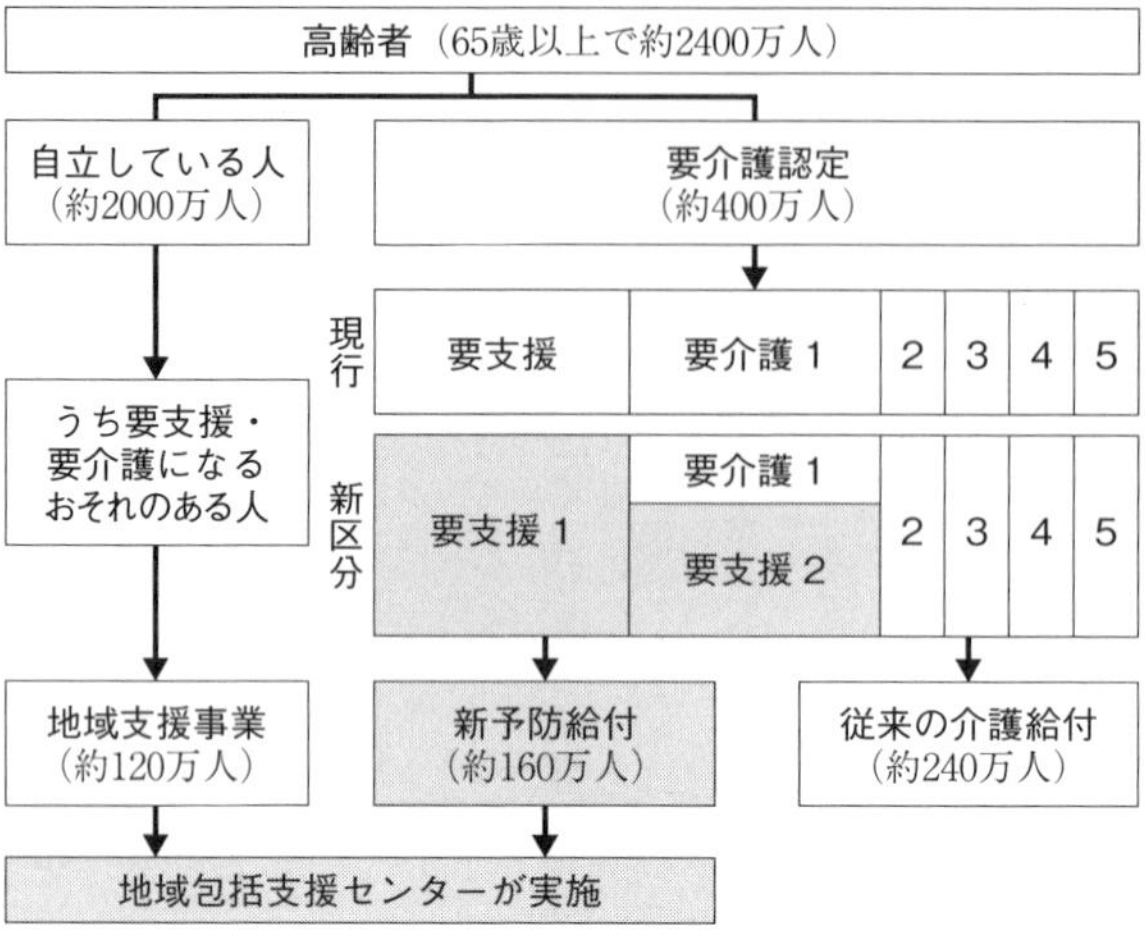

（出典）厚生労働省資料から作成

なる。これに伴い、これまでの、居宅支援サービス費の支給、居宅支援サービス計画費の支給、高額居宅支援サービス費の支給といった給付（旧介護保険法五二条）は、新しく介護予防サービス及び介護予防サービス費の支給（新介護保険法八条の二第一項から一三項まで）、介護予防支援及び介護予防支援サービス計画費の支給（同八条の二第一八項）として再編成されることになった。介護予防サービスには、介護予防訪問介護、介護予防訪問入浴介護、介護予防訪問介護、介護予防訪問リハビリテーション、介護予防居宅療養管理指導、介護予防通所介護、介護予防通所リハビリテーション、介護予防短期入所生活介護、介護予防短期入所療養介護、介護予防特定施設入居者生活介護、介護予防福祉用具貸与及び特定介護予防福祉用具販売がある（新法八条の二第一項）。介護予防支援とは、居宅要支援者が介護予防サービス等の適切な利用等をすることができるよう、地域包括支援センターの職員のうち厚生労働省令で定めた者が、利用する介護介護予防サービス等の種類及び内容、担当者等を定めた計画を作成するとともに、介護予防サービス等の提供が確保されるよう、介護予防サービス事業者等との連絡調整等を行うことをいい（新法八

図表2-2-2　地域包括センター（地域包括ケアシステム）のイメージ

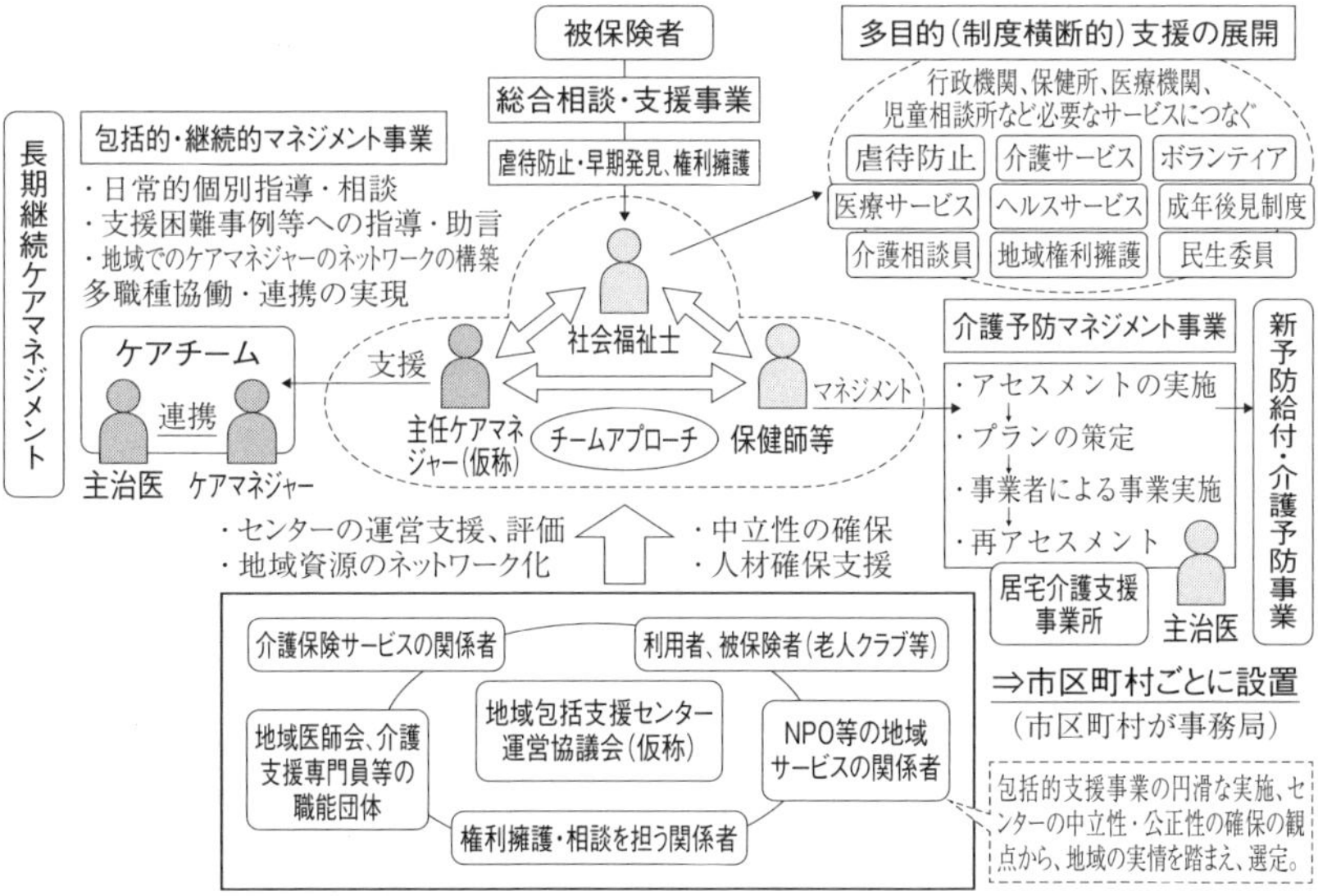

（出典）　厚生労働省資料

条の二第一八項）、市町村は、居宅要支援被保険者が指定介護予防支援事業者から介護予防支援を受けたときは、介護予防サービス計画費を支給することとなっている（新法五八条）。

なお、この新予防給付に関するケアマネジメントは、市町村が責任主体となる地域包括支援センターを新たに創設して、保健師、社会福祉士、ケアマネジャーによるチームを結成し、そこで行われることになっている（図表2-2-2）。

新予防給付のケアプランは、①生活機能低下の危険性を早期に発見し、軽い段階から短期・集中的な対応を行うこと、②サービスの提供は必要なときに、比較的短期間に限定して、計画的に行うこと、③高齢者の個別性や個性を重視し、一人ひとりに応じた効果的なプログラムを用意することの三つの基本的な考え方に沿って作成されなければならない。

2　地域支援事業

地域支援事業とは、介護保険法の対象にならなかったものの、このままでは要支援・要介護になるおそれのある高齢者を対象とし、これに対して効果的な介護予防事業を介護給付費の三％以内の費用を使って実施する制度である。国は、介護予防に要する費用額の一〇〇分の二五、都道府県は一〇〇分の一二・五、市町村は一般会計より一〇〇分の一二・五に相当する額を負担することになっている。

改正介護保険法は地域支援事業について次のように規定している。

「市町村は、被保険者が要介護状態等となることを予防するとともに、要介護状態となった場合においても、可能な限り、地域において自立した日常生活を営むことができるよう支援するため、」介護予防事業、包括的支援事業（介護予防マネジメント、総合相談・支援事業及び包括的・継続的マネジメント支援事業をいう。）その他の地域支援事業を行うものとする（新法一一五条の三八第一項、二項）。

「地域支援事業は、当該市町村における介護予防に関する実施状況……その他の状況を勘案して政令で定める額の範囲内で行うものとする。」とともに、「市町村は、地域支援事業の利用者に対し……利用料を請求することができる。」（新法一一五条の三八第三項、四項）

具体的には、虚弱高齢者（高齢者人口のおおむね五％程度、約一二〇万人。二〇〇六（平成一八）年度、二〇〇七（平成一九）年度においてはその六～八割を実施）を対象とした特定高齢者施策（ハイリスクアプローチ）を設け、これらの人びとに対して、介護予防の観点から、市町村が実施主体となり、骨折しないための転倒予防トレーニング、運動器の機能向上、栄養改善、口腔機能の向上、閉じこもり防止、うつ予防、認知症予防等の事業を行うものである。予防プランの作成は、市町村が新設する地域包括支援センターが行い、そこでは保健師が中心的な役割を担う。地域

図表２−２−３　既存事業（老人保健事業、介護予防・地域支え合い事業）と地域支援事業の関係イメージ案

事業名		新区分／既存事業区分	介護予防事業：通所型介護予防事業（仮称）	介護予防事業：訪問型介護予防事業（仮称）	介護予防事業：その他介護予防事業（仮称）
特定高齢者施策（ハイリスクアプローチ）		老人保健事業	骨粗鬆症（転倒予防）健康教育 骨粗鬆症健康相談 総合健康相談 機能訓練(A)、(B)	訪問指導	健康手帳の交付
	運動器の機能向上	介護予防・地域支え合い事業	転倒骨折予防教室 足指・爪のケアに関する事業 IADL 訓練事業 高齢者筋力向上トレーニング事業		
	栄養改善	老人保健事業	総合健康相談	訪問指導	健康手帳の交付
		介護予防・地域支え合い事業	高齢者食生活改善事業 IADL 訓練事業	高齢者食生活改善事業 「食」の自立支援事業	
	口腔機能の向上	老人保健事業	歯周疾患健康教育 歯周疾患健康相談 総合健康相談	訪問指導	健康手帳の交付
		介護予防・地域支え合い事業			
	閉じこもり予防・支援	老人保健事業	総合健康相談 機能訓練(A)、(B)	訪問指導	健康手帳の交付
		介護予防・地域支え合い事業	生きがいと健康づくり推進事業		
	認知症予防・支援	老人保健事業	総合健康相談 機能訓練(A)、(B)	訪問指導	健康手帳の交付
		介護予防・地域支え合い事業	アクティビティ・痴呆介護教室 生きがいと健康づくり推進事業		
	うつ予防・支援	老人保健事業	総合健康相談 機能訓練(A)、(B)	訪問指導	健康手帳の交付
		介護予防・地域支え合い事業	生きがいと健康づくり推進事業		
	その他	老人保健事業	病態別健康教育 病態別健康相談 介護家族健康相談	訪問指導	健康手帳の交付
		介護予防・地域支え合い事業	運動指導事業		生活管理指導員派遣事業 生きがいと健康づくり推進事業
一般高齢者施策（ポピュレーションアプローチ）		老人保健事業	薬健康教育 一般健康教育 介護家族健康教育		健康手帳の交付
		介護予防・地域支え合い事業	高齢者食生活改善事業 生きがいと健康づくり推進事業 寝たきり予防対策普及啓発事業		地域住民グループ支援事業 生活管理指導短期宿泊事業 寝たきり予防対策普及啓発事業

（出典）　厚生労働省資料

支援事業は、介護認定審査会で認定されなかった人や地域の保健活動などで効果のありそうな人を選び本人の同意を得て実施する。特定高齢者施策は、通所型介護予防事業と訪問型介護予防事業とに分かれる。介護予防に関する事業は、一部は、これまで老人保健事業や地域支え合い事業において既に実施されてきていたが、これらの既存事業を踏まえて、新しい地域支援事業が組み立てられることになっている。新しい地域支援事業と既存の予防事業との関係はおよそ以下のようなものである（図表２－２－３）。

Ⅲ　新「予防給付」、地域支援事業の法的検討

１　新「予防給付」、地域支援事業と社会保険法

ところで、要支援・要介護のおそれのある高齢者ではあるが、いまだ介護保険法の対象とはされていない健康な高齢者を対象とする今回の地域支援事業は、介護保険法に限らず、わが国の社会保険制度にとって重要な転換点を示しているように思われる。つまり、社会保険法たる介護保険法の財源の一部を使って、要介護認定で「自立」と判定された人びとに対して「地域支援事業」と称して予防サービスを実施することの理論的な位置づけ、ないしは許容性の問題である。なぜなら、これまでの一般的な見解では、社会保険というのは、予め一定の保険料を強制的に納付させて、これも予め法定された保険事故が発生した場合に、既に納付している保険料等によって所定の給付をなすことを目的とした制度と理解されてきたからである。別ないい方をすれば、社会保険は、保険事故に対する事後的な対応を基本的な役割としてきたのである。したがって、健康増進、介護予防、生活支援といったサービスは、保険方式にはなじまず、それらは公費（租税）で賄われるべきであると通常考えられてきた[2]。とはいっても、今回の新予防給付については、「予防」という名称を使っているものの、対象となっている要支援１、要支援２に

該当する人びとは、もともと介護認定審査会から介護保険法の保険事故たる「要支援・要介護状態」に当たると認定された人たちである。だから、予防給付といっても、実質は、保険事故該当者たる要支援1、要支援2の人たちの要介護度悪化防止プログラムと解釈できるサービスであろう。これに対して、地域支援事業が扱う特定高齢者施策は、いまだ保険事故が発生しているとはいえない一般高齢者に対する健康管理サービスであるから、純粋な「予防」給付とみることができよう。だとすれば、改正介護保険法は、これまでのいわば常識を覆して、地域支援事業のようなサービスを含む「予防」という保険事故を新たに設定したものと考えられるのであろうか、それとも、保険事故はあくまでも「要支援・要介護状態」であり、地域支援事業は、その「要支援・要介護状態」に極めて密接な関係をもつ要支援・要介護転落危険状態としてとらえて、介護保険の財源のごく一部を使って政策的に実施される健康・自立支援サービスと考えるべきであろうか。

予防給付の問題については、医療給付あるいは公衆衛生との関係でかなり以前から論じられてきた。当初、伝染病・感染症予防をはじめとして取り締まり的性格の強い予防給付は公衆衛生の分野に属するものと考えられ、個人に対する個別的給付の性格をもつ医療給付（治療）とは、歴史的にも法的にも別個のカテゴリーとして発展してきた。それに対して、疾病の予防とリハビリテーションをまったく含んでいない現状への批判として、予防・治療・リハビリテーションの一貫した医療体制の確立を要求して「医療保障」論が登場してくる。この「医療保障」論については、社会保障法体系論の立場から、制度構想の面での意義は認められるとしても、法的な論理からは疑問であるとする意見が提起された。すなわち、疾病予防を医療と結びつけようとすれば、公衆衛生という非個人的性格のサービスを医療保険と連携させることになるので、この場合には、医療だけを社会保険方式にしておく根拠が乏しくなり、医療を社会保険の枠から解放して、社会サービス方式に切り替えるべきであるという主張である(3)。そこでは、やはり予防給付は、理論的には、社会保険給付とははっきりと一線を画するものだという強い認識があったように思われる。

社会保険法では、予防に関しては、健康保険法や労働者災害補償保険法にわずかの規定がみられるのみであった。健康保険法は、一九二二（大正一一）年の制定当初から、健康の保持などの予防事業を保険者の保険施設事業と位置づけて、その第二三条（旧）で次のように規定していた。

「保険者ハ被保険者及被扶養者ノ疾病若ハ負傷ノ療養又ハ被保険者及被扶養者ノ健康ノ保持増進ノ為必要ナル施設ヲ為シ又ハ之ニ必要ナル費用ノ支出ヲ為スコトヲ得。」

しかし、財源に余裕のあった健康保険組合は別として、政府管掌健康保険や国民健康保険では、保険施設事業の実際の活動は極めて低調であった。

予防と医療との結びつきは老人保健法の制定（一九八二（昭和五七）年）によって新しい局面を迎えた。背景には、医療の対象となる疾病構造が、従来の結核や伝染病などの感染症疾患から、がん、心疾患、脳血管疾患などの生活習慣病へと大きく変化したことがある。従来のように、発症したら社会的に分離して、入院・加療を加えるという感染症疾患の場合と違って、生活習慣病にならないための健康診断による疾病の早期発見、健康管理、悪化防止のための保健サービスなどの予防給付が重要な位置を占めてくることになる。(4) こうした健康維持・予防給付の重要性を認め、これを立法のなかに体系的に位置づけ、積極的に対応しようとしたのが老人保健法であった。同法の制定によって、七〇歳以上の高齢者を対象とした老人医療のほかに、新たに四〇歳以上を対象とする保健事業が規定され、市町村を実施主体として、健康手帳の交付、健康教育、健康相談、健康診査、機能訓練、訪問指導などの健康維持、病状悪化防止のためのサービスが提供されることになった（同一二条）。老人保健法は、高齢者の負担する一部負担金を除き、健康保険、共済組合などの各医療保険者から提供される拠出金と公費（国、県、市町村）で賄われるという特殊な構造をとっているので[5]、老人保健法の与える予防サービスと今回の改正介護保険法の新予防給付や地域支援事業とをまったく同一に取り扱ってよいかは更なる議論が必要となってこようが、少なくとも、老人保健法が疾病構造の変化に対応して予防の重要性を認識し、それに対するサービス給付を法律のなかに取り込んできたのと同じように、介護保険法の新予防給付や地域支援事業も、従来の「脳卒中モデル」から「廃用症候群モデル」への転換を通じて、高齢者の心身機能・活動・参加といった生活機能の低下を予防するという社会的要請に応えようとしている試みであることは間違いないであろう。その点では、両法には、共通の問題意識とその意義とを認められるものである。

「予防」は、主として伝染病・感染症予防という社会防衛的な役割をもつものとして公衆衛生の分野で語られてきたのであり、その点で個人の努力の範囲を超える社会全体の問題と考えられていたので、当然、個人の拠出ではないところの公費（租税）をもってカバーされるべきであると主張されてきた。しかし、いまや超高齢社会の到来と疾病構造の変化がもたらす医療・介護給付費の高騰が制度自体を崩壊に追い込んでしまうのではないかという危機感にわれわれはさらされている。このような危機的状況のなかで、医療費・介護費を抑制することについて、一定の範囲で個人の努力と寄与を求めることは当然のなりゆきであったかもしれない。しかも、例えば、生活習慣病は、個人の生活環境の改善、適度な運動、食生活の考慮など個人的な努力でかなりの予防が可能であることが立証されてきている。こうなると、以前のように、予防は非個人的給付であるので社会保険給付になじまないと割り切っていえる状況にはないように思われる。個人の健康維持・予防への努力と要支援・要介護状態との因果関係が極めて濃厚になってきているとすれば、健康維持・予防給付も、社会保険の果たすべき役割として、社会保険法のなかに包摂されていくことはあながち無理なこととはいえまい。

こうした方向とは逆に、改正介護保険法の新予防給付を社会保険給付とすることに対して疑問を提示し、むしろ予防を社会保険から外して、相当程度の自己負担による給付とすべきであるとの主張もみられる。この主張は、予防の重要性は認識したうえで、この費用が大部分、社会保険料と租税で賄われるとすれば、国民が本当に予防の努力をするだろうかとの問題提起をしている。生活習慣病はかなりの部分、個人のライフスタイルや日常生活態度が原因となっているので、それならば自己責任や自己負担といった考え方を積極的に導入して、予防に対する個人の努力を喚起すべきであるという考え方である。(6) これは、予防の効果を自己負担の強化によって引き出そうとする実践的な立場からの議論であろう。

予防における自己負担をどの程度にするかの議論は一応わきにおくとして、いずれにせよ、健康増進法の制定（二〇〇二（平成一四）年八月）をみてもわかるように、法律をもって国に国民の健康増進を図るための措置を講ずることを命じ（同一条）、国民には「健康な生活習慣の重要性に対する関心と理解を深め、生涯にわたって、自らの健康状態を自覚するとともに、健康の増進に努めなければならない。」（同二条）というような義務が規定されるような社会的状況にあることから考えていくと、健康維持・予防というこれまで社会保険法が直接取り扱うことがなかった分野に積極的に社会保険のサービスが及ぶ可能性はこれからも十分に予想されることである。背景には、介護保険法の財源悪化があることは誰しも否定できない。しかし、財政面からの議論ばかりでなく、このような社会的状況が今後も続いていくとすれば、なおさら、介護保険法、医療保険法両法を含めて、健康管理・予防に対する社会保険法の対応のあり方とその理論的な説明をどのようにするかは、これからの社会保障法学にとってとりわけ興味のもたれる課題であろう。改正介護保険法の新予防給付を「保険者が保険料と公費を財源として行う保険給付」、地域支援事業を「保険者が保険料と公費を財源として行う非保険給付」(7) というように、認定の仕方や与えるサービス内容の違いから、両者を明確に分離しえたとしても、社会保険法が、社会的な変化を背景に意図的に健康維持や予防給付を取り込もうとしているという現象をみる限り、その境界線はますますあいまいなものになっていくように思われる。

2　健康維持に努める義務と自己決定権

第二に注目すべきは、新予防給付や地域支援事業のように、要介護度悪化防止や自立支援・健康維持を目的として要支援者や一般高齢者に一定の行為を要求するサービスが現れてきたことである。こうしたサービスは、本人の参加意思と積極的な協力なしには成果をあげられない性質のものである。では、本人が筋力トレーニングに参加しなかったり、健康維持に消極的な態度をとった場合には、介護サービスはどうなるのであろうか。積極的な行為は法的な義務と考えられるものであろうか、もしそうだとすれば、本人の行為を要求する根拠をどこに求めるべきであろうか。障害者自立支援法（二〇〇五（平成一七）年一〇月三一日、衆院で可決・成立）では、障害者に自立した日常生活又は社会生活を営むことができるよう、身体機能又は生活能力の向上のために必要な訓練を提供するとともに、これまでの介護給付費、訓練等給付費、サービス利用計画作成費、自立支援医療費などは、すべて自立支援に向けた給付として「自立支援給付」としての位置づけを与えられることになっている（障害者自立支援法六条）。また、二〇〇四（平成一六）年一二月一六日に出された社会保障審議会福祉部会「生活保護制度の在り方に関する専門家委員会」報告書(8)では、稼働能力のある被保護者に対して、就労促進政策を具体化した制度としての「就労自立支援プログラム」の提供を提案している。それによると、被保護者は、生活保護法に定める勤労・生活向上等の努力義務（生保法六〇条）を実現する手段のひとつとして、稼働能力活用のための就労自立支援プログラムに参加することを求められる。ただし、プログラムへの参加は、被保護者の同意を得ることを原則とすることにより、就労自立支援プログラムは被保護者が主体的に利用するものであるという趣旨を確保することという条件が付けられている。

しかし、プログラムへの取り組み状況が不十分な場合や、被保護者が合理的な理由なく参加自体を拒否している場合には、文書による指導・指示を行い、それでもなお改善がみられない場合には、保護の変更、停止又は廃止も考慮することになっている。こうなると、プログラムへの参加はあくまでの被保護者の自主的な同意によるものだといったところで、受給者という弱い立場にあるものにとっては同意をせざるをえないという状況に追い込まれるというのが現実であろう。まして、消極的な態度や指示・指導への不服従に対して、保護の変更、停止又は廃止というサンクション（制裁的措置）が加えられるとなれば、就労自立支援プログラムの参加は事実上強制され、自立支援に向けての行動は「法的義務」と同じような性質を帯びるかもしれない。

しかし、介護保険法改正で実施されようとしているさまざまな要介護度悪化防止や自立・健康維持のための行為はこれと同じ性質のものとは解されないであろう。確かに、介護保険法四条［国民の努力及び義務］には、「国民は、自ら要介護状態となることを予防するため、加齢に伴って生ずる心身の変化を自覚して常に健康の保持増進に努めるとともに、要介護状態となった場合においても、進んでリハビリテーションその他の適切な保健医療サービス及び福祉サービスを利用することにより、その有する能力の維持向上に努めるものとする。」という健康の保持に関する努力義務規定が置かれている。また、保険給付の制限等に関する被保険者に対する制裁規定として、「市町村は、自己の故意の犯罪行為若しくは重大な過失により、又は正当な理由なしに介護給付等対象サービスの利用、居宅介護福祉用具購入費若しくは居宅支援福祉用具購入費に係る特定福祉用具の購入……実施に関する指示に従わないことにより、要介護状態若しくはその原因となった事故を生じさせ、又は要介護状態等の程度を増進させた被保険者の当該要介護状態等については、これを支給事由とする介護給付等は、その全部又は一部を行わないことができる。」（同六四条）と規定している。しかし、この規定は故意の犯罪行為や重大な過失によって要介護状態になった場合やそれによって介護度を悪化させた場合の給付制限規定であって、四条の「常に健康の保持増進に努める」との努力義務違反との関係で適用されるものではないと考えられる。現に厚生労働省老健局も、この新予防給付の創設によって、運動機能の維持・向上を図り、廃用症候群防止のために筋力トレーニングなどのメニューが用意されることになるが、本人が嫌がるのにそれが強制されるのかという疑問に対しては、「介護保険のサービスは本人の選択が基本であり、特に筋トレは本人が意欲を持って継続的に行うことで初めて効果が見込まれるものであり、嫌がる方に無理に筋トレが強制されることはありません。」との回答を行っている（同旨。二〇〇五（平成一七）年四月二八日、衆議院厚生労働委員会での答弁）。

虚弱高齢者に対する健康・自立支援サービスである地域支援事業も当該高齢者の同意を得て実施されるものとなっている。同じように、新予防給付の与える筋力向上トレーニング、転倒骨折予防、低栄養予防、口腔ケア、認知症状の進行防止や閉じこもり防止、フットケアなども要支援者の同意を前提にしていると考えられる。それでは、そこにはサービスを与える側とサービスを受ける側との間に一種の契約関係が存在していると解釈されるべきものであろうか。既に二〇年以上も前からアメリカ合衆国では社会保障給付に「契約関係」を導入する試みがなされてきた。その根底に流れる思想はミード（Lawrence M. Mead）の次の言葉によく表れていよう。

「これまでの社会保障は、受給者に給付を与えるだけでその代わりとして何をしなければならないかという条件をほとんどつけてこなかった。法律家は、国家に対する受給者の請求権を確立することだけに関心があり、受給者に対する国家の請求権というものを強調する者はいなかった。(9)」

さらに続けて、ミードは次のように言っている。

「私は、『社会問題（social problem）』というのは、一般国民と扶助受給者との『社会的分離状態（separation）』をいうのであり、『統合（integration）』とはこれを克服するという意味で使っている。
　これから必要とされる福祉改革は、給付の範囲を変えることではなくて、扶助受給者に仕事を与えたり、何らかの社会的な役割を果たしてもらったり、社会的な統合（integration）を促進して行くために、受給者に一定の義務を課すものでなくてはならない。これから目指すべき改革の目標は、多くのアメリカ国民が福祉国家の外で家族を養うために働き、その他の社会的な義務（social obligations）を果たしている、それと同じような形で、受給者に対する給付と義務の両方を福祉国家の中に創設することである。」(10)

そして、この社会的義務は、国と受給者との一種の社会契約（social contract）のもとに発生すると考えるのである。しかし、社会保障給付を国・地方公共団体・保険者と受給者との契約関係とみる見解については、アメリカでも当初からその契約の意味内容について多くの疑問が提示されてきた。「被扶養児童を有する家庭に対する公的扶助」（ＡＦＤＣ）に就労支援政策を導入しようとした一九六〇年代に、そのときの根拠となっている契約関係について、ある論者は次のように疑義を唱えている。

「就労支援プログラムへの参加の行動を作り出そうとする試みの核心には、参加者と行政との両方に権利と義務を想定する契約の概念が宿っている。アート・アグノズ（Art Agnos、前カリフォルニア州下院議員）は、これを雇用促進計画と呼ばずに契約としたのは、受給者はその過程において、対等な取引権限（bargaining Power）を持つのだとの印象を与えようとしたと説明している。たとえば、モニハム（Moynihan）案では、州には、家庭が自立できるような機会を提供する義務を、これに対して参加者にはそれを受け入れる義務を課したものであると説明されている。契約という考え方は、それまで多くの人が、ＡＦＤＣ受給の見返りとして政府は何も求めないとする体系の変更を意味する。

すなわち、ＡＦＤＣ世帯は、ＡＦＤＣ給付を権利として受け取るのではなく、契約上の義務（就労計画参加）と引き換えに受給することになるのである。こうしてみると、単に国だけが制裁として給付を与えないという方法によってこの不真正契約（pseudo-contract）を執行できることになる。参加者がその契約を相手側（行政）に実行させる権利はない。義務的契約の基本となる約因（concideration）を、受給者の側に見いだすのは困難である。しかも、参加者は行政に対してその契約上の義務を強制できないし、契約の名のもとに、わずかな権利をも制限されることがある。

新社会契約という概念は、修辞学上の約束（a rhetorical promise）に過ぎず、法的意味の契約ではない。[11]」

就労自立支援プログラムにせよ、健康維持・予防プログラムにせよ、それを契約関係として構成するかどうか、もしそうならその際の契約とは一体いかなる効力を有するものと考えられるべきかについては、今後議論が深められていく必要があろうが、少なくとも、ここでは、契約関係と仮定した場合にも、受給者と国・地方公共団体・保険者との権利義務関係についてひとつだけ確認しておきたいことがある。現在提案されている生活保護法の就労自立支援プログラムに参加したとすれば、参加者には、個別的な事情を考慮したうえで作成されるメニューに沿って、自立に向かう努力義務が課せられ、それに対応して、国や地方公共団体には、それぞれの参加者のニーズに応じた多様なメニューを準備し、それに参加させ、その過程でメニューをこなせるよう支援し、最終的には雇用を創設してでも就労を確保する努力義務が発生すると考えられる。しかし、前記の記述をみてもわかるように、アメリカの多くの論者は、そうではなくて、就労支援プログラムに参加することと引き換えに、反対給付として生活保護給付を受給すると考えていることである。したがって、プログラムへの不参加やその過程における消極的態度に対しては、その反対給付とみなされている生活保護受給権そのものを失うという制裁（債務不履行責任）が課せられることになる。もちろん、わが国でも生活保護法の自立支援プログラムを、生活保護受給権とは関係なく、プログラムに参加する参加者の義務とその自立を援助していく地方公共団体の義務と構成したとしても、参加に対する消極的態度が生活保護法四条［補足性の原理］の定める労働能力の活用要件と結びつけられてしまうと、労働能力を活用していないと認定され、生活保護法二七条、六二条を根拠に、保護の変更、停止又は廃止へと結果的に結びついてしまうことになる。こういう事情があれば、改正介護保険法の新予防給付（例えば筋力トレーニング）に積極的参加をしなかった場合には、介護保険法の介護給付が打ち切られるのだろうかという不安を国民が最初にいだいたのは無理からぬところであろう。

だが、筋力トレーニングをはじめとする新予防給付の求めるさまざまな行為を、単にこれらは法的義務ではないというだけでは、現在の介護保険法がかかえている深刻な問題を解決することにはならない。障害者自立支援法、介護保険法改正、生活保護法における就労自立支援プログラムの新設などの一連の法改正の状況をみる限り、受給者本人の積極的参加意思と協力なしにはこれからは社会保障制度の持続可能性さえ危うくなってきているという深刻な状況があることもまた否定できないからである。現在の厳しい状況を乗り切るために、健康維持や予防というサービスが実施されようとしているのである。もちろん、健康維持や予防サービスの実効性如何については、これは本人にとって良いことであるとして、本人の同意を前提に構成する考え方をとるか（弱いパターナリズム）、あるいは、国・地方公共団体・保険者にとっても良いことであり、本人が同意するかどうかにかかわらず、本人の行動に介入すべきであるという考え方（強いパターナリズム）をとるかについてもまた別に議論が展開されていかなくてはならないであろう。(12) さらに、もっと論を進めるならば、われわれは、今、こうした社会的・経済的状況を踏まえたうえで、虚弱高齢者や要支援高齢者に対して国・地方公共団体・保険者から健康維持や予防という一定の行為を要求されることと、そのことから当然にして起こってくるであろう受給者の自己決定権の尊重との衝突をどのようにして調和・調整していくのか（受給者の権利擁護規定を整備することもそのひとつの方法かもしれない。）、その質問に答えるよう要請されているように思われる。ドイツの介護保険法六条では［自己責任（Eigenverantwottung）］という見出しのもとに次のように被保険者の義務が規定されており、それは受給権と引き換えの性質をもったものだと紹介されている。

「１　被保険者は健康を意識して生活し、早めに予防措置に参加し、病気の治療や医学的リハビリテーションに積極的に参加し、要介護状態を回避しなければならない。

２　要介護状態が始まったときには、医学的リハビリテーションと自立に向けた介護（actvirende Pflege）の処置に協力しなければならない。もし、被保険者が、予防とリハビリテーションの措置に参加し協力しなければ、被保険者の受給の権利は保障されない。健康か病気かは私的な個人の領域の問題という考え方は許されない。なぜなら、要介護状態になれば、介護保険という公共財を活用せざるを得ないからである。健康であり続けること、もし病気になったら医師の処方に従うこと、そしてリハビリテーションの措置に協力すること、これら一連の過程が自己責任に基づく公共性のルールである。[13]」

国、地方公共団体、保険者が、これまで原則として個人責任と考えられてきた健康維持や予防という分野に、何を根拠に、どこまで介入していくべきか、またいけるのか、それは個人の自己決定権の尊重との関係でどのように理解されるべきなのか、そういった重要な課題を、改正介護保険法の新予防給付と地域支援事業はわれわれに投げかけているように思われる。

Ⅳ　おわりに

契約制度の導入、要介護認定、ケアマネジメント、サービスの質の保障などこれまでにないシステムを含んだ介護保険法が施行されて五年目を迎えた。スタート当初は基盤整備が追いつかず「保険あって介護なし」という状況になるのではないかとの懸念が大きかった介護保険制度であったが、五年を経て、それ以上に驚かされたのは超高齢化の進展、要支援・要介護高齢者の増加、サービス利用の急速な拡大による急激な財政悪化である。二〇〇〇（平成一二）年時点では、介護保険費用は三兆六〇〇〇億円だったものが、二〇〇五年（平成一七）度には六兆八〇〇〇億円になるものと見込まれている。この五年間でほぼ二倍の伸びである。これとともに、要介護認定者の数も増え続け、二〇〇〇（平成一二）年四月の該当者は二一八万人であったが、二〇〇四（平成一六）年一二月にはこれが四〇五万人に増加している。年率一〇％を超える介護費用の伸びがこのまま続くとなると、介護保険料と租税を原資とする介護保険制度の存続さえ危うくなりかねない。社会保障審議会介護保険部会が、その意見書のなかで、第一に制度の持続可能性を問題としたのは当然のことであったろう。介護保険法附則第二条は、今改正の基礎となった条文であるが次のような見直しを求めていた。

「要介護者等に係る保健医療サービス及び福祉サービスを提供する体制の状況、保険給付に要する費用の状況、国民負担の推移、社会経済の情勢等を勘案し、……保険料の負担の在り方を含め、この法律の施行後五年を目途としてその全般に関して検討が加えられ、その結果に基づき、必要な見直し等の措置が講ぜられるべきものとする。」

これを受けての今回の見直しであったが、しかし、その範囲と規模と性質の変更においてそれは「見直し」ではなく、「大改革」と呼ぶべきものである。一言でいえば、今回の改革は、制度の持続可能性をかけて、食費や居住費の自己負担を含む利用者の負担増と、予防を重視することで要介護者の出現を出来る限り少なくして、介護給付費の抑制につなげることの両方を組み合わせたものとみることができる。改正しないまま推移したとしたら、二〇一二（平成二四）年～二〇一四（平成二六）年度には介護給付費は一〇兆六〇〇〇億円になるものと見込まれている。これに対して、今回の改正により、利用者の居住費・食費の負担増による財源補填と新予防給付の実施による効果を加味すると介護給付費を八兆七〇〇〇億円までに抑えることができ、約二割給付費を削減できる予定である。そのうち新予防給付による効果は約一兆円と推計されている。また、これにより、現在、六五歳以上の介護保険料は平均三三〇〇円であるものが、二〇一二（平成二四）年～二〇一四（平成二六）年度には六〇〇〇円に上昇すると予想されていたが、今回の改革でなんとか五〇〇〇円以内にとどめられるであろうと期待されている。[14]

しかし、新予防給付は、受給者の積極的な協力をもとに実施されるものであるから、これを実施して行くうえでは、これまで以上に保険者、事業者と受給者との協力関係が構築されていく必要があろう。この場合には、むろん受給者の自己決定権を尊重しながら、効果的な予防サービスが提供されなくてはならないことはいうまでもない。

次に今回の改正法には、情報の公表規定の強化・整備などサービスの質の保障に向けた改善措置も含まれている。措置から契約への変更によって、サービスの利用量は急増したが、それに伴いサービスの質をめぐる問題も大きな課題となってきている。利用者から寄せられる苦情をみても、説明不足やサービス提供従事者の態度に対する不満が多いようである。また、本当に必要なサービスかどうか疑わしい利益誘導型の事業所が多数あることもあちこちから指摘されている。サービス提供従事者の専門性の確保、資質の向上、倫理性の強化などが今後とも必要であろうが、同時に、これらを含めて総合的にサービスの質を確保するための法的根拠法として、ドイツにおけるような「介護の質の保障法」（Pflege-Qualitatssicherungsgezetz）の制定がわが国においても望まれることかもしれない。

(1) 改正介護保険法の内容については、稲森公嘉「介護保険制度の見直しの方向」ジュリスト№一二八二（二〇〇五年）八三頁参照。
(2) 小林弘人「介護保険の行政法的検討」日本財政法学会編『社会保険の財政法的検討』（龍星出版、二〇〇五年）九〇頁。
(3) 荒木誠之「医療の視点―社会保障法学の立場から」健康保険一九七〇年四月号一二～一三頁。
(4) 上村政彦「医療保障法の展望」『講座社会保障法　第四巻　医療保障法・介護保障法』（法律文化社、二〇〇一年）二五四頁以下。
(5) 二〇〇二（平成一四）年四月までは、拠出金七〇％、公費三〇％であったが、公費が段階的に引き上げられ、拠出金五〇％、公費五〇％となる予定である。
(6) 「CloseUp、医療費は国民的な議論で伸び率を決定」週刊社会保障№二三三一（二〇〇五年）一〇頁、西村周三教授に「医療費適正化を聞く」のインタビュー記事。
(7) 稲森公嘉「予防給付に関する一考察」週刊社会保障№二三四九（二〇〇五年）四八頁。
(8) 月刊福祉八八巻三号（二〇〇五年）五六頁以下。
(9) Lawrence M. Mead, *Beyond Entitlement: The Social Obligation of Citizenship*, The Free Press, A Division of Macmillan, Inc. (1986) p. 2.
(10) Lawrence M. Mead，同上書，p. 314.
(11) Ann VanDePol and Katherine E. Meiss, California's GAIN: Greater Avenues or a Narrow Pass - The Politics and Policies of Welfare Reform and AFDC Work Programs in the 1980s, *3 Berkeley Women's Law Journal* 49 (1987-1988).
(12) 秋元美世「生活保護と自立支援―自立支援プログラムをめぐって」週刊社会保障№二三二六（二〇〇五年）四八頁。
(13) 豊田謙二『質を保障する時代の公共性―ドイツの環境政策と福祉政策』（ナカニシヤ出版、二〇〇四年）一五七頁。
(14) 今回の改正によって、負担上限額は、新第三段階（市町村税世帯非課税）では、多床室では、住居費用が一万円、食費が二万円、合計三万円の負担増、第四段階だと、居住費が一万円、食費が四・八万円、合計五・八万円が自己負担となる。

第3章

介護保険法二〇一一年改正の評価と今後の課題

Ⅰ　はじめに

二〇一一（平成二三）年六月一五日、「介護サービスの基盤強化のための介護保険法等の一部を改正する法律」が成立した（法七二号、一部を除いて二〇一二（平成二四）年四月一日施行）。介護保険法が実施されてから、一一年目を迎えようとしている。その間に年間実受給者数も二〇〇〇（平成一二）年の一四九万人から、二〇一〇（平成二二）年の四九三万人へと大幅に増加し、それとともに介護給付費の総額も三・二兆円から六・九兆円と二倍以上に膨らんでいる。いまや、サービス供給体制の整備と財政の安定化は介護保険制度を維持するための緊急の課題となっている。介護保険法は当初より、施行後五年を目途に必要な見直しを行うよう求めており（附則）、それにしたがって、二〇〇五（平成一七）年には、予防重視型システムへの転換（新予防給付の創設、地域包括支援センターの設置、地域支援事業の開始）、および施設給付のうち居住費・食費を自己負担とするなどの改革が行われた。その後、受給者の増加と介護保険財政の窮迫が深刻化するなか、次の改革では、給付と負担のバランスをとるための思い切った改革がなされるものと期待されていた。しかし、財源問題については賛否両論が拮抗していること、および消費税を含む新たな財源についての国の見通しが立たないという政治情勢のなかで、今回は、財政改革には手を触れずに、法律の名称が示しているように、介護サービスの基盤強化、特に医療・介護・生活支援サービスの連携による包括的な在宅支援システムの整備・拡充を中心にした小幅な改革となった。

今回の改正で導入された二四時間地域巡回型訪問サービス、地域包括ケアシステムについては別の機会に譲ることとして、本章では、国および地方公共団体のサービス供給体制整備責任、財源における保険料と公費負担の関係、地方分権化の問題、以上の三点に絞って検討することにしたい。

Ⅱ　介護保険法二〇一一年改正法の内容

前回の「介護保険法等の一部を改正する法律」（二〇〇五（平成一七）年法七七号）の附則二条が、「政府は、介護保険制度の被保険者及び保険給付を受けられる者の範囲について、社会保障に関する制度全般についての一体的な見直しと併せて検討を行い、……平成二一年度を目途として所要の措置を講ずるものとする。」と規定していたのをみてもわかるように、二〇〇五（平成一七）年改正法が成立した段階では、五年後には、被保険者および保険給付対象者の範囲を含めた介護保険制度の抜本的改革が予定されていたと思われる。これを受けて、社会保障審議会介護保険部会が再開され、一三回にわたって検討を重ねた結果、改正法の原案とでもいうべき報告書（「介護保険制度の見直しに関する意見」）が、二〇一〇（平成二二）年一一月三〇日に公表されている。この報告書では、期待されていた財政面での改革については、ほとんど賛否両論併記となっている。例えば、①要支援者等軽度者に対する給付の廃止や利用者負担増（二割）の提案、②ケアプラン作成における利用者負担の導入、③公費による介護職員処遇改善交付金の廃止と介護報酬改定での対応、④第二号保険料についての人頭割制から総報酬制への変更、⑤保険料の上昇を抑えるための公費導入、⑥高額所得者に対する利用者負担の二割への引き上げ、⑦被保険者年齢の引き下げなどである。財政面について両論併記となった理由としては、山崎泰彦部会長によれば、①閣議決定「財政運営戦略」（二〇一〇（平成二二）年六月二二日）が、「歳出増を伴う施策の新たな導入・拡充を行う際は、恒久的な歳入確保措置による安定的な財源の確保」を要求するというペイアズユーゴー原則を掲げていたこと、②第一号被保険者の保険料は現在の四一六〇円（全国平均）から五一八〇円程度に上昇すると予想されるが、それを五〇〇〇円以下に抑えたいという政府の意向があったこと、③現在、障害者総合福祉法案が準備されており、いまは第二号被保険者の範囲の拡大について議論しにくい状況にあったこと、④参議院選挙において民主党が大敗し、消費税増税等による安定財源確保の議論が進まなくなったことなどがあげられている(1)。

しかし、今回の改正法の目玉ともいうべき「地域包括ケアシステム」にしても、このシステムのもとで、たとえ重度の要介護高齢者であっても、「住み慣れた地域や住まいで、自らサービスを選択し、自らの能力を最大限発揮して、尊厳ある自立した生活」（意見書三頁）が送れるような、そのような満足度の高いサービスの提供は、暫定的な予算措置では実現が困難であろうことは誰の目にも明らかである。地域包括ケアシステムを形骸化させないためにも早急な財政的措置が望まれる。政府・与党社会保障改革検討本部決定「社会保障・税一体改革成案」（二〇一一（平成二三）年六月三〇日）のなかに、地域包括ケアシステムの確立が盛り込まれているのは、確実かつ恒久的な財源でなければこれが実現しないことの左証と理解したい。

今回の改正法の主な内容は以下の通りである。

①　医療・介護・予防・住まい・生活支援サービスが連携した要介護者等への包括的な支援を推進する（地域包括ケアシステム）

新たに、「国及び地方公共団体は、被保険者が可能な限り、住みなれた地域でその有する能力に応じ自立した日常生活を営むことができるよう、保険給付に係る保健医療サービス及び福祉サービスに関する施策、要介護状態となることの予防又は要介護状態等の軽減若しくは悪化の防止のための施策並びに地域における自立した日常生活の支援のための施策を、医療及び居住に関する施策との有機的な連携を図りつつ包括的に推進するよう努めなければならない」（介保法五条三項）という条項が追加された。具体的には、単身・重度の要介護者等にも対応できるよう、二四時間対応の定期巡回・随時対応サービスを創設する（同八条一五項、地域密着型サービスとして実施する）。二四時間対応の在宅医療・訪問看護やリハビリテーションを充実強化する。小規模多機能居宅介護と訪問介護など、複数のサービスを組み合わせた複合型サービスを新たに設ける（同八条二二項）。見守り・配食・買い物など、多様な生活支援サービスの確保や権利擁護サービスを推進する。一定の基準を満たした有料老人ホームと高齢者専用賃貸住宅を、サービス付高齢者住宅として「高齢者の居住の安定確保に関する法律」（高齢者住まい法、二〇〇一（平成一三）年法二六号）に位置づけ、高齢者の住まいを整備する（国交省と連携）。

② 保険者（市町村）による主体的な取り組みを推進する

市町村は、介護保険事業計画に、認知症高齢者支援策・在宅医療・住まいの整備・生活支援を盛り込むように努める（同一一七条三項）。保険者の判断による予防給付と生活支援サービスの総合的な実施を可能にする（同一一五条の四五、NPO・ボランティア・民生委員など多様なマンパワーの活用、公民館・保健センターなどの地域の多様な社会資源の活用など）。グループホームや特養等を除く地域密着型サービスについて、六年間を超えない範囲で市町村の公募・選考による指定を可能とする（同七八条の一三）。地域密着型サービス等の介護報酬については、厚生労働大臣の認可によらず、市町村独自の判断で、全国一律の介護報酬額を上回る報酬額を設定すること可能にする（同四二条の二第四項）。

③ 介護人材の確保とサービスの質の向上を図る

介護福祉士や一定の教育を受けた介護職員等によるたんの吸引等の実施を可能にする（社福士法二条二項）。介護福祉士の資格取得方法の見直し（二〇一二（平成二四）年四月実施予定）を延期する（同法附則一条）。介護事業所における労働法規の遵守を徹底し、事業所指定の欠格要件及び取消要件に労働基準法等違反者を追加する（介保法七〇条二項、七七条一項ほか）。事業者の負担を軽減するために、公表前の調査実施の義務付け廃止など介護サービス情報公表制度の見直しを実施する（同一一五条の三五第二項・第三項、一一五条の三六第三項、一一五条の四二第三項）。

④　介護療養病床の廃止期限（二〇一二（平成二四）年三月末）を二〇一八（平成三〇）年三月三一日まで猶予し、新たな指定は行わない（健保法附則一三〇条の二）。

⑤　有料老人ホーム等における権利金等の受領禁止、一定期間内契約解除の場合の前払金の返還等の利用者保護規定を追加する（老福法一四条の四第一項・三項、二九条一項・八項）。

⑥　保険料の上昇を緩和するために、二〇一二（平成二四）年度に限り、各都道府県の財政安定化基金を取り崩し、介護保険料の軽減等に活用する（介保法附則一〇条）。

⑦　社会医療法人による特養老人ホーム及び養護老人ホームの設置を可能とする（老福法一五条四項）。

Ⅲ　介護保険法と基盤整備

基盤整備に関する国の責務について、介護保険法は、「国は、介護保険事業の運営が健全かつ円滑に行われるよう保健医療サービス及び福祉サービスを提供する体制の確保に関する施策その他の必要な各般の措置を講じなければならない」（同五条一項）と規定している。これを受けて、厚生労働大臣は、保険給付の円滑な実施を確保するための基本的な指針を定めるものとされ、そのなかに、介護給付等対象サービスを提供する体制の確保に関する基本的事項を盛り込まなければならないことになっている（同一一六条）。市町村は、この基本指針に即して、三年を一期とする介護保険事業計画を策定するものとされ、この計画には、各年度におけるサービス利用の見込み量と、その見込み量を確保するための方策を定めることになっていた。しかし、今回の改正法により、「サービス利用見込み量の確保のための方策」の記載は、市町村の努力義務へと変更された（同一一七条三項）。また、都道府県が策定する介護保険事業支援計画においても、介護支援専門員その他介護保険サービスに従事する者の確保又は資質の向上に資する事業に関する事項の記載は努力義務に変わっている（同一一八条三項）。地方公共団体の裁量の範囲を拡大するための変更であろうが、しかし、法文上は、地方公共団体の基盤整備責任は一歩後退したといえる（医療計画についても同様のことがいえる。医療法三四条の四第三項）。もっとも、改正前のように「サービス利用見込み量の確保のための方策」を市町村介護保険事業計画の必要記載事項だと規定していたとしても、そこから直ちに市町村の基盤整備責任が導かれるとは考えにくい。市町村老人福祉計画は、市町村が地方自治法二条四項の基本構想に則して、老人居宅生活支援事業および老人福祉施設による事業の供給体制の確保に関して策定する計画である。そこには、供給体制の確保のための基盤整備計画であることが明記されており、しかも、地方自治法二条四項が市町村に基本構想の策定とその実施義務を課していることとあわせて考えれば、市町村の供給体制確保義務がかなり強調された規定の仕方になっている（老福法二〇条の八）。これに対して、市町村介護保険事業計画については、「地方自治法二条四項の基本構想に則して」という文言もないし、計画の性格も、あくまで「基本指針に即して……保険給付の円滑な実施に関する計画」（同一一七条一項）となっており、その内容も、「サービスの種類ごとの量の見込み」（同一一七条二項）を基本としたサービス必要量予測計画である。これは、介護保険制度が、医療の療養給付（現物給付）とは違って、介護の費用を要介護者本人に支給するという金銭給付の形式をとっていることからくる違いと思われる（ただし、事業者や施設が利用者本人に代わって受領する仕組みになっているので、事実上、現物給付と同じようにみえるだけにすぎない）。

しかし、介護保険法が介護費用の保障システムをとっていることと、国・地方公共団体の介護サービス基盤整備責任とは別の問題である。現物給付であれば、それを可能にするための体制の確保も、当然、給付と一体となった問題としてとらえることができるので、同一法律体系に組み込みやすい。これに対して、金銭給付方式をとる法体系では、サービス供給体制に関する事項は給付そのもの（介護サービス費用の支給）とは一応切り離された課題であるので、保険者たる市町村に介護サービスに関する人的・物的設備の確保義務を負わせることと給付とは直接には結びつかない。したがって、金銭給付に関する規定のみを根拠に、その供給体制の確保に関する法的責任を市町村に問うことは難しいということはありうる。(2) だからこそ、介護保険事業計画あるいは介護保険事業支援計画の策定を市町村や都道府県に義務付け、それをもって介護サービスの基盤整備を進めようとしたと考えるのが自然である。だが、介護保険制度が金銭給付方式をとったのは、利用限度額を超えたサービスを自己負担で受給できるようにしたためであり、金銭給付だから国や地方公共団体の基盤整備責任が薄くなるという結論にはもちろんならない。国のサービス体制確保義務は介護保険法五条に明確に規定されている。この義務は、介護サービスは、医療・福祉サービスと同様に、要介護者の生活障害を除去し、自立した日常生活を支援するための制度であるから、それを実現するには人的・物的資源の確保が不可欠であるという給付の性格からくる要請であるといわなければならない。

いま福祉サービスの地方分権化が進むなか、介護保険についても、サービス実施権限が次第に市町村へと移譲されていき、しかも、市町村の裁量権を拡大するという趣旨のもとにサービス供給体制の確保責任が法文上は希薄な記載になっていくように思われる現象が起きている。こうした状況のもとでは、介護保険法とは別立てで（医療計画が健保法・国保法とは別の医療法で規定されているように）、今一度国と地方公共団体の介護サービス供給体制確保責任を明確にするような法律上の手立てが必要ではないかと思われる。(3) もちろん、それは基盤整備不履行責任を具体的に司法の場で追及できるような規範的効力を有するものではなく、基盤整備に向けての政策的指針あるいは政治的責任の根拠にとどまるかもしれない。今回の改正法は、ボランティアの活用等を含めた地域包括ケアシステムを構想しているが、それは介護費用の保障という介護保険法の法体系とはあまりにもかけ離れた地域ケアづくりの構想であり、改正法のなかに盛り込むことに不自然さを禁じえないという批判もある。(4) そうであれば、なおさら、介護サービス供給体制の確保あるいは地域包括ケアシステムの構築に関する別立ての法体系の整備が望まれるところである。

Ⅳ　介護保険サービスにおける社会保険料と公費負担

各種介護保険サービスの財源を社会保険料で賄うのか、公費負担にするのかについては一定のルールが必要であろう。介護サービス提供に必要な人的資源の確保は介護保険本体の財源で賄うのが原則であろう。その点では、介護職員の賃金については、介護職員処遇改善交付金のような外枠の公費による補塡ではなく、介護保険自体の制度として保険料による介護報酬のなかで充足されるべきである。

改正法が提示している予防給付と生活支援給付（配食・見守り等）の総合的な事業には、対象者として、要支援と非該当を行き来するような高齢者も対象に含まれているようであるが、非該当者向けサービスを含む予防給付の費用はやはり公費によるというのが筋ではないか。その理由は、あくまでも介護保険は要介護という生活事故に遭遇した者に事後的に自立支援のための給付を行う制度と理解すべきだからである。要介護状態という事故が発生していないのに介護保険財源から予防のための給付を行う（例えば地域支援事業は介護保険財源の三％内の予算で行われている）ことについてはすっきりした説明をすることは難しい。要介護状態になった多くの原因は生活習慣病であり、それは日頃の個人の生活態度に起因しているから、その個人の介護保険料で賄うのだという説明もかなり窮屈である。もちろん介護保険財源には半分公費が導入されているが、それは低所得者対策と保険料があまりにも高くなることを防止するための措置だと理解したい。予防や健康管理はこれまでは公費でもって運営される公衆衛生の分野だと考えられてきた。その立場を維持すべきであろう。

施設入所ではなくて、高齢者住宅を整備し、そこに医療・介護サービスを外付けして地域での生活を可能にするという改正法の考え方そのものには賛成できるが、低所得高齢者への対応の仕方については議論の余地がある。生活保護法の住宅扶助、介護保険施設に入所する低所得者に対する部屋代の補助（補足給付）も含めて、住宅保障については、低所得者に重点を置いた社会手当制度としての「住宅手当」という統一した制度のもとで、保障を図るようにすべきであるという意見がある。その意味では、生活保護・年金・社会手当を含めた最低所得保障法制の再構築のなかで議論されるべき論点のひとつといえる。

V　介護保険制度と地方分権

介護保険は、社会保障の分野では地方分権化が最も進んだ分野（地方分権の試金石）とされ、特に市町村の権限強化が顕著であるという評価を受けている。その代表的なものは、二〇〇五（平成一七）年改正法で導入された地域密着型サービスの創設であろう。これにより、夜間対応型訪問介護、小規模多機能居宅介護、地域密着型介護老人福祉施設（定員二九人以下）等の事業は、保険者である市町村が指定、指導・監督できるようになった。しかしながら、六年目を迎えて、小規模多機能居宅介護のように大きく増加した事業もあるが、市町村が策定した数値目標に届かない事業もあり、事業ごとの整備格差がみられている。介護報酬が低い、採算性がとれないということで事業者が参入を躊躇した結果だといわれている。また市町村ごとの整備格差も報告されている。(5)

地域密着型サービスのうち、認知症対応型共同生活介護、地域密着型特定施設入居者生活介護、地域密着型介護老人福祉施設入居者生活介護については、市町村長は、市町村介護保険事業計画の達成に支障が生じるおそれがあると認めるときは、事業者への指定をしないことができるようになっている（同七八条の二第五項四号）。しかし、（介護予防）小規模多機能型居宅介護等については、このような定めがないので、これらの事業の指定申請があったときは、市町村長は介護保険事業計画の達成に支障が生じるという理由でもって指定を拒否することはできないと解されており(6)、市町村による事業所の適正な配置の点から疑問も出されていた。そこで、今回の改正では、定期巡回・随時対応型訪問介護、小規模多機能型居宅介護その他厚生労働省令で定める事業については、市町村長は、公募により指定を行うことができるように改正された（同七八条の一三第一項）。

「地域の自主性及び自立性を高めるための改革の推進を図るための関係法律の整備に関する法律」（第一次一括法、二〇一一（平成二三）年法三七号）による介護保険法の改正も地方分権化をさらに押し進めたものである。この法律によって、指定居宅サービス・指定地域密着型サービス等の在宅サービス、指定介護老人福祉施設等の施設サービス両者ともに、これまで厚生労働省令で定められていた人員基準および設備・運営、利用定員・入所定員に関する基準が、これからは都道府県条例（地域密着型については市町村条例）に委任されることになり、それぞれの項目ごとに厚生労働省令との関係で、「従うべき基準」、「標準」、「参酌」の三つの基準が適用されることになった(7)。まず、在宅サービスについては、従業者の員数、居室・病室の床面積、適切な処遇・安全の確保・秘密の保持については「従うべき基準」、利用定員については「標準」（小規模多機能型居宅介護、認知症対応型通所介護事業の利用定員は「従うべき基準」）、その他の事項については「参酌」基準とされた（同七四条一項・二項・三項、七八条の四第一項・二項・三項など）。指定介護老人福祉施設については、従業者の員数、居室・病室の床面積、適切な処遇・安全の確保・秘密の保持については「従うべき基準」とされ、その他の事項は「参酌」基準となっている（同八八条三項）。入所定員については、特別養護老人ホームは「従うべき基準」、養護老人ホームは「標準」と改正された（老福法一七条二項）。

都道府県が処理するとされている一部の事務（第一号法定受託事務、介保法一五六条四項ほか）を除いて、介護保険法のほとんどの事務は自治事務であり、地方自治法上、自治事務については「国は地方公共団体が地域の特性に応じて当該事務を処理することができるよう特に配慮しなければならない」（地自法二条一三項）ことになっている。しかし、法定受託事務であろうと自治事務であろうと、国は、量的にも質的にも一定水準以下のサービスの提供を防止する義務（生存権にかかわるナショナル・ミニマムを確保する義務）を負っていると考えられる。利用定員基準が「標準」とされたことによって、経営的な面を考慮して、例えば条例でかなりの数の定員が定められ、そのために一人ひとりに十分なサービスが行き届かないという事態が起きないようにしなくてはならない(8)。まして、地域密着型の施設については、地域の自主性を尊重する意味で、従業者の員数、居室・病室の床面積等も含めて、「標準」ないしは「参酌」基準としてはどうかという意見も出てきているときに、介護サービスにおける国の最低基準保障責任というものを今一度再確認しておくことは重要であろうと思われる。

Ⅵ　おわりに

介護保険法は、高齢者が「要介護状態となった場合においても、可能な限り、その居宅において……自立した日常生活を営むことができる」（同二条四項）ようにするという目的で制定されたにもかかわらず、この一〇年間、施設志向は依然として続いてきた（特別養護老人ホームへの待機者が驚くほど多い）。それは、在宅サービスが質・量ともに十分ではなく、かつ、各種サービスの連携に問題があったからである。今回の改正は、たとえ重度の要介護者であっても、住み慣れた地域で安心して暮らすことが可能になるようなシステムづくりに一歩踏み出そうとしている点では評価できよう。ただ、これは介護サービス費の支給という現在の介護保険法体系のなかに盛り込んで考えるべき問題かどうか、および、これまでの施設志向を変えうるだけの内容的にも充実した地域包括ケアシステムが実現できるかどうか、そのための膨大な財源確保をどうするかについては課題として残されたままになった。また、どのサービスにどの財源を充当するかについては、保険料と公費の棲み分けをしておく必要があろう。最後に、地方分権化の動きについてであるが、今回の改正で、サービス利用見込み量の確保のための方策の記載が市町村の努力義務へと変更されたり、人員基準および設備・運営、利用定員に関する基準の設定が都道府県・市町村条例に委任されたりと、分権化はさらに推進されているといえる。地域の実情や特殊性に応じたサービスの提供という分権化の趣旨は理解できるが、そのことによって、国・地方公共団体の介護サービスの基盤整備責任が希薄化されたり、地域格差が「法の下の平等」（憲法一四条）に違反すると思われる程度に拡大したり、サービスの質が低下するような事態を招くようなことがあってはならない。今回の改正によって、むしろ、介護サービスの基盤整備、サービスの質の保障、安定的な財源の確保という介護保険制度の基本的な課題はいっそう明確になったといわなくてはならない。

（1）山崎泰彦「高齢者介護、介護保険のこれから」月刊福祉二〇一一年四月号二七頁。
（2）新田秀樹『社会保障改革の視座』（信山社、二〇〇〇年）二五六頁。
（3）当時の厚生省内部では、介護保険法とは別に施設整備のための特別立法をつくることが考えられていたとある。木下秀雄「介護保障の権利論」社会保障法一一号（一九九六年）一七六頁。
（4）鏡諭「第五期介護保険事業計画の策定と自治体の責務」週刊社会保障№二六四二（二〇一一年）四四頁。
（5）畠山輝雄「改正介護保険制度の移行後の介護保険サービスの実態に関する調査」（二〇一〇（平成二二）年三月）。

（6）福井地判平二〇・一二・二四判例地方自治三二四号五六頁、名古屋高裁金沢支部判平二一・七・一五、永野仁美「判批」ジュリスト№一四二九（二〇一一年）一四九頁。

（7）「従うべき基準」とは条例の内容を直接に拘束するもの、「標準」とはよるべき基準であり、合理的理由がある範囲内で異なる内容の条例が可能なもの、「参酌」とは異なる内容の条例が可能なもの。

（8）例えば、指定療養通所介護事業所の利用定員は五人以下となっているが（設備運営基準一〇五条の六、平成一一・三・三一厚令三七）、これ以上の数を条例で定めるような場合がそれである。条例で別な内容を定めることができる「合理的理由」とは何かにもよるが、福祉事務所における現業を行う所員の数が、法定の義務から「標準」に変更されたとたんに（社福法一六条）、現業員の数が不足するという深刻な事態が起きていることも不安材料である。

第4章 介護保険法二〇一一年改正と報酬体系の改定

Ⅰ　はじめに

介護保険法が制定されてから今年（二〇一二（平成二四）年）で一五年、施行されてから一二年目を迎える。高齢者介護という社会福祉サービスを社会保険方式で行うという日本でははじめての制度であったため、実施前は、うまく機能するかどうかについて不安や戸惑いの声のほうが大きかったように思う。介護保険料拠出に理解が得られるかどうか、要介護認定↓ケアアセスメント↓ケアプランへと至るケアマネジメントが円滑に運営できるかどうか、スムーズな運用のために不可欠とされる人材や施設が確保できるのかどうか、「保険あって介護なし」になるのではないか、市場原理を導入した場合、採算のとれない郡部にはサービス事業者が進出してこないのではないか、また、競争が激しくなるとコスト削減のためにサービスの低下が起こるのではないか、措置制度から契約制度へと移行するとしても、契約にうとい高齢者にどうやって対等な立場で契約を締結させることができるのか、国民健康保険財政の赤字で悩んでいる市町村を、さらに赤字体質が予想される介護保険の保険者として位置づけることは適切かどうか等々、不安材料はあげればきりがないほど多数にのぼっていた。しかし、ごく大雑把な見方ではあるが、多少の混乱はあったとしても、介護保険は、ほぼ順調に運営されてきており、年数の経過とともに国民のなかに制度が次第に浸透し、いまや完全に認知されてきているといってよいであろう。しかし、その反面、予想をはるかに上回るスピードで要支援者・要介護者の数（特に後期高齢者の要支援者・要介護者の数）が増加し、それとともに利用者の数も急激に増加してきている。利用者の増加は、当然にして、介護保険財政を圧迫させる。

二〇一〇（平成二二）年度介護保険事業状況報告（二〇一二（平成二四）年六月二九日公表）によれば、制度実施後の二〇〇〇（平成一二）年末では二一八万人だった要支援・要介護認定者は、二〇一〇（平成二二）年度には五〇六万人（約二・三倍）、一ヶ月当たりの平均サービス受給者数は、二〇〇〇（平成一二）年四月の一四九万人に対して四一三万人（約二・八倍）と年々増加しており、それに伴って、介護保険の総費用（事務コストや人件費は含まない）は、二〇〇〇（平成一二）年度の三・六兆円から七・九兆円（二・二倍）まで膨らんでいる。今後、介護保険を取り巻く状況としては、七五歳以上の後期高齢者の人口に占める割合は増加していき、二〇五五（平成六七）年には二五％を超える見込みであること、六五歳以上の高齢者のうち認知症高齢者が増加していくとみられること、世帯主が六五歳以上の世帯のうち単独世帯や夫婦のみの世帯が増加していくこと、首都圏をはじめとする都市部において今後急速に高齢化が進むことなどが予想されており、それに対応する費用としては、二〇二五（平成三七）年には、現状維持ケースで一九兆円（五・三倍）、在宅充実ケースでは二三兆円（六・四倍）が必要であると予測されている。

介護保険制度がこのまま安定的に運営されていくのか、介護保険制度の持続可能性はその大半が財源の確保にかかっているといっても過言ではない。財源確保の方法としては、おおまかにいえば次の三つのことが考えられる。①保険料、一部自己負担を含めて被保険者・利用者の負担を増やすこと、②利用者にとって必要ではない、あるいは効果が薄いと思われる給付を削減・廃止したり、経費の無駄を省くこと、③できるだけ要支援・要介護状態にならないように健康維持に努めてもらうという三つの方法である。介護保険法は、おおよそこの三つの方向に加えて、介護従事者の確保と資質の向上、施設・在宅を問わずサービスを提供できる基盤の整備に向けて過去三回の改正を重ねてきた。

本章は、介護保険制度発足から一二年目を迎えて、介護保険制度がどのように改善されてきたのか、過去の改正の内容をその問題点を踏まえたうえで、主として、直近の二〇一一（平成二三）年の改正に焦点を当てて検討しようとする部分である。過去三回の改正のうち、二〇〇八（平成二〇）年改正は、民間事業者コムスンの介護報酬不正請求事件を受けて、その防止対策として、国・都道府県・市町村による事業者本部への立ち入り調査権、是正勧告・是正命令権、指定・更新の拒否権等を盛り込んだ介護事業運営適正化のための改正であるので、本章では考察対象とはしないこととした。本章では以下の二回の改革を取り上げて紹介と検討を行う。

(1)　二〇〇五（平成一七）年改正(1)

• 予防重視型システムの確立（新予防給付の創設、地域支援事業の創設）
• 施設給付の見直し（介護保険三施設の居住費と食費を自己負担とする、低所得者の負担軽減を図るため新たに補足給付を設ける）
• 新たなサービス体系の確立（地域密着型サービスの創設、居住系サービスの充実、地域包括支援センターの設置）
• サービスの質の確保・向上（介護サービス情報の公表、サービスの専門性と生活環境の向上、ユニットケアの推進、ケアマネジャー資格の更新性の導入）
• 負担のあり方・制度運営の見直し（第一号保険料の見直し、要介護認定の見直しと保険者機能の強化）

(2)　二〇一一（平成二三）年改正(2)

• 医療と介護の連携の強化等（地域包括ケアシステムの構築、二四時間対応の定期巡回・随時対応サービスや複合型サービスの創設）
• 介護人材の確保とサービスの質の向上（一定の研修を受けた介護職員等によるたんの吸引等の実施、介護事業所におけ

る労働法規の遵守の徹底、介護サービス情報公表制度の見直し）

・高齢者の住まいの整備等（サービス付き高齢者向け住宅の供給を促進）

・認知症対策の推進（市民後見人の育成・活用など高齢者の権利擁護の推進）

特に二〇一一（平成二三）年改正では、新たに「地域包括ケアシステムの構築」が改革の目玉として提示されている。施設依存から脱皮して、たとえ重度の要介護状態であっても在宅でケアできるシステムの構築は、介護保険法の理念からいっても、また、介護保険財政の面からいっても推奨される政策であろう。「社会保障・税一体改革大綱」（二〇一二（平成二四）年二月一七日閣議決定）でも、「地域包括ケアシステムの構築」が政策目標として掲げられており、そこでは、できる限り住み慣れた地域で在宅を基本とした生活の継続をめざす地域包括ケアシステム（医療、介護、予防、住まい、生活支援サービスが連携した要介護者等への包括的な支援）の構築に取り組むとの政府の姿勢が打ち出されている。

いずれにせよ、介護保険制度は、要支援者・要介護者の着実な増加のなかで、より質の高いサービスの提供とそのための人的・物的基盤整備と資質の向上という要請と、他方で、それを可能にするための財源確保と給付の効率化という二つの要請のなかで揺れ動いてきた。今後、介護保険制度を将来にわたって安定したものにするためにはどうすればよいのか、持続可能性をかけていま真剣な議論と思い切った改革が求められている。

Ⅱ　介護保険法二〇一一年改正

介護保険法二〇一一（平成二三）年改正の基礎となったのは、社会保障審議会介護保険部会「介護保険制度の見直しに関する意見」（二〇一〇（平成二二）年一一月三〇日）である。同意見書には次のような事項が提案されていた。

まず同意見書は、介護保険部会は、介護保険制度の一部を改正する法律（二〇〇五（平成一七）年法七七号）附則第二条の規定等を踏まえ、介護保険制度全般にわたって検討を行うため、二〇一〇（平成二二）年五月以来一三回にわたって審議を行ったという文章で始まっている。附則第二条は、政府は二〇〇九（平成二一）年度を目途として、被保険者及び保険給付を受けられる者の範囲についても検討することという文言になっていたが、この問題も含めて、介護保険財源の確保、被保険者年齢の引き下げ、公費負担の導入、利用者負担の引き上げ、第二号保険料についての総報酬制の導入など財政関係につながる改革についてはほとんどが賛否両論併記の形をとっており、解決があと送りされた結果となっている。そのため、二〇一一（平成二三）年改正は、財政問題にはほとんどふれることなく、法律の名称を見てもわかるように、介護サービスの基盤強化を図るための法律、そのなかでも、特に医療・介護・生活支援サービスを連携させて、重度の高齢者であっても在宅での生活が可能になるようにするための、包括的な在宅介護支援システムを整備・拡充をすることをめざした法改正となっている。

以下、上記介護保険部会の報告書のうち、「介護保険制度の見直しについて」という部分を中心にその主たる内容を簡単に紹介しておこう。

(1)　要介護高齢者を地域全体で支えるための地域包括ケアシステムの構築

具体的には、①単身・重度の要介護者等にも在宅での生活が可能になるように、二四時間対応の定期巡回・随時対応サービスを創設する。小規模多機能型居宅介護と訪問介護を組み合わせた複合型のサービスを導入する。介護福祉士等によるたんの吸引・経管栄養などの医療的ケアの実施を可能にする。②要支援者・軽度の要介護者に対する給付の効率化と効果の向上を図る。これについては、要支援１といった軽度者に対する給付の廃止や軽度者の利用者負担増（一割から二割へ）を図るべきであるとの提案があったが、それに反対する意見との両論併記となった。③保険者の判断により地域支援事業に介護予防・生活支援サービス（例えば、配食サービス）を導入するなどサービスの総合化を図ること。④高齢者に快適な住まいを確保することと介護・生活支援サービスとの連携を図ること。⑤特別養護老人ホームを二〇〇九（平成二一）年度から二〇一一（平成二三）年度の三年間で一六万床を目標に整備すること。社会医療法人にも特養の設置を認めるようにすること。介護療養病床の廃止を一定期間に限って猶予すること。⑥認知症を有する人に対するケアモデルの構築と継続的・包括的な実施を図ること。⑦家族介護を支援すること。⑧地域包括支援センターの運営の円滑化を促進すること。

(2)　サービスの質の確保・向上

①ケアマネジメントについて、ケアマネジャーの質の向上。現在一〇割保険負担となっているケアプラン作成費用を改め、作成に利用者負担を導入する（賛否両論併記）。②要介護度認定そのものの廃止（賛否両論併記）。③情報公表制度については、事業者の負担軽減のため、調査が必要なときだけの実施にし、また、費用負担の軽減を図ること。

(3)　介護人材の確保と資質の向上

①公費による介護職員処遇改善交付金制度を廃止し、介護報酬改定での対応に変えること（賛否両論併記）。社会福祉事業所における労働基準法違反（七七・五％）に対して、介護保険法上の指定拒否や指定取消を検討すること。たんの吸引等を介護福祉士等が実施できるように法整備を行うこと。

(4)　給付と負担のバランス

①二〇一二（平成二四）年度には全国平均で五〇〇〇円を超えると予想される介護保険料の伸びを抑えること。閣議決定「財政運営戦略」（二〇一〇（平成二二）年六月二二日）のペイアズユーゴー原則（新たな施策の導入には原則として恒久的な財源を確保するという考え方）に沿った財源の確保（賛否両論併記）。四〇歳から六四歳が負担する第二号保険料について、現在は医療保険の加入者数に応じて負担金が決められている（人頭割、介保法一五二条）のを改め、

被保険者間の負担の公平性を図る観点から総報酬制を導入すること（賛否両論併記）。保険料の上昇を抑えるための公費の導入（賛否両論併記）。一定以上の高額所得者に対して利用者負担を現在の一割から二割へと引き上げること（賛否両論併記）。被保険者年齢を二〇歳程度まで引き下げること（賛否両論併記）。

(5)　保険者の役割強化

精緻な介護保険事業計画の策定、認知症対策を計画に盛り込む必要性、これに加えて、地域密着型サービスについては、これまでの申請に基づく指定に代えて、市町村が公募を通じた選考により事業者の指定を行えるようにすること。都道府県は、市町村の介護保険事業計画の策定・達成に支障があると判断した場合には、指定を拒否できる仕組みを導入すること。総量規制の維持。地域密着型サービスは、これまで利用者が当該市町村に居住することが利用条件となっているのを改めて、近隣の市町村住民も利用できるようにすること。地域密着型サービスの介護報酬については市町村独自の設定を可能とすること。

(6)　高齢者・低所得者の負担への配慮

低所得者に対する食費・居住費の補助（補足給付）は全額公費の福祉的制度とするべきであるという意見があった。生活保護受給者のユニット型個室への入所を可能にすること。低所得者のグループホームの利用補助の創設。保険料を抑えるための財政安定化基金の取り崩し（賛否両論併記）。

この意見書を受けて、二〇一一（平成二三）年、「介護サービスの基盤強化のための介護保険法等の一部を改正する法律」（二〇一一（平成二三）年六月一五日成立、二〇一二（平成二四）年四月一日施行、法七七号）が制定された。改正の趣旨については、「高齢者が可能な限り住み慣れた地域でその有する能力に応じ自立した日常生活を営むことができるよう、定期巡回・随時対応型訪問介護看護等の新たなサービス類型の創設、保険料率の増加の抑制のため財政安定化基金の取崩し、介護福祉士等による喀痰吸引等の実施等の措置を講ずること」となっている。厚労省資料、および厚労省老健局介護保険計画課から都道府県介護保険担当課宛の通知をもとに抜粋すると、改正法にはおよそ以下のような内容が盛り込まれている。

(1)　医療と介護の連携の強化等

①地域包括ケアシステムの推進　高齢者が地域で自立した生活を営めるよう、医療、介護、予防、住まいの確保、生活支援サービス（給食サービスとか移動サービス）が切れ目なく提供される「地域包括ケアシステム」の実現に向けた取り組みを進める。

②単身・重度の要介護者等の在宅生活に対応できるよう、二四時間対応の定期巡回、随時対応サービスや複合型サービスを創設する。

【二四時間対応の定期巡回】　重度者をはじめとした要介護高齢者の在宅生活を支えるため、日中・夜間を通じて、訪問介護と訪問看護が密接に連携しながら、短時間の定期巡回型訪問と随時の対応による訪問を行う。

【二四時間対応の随時対応サービス】　利用者からの通報により、電話による対応・訪問などの随時対応ができるように、ＩＴＣ機器やＩＴＣ情報通信技術（Information and Communication Technology）を活用する。両者は、地域密着型サービスとして位置づけ、市町村（保険者）が主体となって、圏域ごとにサービスを整備できるようにする。

【複合型サービスの創設】　現行の小規模多機能型居宅介護は、医療ニーズの高い要介護者に十分対応できていない。そこで小規模多機能型居宅介護と訪問介護など、複数の居宅サービスや地域密着型サービスを組み合わせて提供する複合型サービスを新たに創設する。複合型事業所は地域密着型サービスとして位置づける。

③保険者の判断による予防給付と生活支援サービスの総合的な実施を可能とする。市町村の判断により、要支援

者・介護予防事業対象者向けの介護予防・日常生活支援のためのサービスを総合的に実施できる制度を創設する。利用者の状態像や意向に応じて、介護予防、生活支援（配食・見守り、移動支援等）、権利擁護、社会参加も含めて、市町村が主体となって総合的で多様なサービスを提供できるようにする。利用者像としては、要支援と非該当を行き来するようなハイリスク高齢者に対して、総合的で切れ目のないサービスを提供すること、虚弱・ひきこもりなど現状では介護保険利用に結びつかない高齢者に対し、円滑にサービスを導入してそれ以上状態が悪化しないように配慮すること、自立や社会参加意欲の高い者に対しては社会参加や活動の場を提供して、健康づくりと生きがいづくりとをいっそう促進できるようにすること。

介護保険事業者、ＮＰＯ、ボランティア、民生委員など多様なマンパワーを活用すること、公民館、自治会館、保健センターなどの地域の多様な社会資源を活用すること、ボランティアポイント制など地域の創意工夫を活かした取り組みを推進すること、配食・見守りなどの介護保険以外のサービス（生活支援サービス）を推進すること。

④介護療養病床の廃止期限（二〇一二（平成二四）年三月末）を猶予する。これまでの政策方針を維持しつつ、現在存在するものについては、六年間転換期限を延長する。二〇一二（平成二四）年度以降、介護療養病床の新設は認めないこととする。なお、引き続き、介護療養病床から老人保健施設等への転換を円滑に進めるために必要な追加的支援策を講じること。

(2)　介護人材の確保とサービスの質の向上

①介護福祉士や一定の教育を受けた介護職員等によるたんの吸引等の実施を可能にすること。介護福祉士および一定の追加的な研修を修了した介護職員等が、たんの吸引等の実施が可能となるように社会福祉士及び介護福祉士法を改正する。実施可能な行為は、たんの吸引その他介護保険利用者が日常生活を営むのに必要な行為であって、これらは医師の指示のもとに行われるものとする。

②介護福祉士の資格取得方法についての見直し（二〇一二（平成二四）年四月実施予定）を延期する。二〇〇七（平成一九）年の法改正により、介護福祉士の資格取得については、実務経験者は三年以上の実務経験に加えて、実務者研修（六ヶ月）を義務付ける、および、養成施設卒業者には国家試験を義務付けることとして、これは二〇一二（平成二四）年度から実施の予定であった。しかし、介護福祉士によるたんの吸引等の円滑な施行に向けて、一定の準備期間が必要であるので、施行を三年間延期し、二〇一五（平成二七）年度から実施とすることにした。

③公表前の調査実施の義務付け廃止など介護サービス情報公表制度の見直しを実施する。事業者の負担を軽減するという観点から、一年に一回の調査の義務付けを廃止し、都道府県が必要があると認める場合にのみ調査を行えるように変更する。情報公開を事業者の手数料によらずに運営できる仕組みへと変更する。

(3)　高齢者の住まいの整備等

厚生労働省と国土交通省の連携によるサービス付き高齢者向け住宅の供給を促進する（高齢者住まい法の改正）。日常生活や介護に不安をいだいている「高齢単身・夫婦のみ世帯」が、特別養護老人ホームなどの施設への入所ではなく、住み慣れた地域で安心して暮らすことを可能にするよう、新たに創設される「サービス付き高齢者住宅」（高齢者住まい法）に、二四時間対応の「定期巡回・随時対応サービス」などの介護サービスを組み合わせた仕組みの普及を図る。

(4)　認知症対策の推進

①市民後見人の育成及び活用など、市町村における高齢者の権利擁護を推進する。

②市町村の介護保険事業計画において地域の実情に応じた認知症支援策を盛り込むこと。

(5)　保険者による主体的な取り組みの推進

①地域密着型サービスについて、公募・選考による指定を可能とすること。市町村の判断により、公募を通じた

選考によって、定期巡回・随時対応サービス等地域密着型在宅サービスについての事業者指定を行えるようにする。②保険者による主体的な取り組みの推進。地域密着型サービス、地域密着型介護予防サービスについて市町村独自の報酬設定権が拡大された。現行では、全国一律の介護報酬額を上回る額を設定するためには、厚生労働大臣の認可が必要であり、その額も厚生労働大臣が定めることになっていたが（ただし小規模多機能型居宅介護等に限る）、これを改め、地域密着型サービス等の介護報酬については、厚生労働大臣の認可によらず、市町村独自の判断で、全国一律の介護報酬額を上回る報酬額を設定することが可能になった。

(6)　保険料の上昇の緩和

各都道府県の財政安定化基金を取り崩し、介護保険料の軽減等に活用すること。

上記二〇一一（平成二三）年改正法のすべてにわたって検討することはできないので、ここでは、重要と思われるいくつかの改革点について、論点整理をしておきたいと思う。

①国・地方公共団体の基盤整備責任　まず、介護サービスを提供するための人的・物的条件の確保、すなわち介護サービス基盤整備に関する国および地方公共団体の責任について、現行法ではどのような制度になっているのかということを押さえておこう。介護保険法五条は、「国は、介護保険事業の運営が健全かつ円滑に行われるよう保健医療サービス及び福祉サービスを提供する体制の確保に関する施策その他の必要な各般の措置を講じなければならない。」と規定している。これを受けて、一一六条一項は、「厚生労働大臣は、介護保険事業に係る保険給付の円滑な実施を確保するための基本的な指針を定めるものとする。」とされ、二項で「基本指針においては……介護給付等対象サービスを提供する体制の確保及び地域支援事業の実施に関する基本的な事項」を定めるものとされている。市町村は、この基本指針に即して、三年を一期とする介護保険事業計画を策定するものとされ、この計画には、

介護保険サービスと地域支援事業についての各年度におけるサービス利用の見込み量と、その見込み量を確保するための方策を定めることが義務付けられていた。(4) しかし、「地域主権戦略大綱」（閣議決定、二〇一〇（平成二二）年六月二二日）、および地域主権一括法（「地域の自主性及び自立性を高めるための改革の推進を図るための関係法律の整備に関する法律」、二〇一一（平成二三）年四月二八日）により、市町村の自主性を高め、市町村による判断の自由度を拡大させるという目的のもとに、「サービス利用見込み量の確保のための方策」の記載は、従来の義務付け規定の一一七条二項から、「次に掲げる事項について定めるよう努めるものとする」という市町村の努力義務規定たる三項へと変更された（同一一七条三項）。介護保険制度の地方分権化をいっそう推し進めるための方策のひとつとして、サービス利用量確保のための方策は義務的記載事項とはせず、市町村の財政事情等を考慮して、拘束力の弱い努力義務規定としたのであろうが、結果的には、市町村の自主性の拡大と引き換えに、市町村の介護保険基盤整備責任は一歩後退したものとなってしまっている。また、都道府県が策定する介護保険事業支援計画においても、介護支援専門員その他介護保険サービスに従事する者の確保又は資質の向上に資する事業に関する事項の記載は、これまた、努力義務記載事項に変えられている（同一一八条三項）。人的・物的資源の整備は介護保険サービス提供の前提条件となるものであり、それなくしては十分な介護サービスの提供ができないのであるから、その前提条件の確保のための方策が都道府県や市町村の努力義務記載規定へと変更されたことには問題があろう。

地方分権化の推進の結果として、市町村の基盤整備責任が希薄化された例は他にもある。旧老人福祉法二〇条の八は、市町村に老人福祉計画の策定を義務付けた規定であるが、そこには、「市町村は、地方自治法第二条第四項の基本構想に即して、老人居宅生活支援事業及び老人福祉施設による事業の供給体制の確保に関する計画を定めるものとする。」となっていた。それが、二〇一一（平成二三）年五月二日制定の「地方自治法の一部を改正する法律」（法三五号）によって、地方公共団体の組織および運営について、その自由度を拡大するという「地方分権改革推進計画」(二〇〇九(平成二一)年一二月一五日閣議決定)の趣旨に沿って、市町村に基本構想の策定を義務付けていた地方自治法二条四項そのものが削除されることになった。これを受けて、老人福祉法二〇条の八から「地方自治法第二条第四項の基本構想に則して」という文言が削除され、同時に、老人福祉事業の量の確保のための方策も義務規定から努力義務規定へと変更された(老福法二〇条の八第三項)。従来は、市町村老人福祉計画については、法文上、老人居宅生活支援事業及び老人福祉施設による事業の実施に必要な供給体制の確保のための基盤整備計画であることが明記されており、しかも、「地方自治法二条四項の基本構想に則して」定められることになっていたので、基本構想の策定が市町村の義務である以上、市町村は、老人福祉計画におけるサービス供給体制の整備についても義務を負っているという解釈が成り立っていた。しかし、現行老人福祉法ではもはやこの解釈は成り立たない。

もっとも、改正前のように、市町村介護保険事業計画における「サービス利用見込み量の確保のための方策」を義務的記載事項と規定していたとしても、そこから直ちに市町村の基盤整備責任が導かれるとは考えられていない。市町村介護保険事業計画は、あくまでも「基本指針に即して……保険給付の円滑な実施に関する計画」(同一一七条一項)であり、その内容も、「サービスの種類ごとの量の見込み」(同一一七条二項)を基本項目とした「サービス供給量予測計画」である。これは、介護保険制度が、医療の療養給付(現物給付)とは違って、介護の費用を要介護者本人に支給するという金銭給付の形式をとっていることとも関係しているものと思われる。健康保険法・国民健康保険法の与える療養の給付は、原則として現物給付とされている。現物給付の場合には、医療という給付そのものを現物で提供するわけであるから、サービス提供を可能にするためには、人材の確保と施設の整備は当然の前提となってくる。これに対して、介護保険法では、「市町村は……介護サービス費を支給する」(同四一条一項ほか)という規定からもわかるように、市町村は利用者の支払った介護費用の支払分をあとで償還する義務を負っているにすぎない。ただし、利用者が、指定事業者や介護保険施設のサービスを利用した場合は、事業者や施設が利用者本人に代わって市町村からその利用金額の九割を受領する（民法上の代理受領）仕組みになっているので、事実上、現物給付とおなじような形式をとっているようにみえるだけである。したがって、理論的には、介護保険法上の市町村の介護費用支払い義務規定をもって、市町村にサービス提供のための基盤整備責任まで問うことは難しい。このため、介護保険法では、別の条項でもって、介護保険事業計画の策定とそのサービス量提供を可能にするための方策を盛り込むことを市町村に義務付けて、市町村の基盤整備責任を遂行しようとしたものと思われる。[5] 今回、その基盤整備責任の根拠のひとつともいうべき「サービス利用見込み量の確保のための方策」が市町村の努力義務記載規定とされたことは、法律の上では、市町村の介護保険サービス基盤整備責任はいっそうあいまいなものになってしまったという印象はどうしてもぬぐえないであろう。[6]

②介護保険サービス基準の条例化　介護保険法は、高齢者に対するサービスをこれまでの措置制度から契約制度へと移行させると同時に、サービスの普及と多様な事業所からのサービス提供を可能にするために民間事業者の参入を認めてきた。また、介護保険は地方分権の試金石といわれているように、社会保障の分野では地方分権化が最も進んでいる分野とされ、特に市町村への権限移譲が顕著であるという評価を受けている。その代表的なものは、二〇〇五（平成一七）年改正法で導入された地域密着型サービスの創設であろう。これにより、夜間対応型訪問介護、小規模多機能型居宅介護、地域密着型介護老人福祉施設（定員二九人以下）などの事業は、保険者である市町村が独自に指定、指導・監督できるようになった。これにより、市町村には、市町村独自の判断で、地域の実情や特性に応じた事業所や施設の整備ができる道が開けた。しかしながら、現実には、小規模多機能型居宅介護のように大きく増加した事業もあるが、その他については、市町村が策定した計画の数値目標に届かない事業もあり、事業ごとにかなりの整備格差がみられているという報告がなされている（事業種格差）。また市町村ごとの整備格差も報告されている（市町村格差）。介護報酬が低い、採算性がとれないということで事業者が参入を躊躇した結果だとい

われている。(7)

また、地域密着型サービスについては、最近、別な問題も浮上してきた。地域密着型サービスのうち、認知症対応型共同生活介護、地域密着型特定施設入居者生活介護、地域密着型介護老人福祉生活介護については、法文上、市町村長は、市町村介護保険事業計画の達成に支障が生じるおそれがあると認めるときは、事業者への指定をしないことができるようになっている（介保法七八条の二第五項四号）。(8)しかしこれ以外の小規模多機能型居宅介護、介護予防小規模多機能型居宅介護等については、このような明文の定めがないので、これらの事業の指定申請があったときは、市町村長は介護保険事業計画の達成に支障が出るという理由をもって指定を拒否することはできないと解されている（福井地判平二〇・一二・二四、名古屋高裁金沢支部判平二一・七・一五）。(9)そこで、二〇一一（平成二三）年改正では、定期巡回・随時対応型訪問介護、小規模多機能型居宅介護その他厚生労働省令で定める事業については、市町村長は、公募によりこれらの事業の指定を行うことができるように改められている（同七八条の一三第一項）。

「地域の自主性及び自立性を高めるための改革の推進を図るための関係法律の整備に関する法律」（第一次一括法、二〇一一（平成二三）年法三七号）によって介護保険法の地方分権化はさらに押し進められることになった。すなわち、各種サービスの内容や基準が地方公共団体の条例によって定められることになったのである。これまで、指定居宅サービス・指定地域密着型サービス等の在宅サービスも、指定介護老人福祉施設等の施設サービスもともに、人員基準及び設備・運営、利用定員・入所定員等に関する基準は、厚生労働省令で定められていた。それを今後は各都道府県条例（地域密着型については市町村条例）に委任することとし、それぞれの項目ごとに厚生労働省令との関係で、「従うべき基準」、「標準」、「参酌」の三つの基準が適用されることになったのである。この三つの基準については、前記「地域の自主性を高めるための法律」（第一次一括法）のもとになった「地方分権推進計画」（二〇〇九（平成二一）年一二月一五日閣議決定）では次のように説明されている。すなわち、「従うべき基準」とは、条例の内容を直接的に拘束するものであり、必ず適合しなければならない基準である。「従うべき基準」の場合、当該基準に従う範囲内で地域の実情に応じた内容を定める条例は許容されるものの、異なる内容を定めることは許されないことになっている。「標準」とは、法令の「標準」を通常よるべき基準としつつ、合理的理由がある範囲内で、地域の実情に応じて「標準」と異なる内容を定めることが許容されるものである。「参酌すべき基準」とは、地方自治体が十分参酌した結果としてであれば、地域の実情に応じて、これとは異なる内容を定めることが許容されるものである。

これを具体的に介護保険法の各種サービスに当てはめてみると、まず、在宅サービスについては、従業者の員数、居室・病室の床面積、適切な処遇・安全の確保・秘密の保持については「従うべき基準」、利用定員については「標準」（小規模多機能型居宅介護、認知症対応型通所介護事業の利用定員は「従うべき基準」）、その他の事項については「参酌」基準とされている（介保法七四条一項・二項・三項、七八条の四第一項・二項・三項など）。指定介護老人福祉施設については、従業者の員数、居室・病室の床面積、適切な処遇・安全の確保・秘密の保持については「従うべき基準」とされ、その他の事項は「参酌」基準となっている（同八八条三項）。入所定員については、特別養護老人ホームは「従うべき基準」、養護老人ホームは「標準」と改正された（老福法一七条二項）。

職員の人数、資格、配置要件、施設の面積、設備、安全の確保、人権保障といった重要な部分については、「従うべき基準」とされているので、介護保険サービス基準が条例化されたとしても、現実には、以前とさほど変わらない状況ではあるかもしれない。しかし、不安材料もある。例えば、「地方分権の推進を図るための関係法律の整備等に関する法律」（地方分権一括法、一九九九（平成一一）年七月一六日法八七号）によって、従来は、福祉事務所で現業を行う所員の数（ケースワーカー）は、これまで遵守が義務付けられる法定の最低基準人数であったが、それが「標準」配置数へと変更されたとたんに、ケースワーカーの人員配置が足りないという現象があちこちの地方自治体で起きていることである。[10] 社会福祉事業法制定当時は、「現業をおこなう所員」は、人員配置の多少が福祉事務所の業務の実施に影響を及ぼすという認識のもとに、この人数は法的に確保が義務付けられる最低基準であるという措置がとられていた。なお、この定数の基準としては「都市でケース七〇に一人、村落でケース六〇に一人くらいが適当」と考えられていたようであるが、財政上の配慮もあって、結局、社会福祉事業法一五条（現社会福祉法一六条）所定の基準数のように定められたといわれている。[11] 今回の改正の結果、現業員の充足率についてはかなりの地域格差があり、被保護者の増加に対して現業員数が絶対的に不足して、十分なケースワークができないという深刻な事態に陥っている自治体が相当数にのぼっている。

介護保険法では、都道府県が処理するとされている一部の事務（第一号法定受託事務、一五六条四項ほか）を除いて、ほとんどの事務は自治事務とされている。自治事務とは、法定受託事務以外のものをいい（地方自治法二条八項）、地方公共団体の本来的役割たる「住民の福祉の増進を図ることを基本として、地域における行政を自主的かつ総合的に実施する」（同一条の二第一項）ために行われる事務である。もっとも、自治事務だから地方公共団体が自由に執行できる事務であり、国はまったくこれに関与できない事務かというと、そういうわけではないが、法定受託事務に比べて、国の関与は、助言・勧告・協議・要求など非権力的なものにとどまるなど、地方自治法上、かなり地方公共団体の自主性や独自性が広く認められる事務と考えてよい。また、自治事務については「国は地方公共団体が地域の特性に応じて当該事務を処理することができるよう特に配慮しなければならない」（同二条一三項）と国の配慮義務が定められている。しかし、福祉サービスにおいては、その事務が法定受託事務であろうと自治事務であろうと、事務の種類を問わず、国は、量的にも質的にも一定水準以下のサービスの提供を防止する義務（逆にいうと、生存権にかかわるナショナル・ミニマムを確保する義務）を負っていると考えられる。利用定員基準が「標準」とされたことによって、経営的な面ばかりを考慮して、例えば条例でかなり多数の定員が定められ、そのために一人ひとりに十分なサービスが行き届かないとか、逆に、「標準」以上の一定定員以上の規模でなければ事業所開設を認めないというような条例が制定されたために、利用者が少ない小さい町村ではその種のサービス提供ができなくなったとかいった事態が起きないようにしなくてはならない。まして、地域密着型の施設については、地域の自主性を尊重する意味で、従業者の員数、居室・病室の床面積等も含めて、「標準」ないしは「参酌」基準としてはどうかという意見も出てきているときに、介護サービスにおける国の最低基準保障責任というものを今一度再確認しておくことは重要であろうと思われる[12]。

しかし、逆に、介護福祉サービスの大部分が、拘束力の働く「従うべき基準」とされてしまうと、地方公共団体が地域の実情に合わせて、独自の基準ややり方を工夫していくという地方分権推進の趣旨（地方の自主性・自立性の推進）が発揮できないことになってしまう。事実、すべての地方公共団体で、二〇一三（平成二五）年三月までに条例化が完了すると思われるが、ほとんどの条例がこれまでの厚生労働省令の内容をそのまま条例化したにすぎないものになってしまっている。現に、地域の独自性をなんとか加えようとして、サービス評価事業の推進とか地産地消の奨励とか住民への啓発活動の強化とか、およそ介護サービスの基準内容とは程遠いような事項を条例のなかに盛り込んで、地域の独自性をなんとか出そうと苦労する地方公共団体の姿があちこちで見受けられる。また、「標準」という基準は、合理的理由があれば、これとは異なる内容を条例で定めることが許容されるものであるが、「合理的理由」とはどういうものを指すのか、例えば、当該地方公共団体の財源が厳しいというような理由も（ケースワーカーの数は「標準」であるが、実際には守られていないのもこの理由であろうか）「合理的理由」に当たるのかどうか、この点についてもいまだに定かではない。

③介護職員確保のための方策　二〇一〇（平成二二）年度の補正予算において、介護職員の給料を月額平均一・五万円引き上げるための介護職員処遇改善交付金が特例政策措置として創設されたが、二〇一一（平成二三）年度ま

での時限立法であったため、事業者の多くは、この交付金を介護職員の基本給の引き上げに当てるのではなく、一時金や諸手当等により対応しているという現状があった。介護人材の安定的確保に向けて、資質の向上を図り、給与水準のアップを含めた介護職員の根本的な処遇改善を実現するためには、一時的な交付金政策ではなく、確実かつ継続的な方策を講じることが必要である。そこで、今回、新たにこれまでの介護職員処遇改善交付金と同様の仕組みである「介護職員処遇改善加算」が創設された。「介護職員処遇改善加算」は介護職員処遇改善交付金相当分を介護報酬に円滑に移行することを目的として作られているので、算定要件は交付金と同様となっている。介護職員処遇改善加算は、二〇一五（平成二七）年三月三一日までの実施であり、それ以後は、次期介護報酬改定において、各サービスの基本サービス費において適切に評価されることとされた。なお、本来、介護職員の処遇を含む労働条件は、自立的な労使関係のなかで決定されるべきであり、もとから算定要件を付した「加算」での対応は、労使の自主交渉を阻害するとも考えられるので、これは例外的かつ経過的な対応であるといわなくてはならない。しかし、こうした例外的かつ経過的な対応をとらざるをえなかった要因として、介護産業は事業所の規模が小さく、組合組織率が低く、その結果として自立的な労使関係が構築できないという産業構造上の課題があることも否定できない。こうした課題への対応も必要であろう(13)。

Ⅲ　地域包括ケアシステムの構築と介護報酬の改定

「地域包括ケア研究会報告書」（二〇〇九（平成二一）年五月）は、「多くの人は、要介護状態等になっても、可能な限り、住み慣れた地域や自宅で生活し続け、人生最期のときまで自分らしく生きることを望んでいる。この研究会で提唱する『地域包括ケアシステム』は、おおむね三〇分以内に駆けつけられる圏域で、個々人のニーズに応じて、医療・介護等の様々なサービスが適切に提供できるような地域での体制である。こうした地域包括ケアシステムが構築されれば、人生最期のときまで自分らしく生きていける。」（同報告書四頁）と地域包括ケアシステム完成時のイメージを記している。二〇一〇（平成二二）年三月の同報告書では、「二〇二五年の地域包括ケアシステムの姿」を構想して、「地域住民は住居の種別（従来の施設、有料老人ホーム、グループホーム、高齢者住宅、自宅（持ち家、賃貸））にかかわらず、おおむね三〇分以内（日常生活圏域）に生活上の安全・安心・健康を確保するための多様なサービスを二四時間三六五日を通じて利用しながら、病院等に依存せずに住み慣れた地域での生活を継続することが可能になっている」（同報告書二七頁）と、目標とする将来の姿を想定している。そして、「多様なサービス」としては、居場所の提供、権利擁護関連の支援（虐待防止、消費者保護、金銭管理など）、生活支援サービス（見守り、緊急通報、安否確認システム、食事、移動支援、社会参加の機会提供、その他電球交換、ゴミ捨て、草むしりなどの日常生活にかかる支援）、家事援助サービス（掃除、洗濯、料理など）、身体介護（朝晩の着替え、排泄介助、入浴介助、食事介助など）、ターミナルケアを含めた訪問診療・看護・リハビリテーションをあげている。

こうした地域包括ケアシステムの構築を図るために、法文上は、以下の条項が介護保険法五条三項として新しく盛り込まれることになった。

「国及び地方公共団体は、被保険者が、可能な限り住み慣れた地域でその有する能力に応じ自立した日常生活を営むことができるよう、保険給付に係る保健医療サービス及び福祉サービスに関する施策、要介護状態等となることの予防又は要介護状態等の軽減若しくは悪化防止のための施策並びに地域における自立した日常生活の支援のための施策を、医療及び居住に関する施策との有機的な連携を図りつつ包括的に推進するよう努めなければならない。」

こうした地域包括ケアシステムは、二〇二五（平成三七）年までに全国に整備するという目標を立てている。それを実現させる第一歩として、二〇一二（平成二四）年度に介護保険報酬と診療報酬との同時改定が行われ、同改定は同年四月一日から施行された。二〇一二（平成二四）年度の介護報酬の改定率は、予算編成過程において財務大臣・厚生労働大臣合意、政調会長確認という形で行われることになった。[14] 具体的には、介護職員の処遇改善策の確保、賃金・物価の下落傾向の考慮、介護事業者の経営状況の把握、地域包括ケアシステムの確実な推進という点などに配慮しながら、結局、全体で一・二％（うち、在宅分一・〇％、施設分〇・二％）のプラス改定とされた。今年度（平成二四年度）の改定は、地域包括ケアシステムの基盤強化と地域包括ケアシステムを支える介護人材の確保を大きな柱としていることが特徴である。地域包括ケアシステムの基盤強化についての介護報酬面で改革は、高齢者の自立支援に重点を置いた在宅・居住系サービスを確保すること、要介護度が高い高齢者や医療ニーズの高い高齢者に対応した在宅・居住系サービスの提供に努めること、介護保険施設については、要介護度重度者への対応、在宅復帰、医療ニーズへの対応など、機能に応じたサービス提供の強化を図ること、医療と介護の役割分担・連携を強化すること、認知症にふさわしいサービスの提供を推進することなど、多方面にわたる分野で行われている。以下、地域包括ケアシステムの推進に向けて、報酬単位を引き上げたサービス、加算されたサービス、新たに設けられたサービス、算定要件を緩和して利用しやすくしたサービスなど、その主なものをいくつか紹介しておくことにしよう。

ア　居宅介護支援　サービス担当者会議やモニタリングを適切に実施するために、運営基準減算について評価の見直しを行う。（現在）所定単位数70／100を乗じた単位数↓（改定後）50／100を乗じた単位数。以下、（現在）↓（改定後）という形で表記する。

イ　特定事業所加算　質の高いケアマネジメントを推進する観点から、特定事業所加算の算定要件を見直す。特定事業所加算とは、訪問介護事業者、居宅介護支援事業者のうち、これまでの要件に加えて、新たに、研修計画の策定、月一回以上の会議の開催、サービス提供後の報告内容の記録の保存、地域包括支援センターから支援が困難な事例を紹介された場合であっても、居宅介護支援サービスを提供していることなどの要件を満たす場合に、これまでと同じように加算が継続されるものとするとしたものである。

ウ　医療等との連携強化　医療との連携を強化する観点から、医療連携加算や退院・退所加算について、算定要件および評価等の見直しを行う。あわせて在宅患者緊急時等カンファレンスに介護支援専門員（ケアマネジャー）が参加した場合に評価を行う。医療連携加算（Ⅰ）一五〇単位／月→入院時情報連携加算二〇〇単位／月。緊急時等居宅カンファレンス加算（新規）二〇〇単位／回。

エ　訪問介護　身体介護の時間区分について、一日複数回の短時間訪問により中重度の在宅利用者の生活を総合的に支援する観点から、新たに二〇分未満の時間区分を創設する。二〇分未満（新規）一七〇単位／回。

オ　生活機能向上連携加算　利用者の在宅における生活機能向上を図る観点から、訪問リハビリテーション実施時にサービス提供責任者とリハビリテーション専門職が、同時に利用者宅を訪問し、両者の共同による訪問介護計画を作成する場合についての評価を新たに設ける。生活機能向上連携加算（新規）一〇〇単位／月。

カ　訪問看護　短時間かつ頻回な訪問看護のニーズに対応したサービスの提供の強化という観点から、時間区分ごとの報酬や基準の見直しを行う。訪問看護ステーションの場合の二〇分未満二八五単位／回→三一六単位／回。三〇分未満四二五単位／回→四七二単位／回。

キ　ターミナルケア加算　在宅での看取りの対応を強化する観点から、ターミナルケア加算の算定要件の緩和を行う。すなわち、死亡日および死亡日前一四日以内に二日以上ターミナルケアを行った場合に加算されることになった。

ク　医療機関からの退院後の円滑な提供に着目した評価　医療機関からの退院後に円滑に訪問看護が提供でき

るよう、入院中に訪問看護ステーションの看護師等が医療機関と共同して在宅での療養上必要な指導を行った場合や、初回の訪問看護の提供を評価する。退院時共同指導加算（新規）六〇〇単位／回。初回加算（新規）三〇〇単位／月。

ケ　看護・介護職員連携強化加算　介護職員によるたんの吸引等については、医師の指示のもと、看護職員との情報共有や適切な役割分担のもとで行われる必要があるため、訪問介護事業者と連携し、利用者にかかる計画の作成に対して助言等の支援を行った場合に加算する。（新規）二五〇単位／月。

コ　定期巡回・随時対応型訪問介護看護事業所との連携に対する評価　定期巡回・随時対応型訪問介護看護事業所と連携して、定期的な巡回訪問や随時の通報を受けて訪問看護を提供した場合についての評価を行う。また、要介護度の高い利用者への対応について評価を行うとともに、医療保険の訪問看護の利用者に対する評価を適正化する。定期巡回・随時対応サービス連携型訪問看護（新規）二、九二〇単位／月。要介護5の者に訪問看護を行う場合の加算（新規）八〇〇単位／月。医療保険の訪問看護を利用している場合の減算（新規）九六単位／日。

サ　訪問看護事業所との連携に対する評価　理学療法士、作業療法士または言語聴覚士が、訪問リハビリテーション実施時に、訪問介護事業所のサービス提供責任者とともに利用者宅を訪問し、当該利用者の身体の状況などの評価を共同して行い、当該サービス提供責任者が訪問介護計画を作成するうえで、必要な指導および助言を行った場合に評価を行う。訪問介護事業所のサービス提供責任者と連携した場合の加算（新規）三〇〇単位／回。

シ　重度療養管理加算　手厚い医療が必要な利用者に対するリハビリテーションの提供を促進する観点から、要介護度4または5であって、手厚い医療が必要な状態である利用者に対して、医学的管理のもと、通所リハビリテーションを行った場合に加算を認める。重度療養管理加算（新規）一〇〇単位／日。

ス　緊急時の受け入れに対する評価　短期入所療養介護（ショートステイ）での緊急時の受け入れを促進する観

点から、緊急短期入所ネットワーク加算を廃止し、居宅サービス計画に位置づけられていない緊急利用者の受け入れについて評価を行う。緊急短期入所受入加算（新規）九〇単位／日。

セ　定期巡回・随時対応型サービス　日中・夜間を通じて一日複数回の定期訪問と随時の対応を介護・看護が一体的にまたは密接に連携しながら提供するサービスであり、中重度者の在宅生活を可能にするうえで重要な役割を担う定期巡回・随時対応型サービスを創設する。定期巡回・随時対応型サービスは地域密着型サービスとして行われる。（新規）定期巡回・随時対応型訪問介護看護費（一体型で介護・看護両方の利用者の場合）要介護1　九、二七〇単位／月～要介護5　三〇、四五〇単位／月。

ソ　複合型サービス　複合型サービスは、今回新設されたものであり、地域密着型サービスである小規模多機能型居宅介護と訪問看護の機能を併せもつサービスである。利用者の病状・心身の状況・希望・置かれている環境を踏まえて、通いサービス、訪問サービス、宿泊サービスを柔軟に組み合わせることにより、利用者が住みなれた地域での生活を継続することができるように支援するものである。泊まり・訪問（介護・看護）サービスを柔軟に提供する観点から、要介護度別・月単位の定額報酬を基本とした報酬を設定する。（新規）要介護1　一三、二五五単位／月～要介護5　三一、九三四単位／月。

その他にも、地域包括ケアシステムを実現するためには、こうした介護保険サービスだけでなく、見守り・配食・買い物など多様な生活支援型サービスの確保や、高齢者が安心して暮らせるための財産管理などを行う権利擁護事業、あるいは、高齢期になっても住み続けることのできる高齢者住まいの整備など多くの課題が残されている。地域包括ケアシステムは、二〇二五（平成三七）年に完全実現をめざそうとしているが、人的・物的資源の十分な確保と、保健・医療・福祉の有機的連携の確立という絶対的条件が整ってこそ実現できるサービスである。量的にも質的にも、現在より何倍もの予算と基盤整備が必要とされる気の遠くなるような広大な構想である。その広大な構想からすれば、今回の診療報酬・介護報酬の改定は、その実現に向けた第一歩を記した改革であるとは一応いえるとしても、あまりにも小さな一歩ではないかという印象をぬぐいきれない。また、こうした、いわば、医療機関や福祉関係事業所の目の前に報酬をぶら下げて、一定の方向に導こうとする「馬の前に人参」型の誘導型推進政策で、果たして壮大な地域包括ケアシステムが実現できるのかという不安もある。(15)

しかも、地域包括ケアシステムが効果的に機能を発揮するためには、保健・医療・福祉の連携がひとつの鍵になるが、この連携は、保健・医療・福祉関係者が共同でケア計画を立てるとか、協力して複数者がサービス提供に出かけるというように一定の形式を整えればそれで実現できるという性格のものではない。連携を形式的な仕組みから脱却して、実効性ある仕組みに変えていくためには、いくつかの実質的要件が満たされていなくてはならない。連携が必要とされる根拠については、重複の無駄を省くといった財政的理由や、施設と在宅の公平性を図るとか、それによってノーマライゼイションの理想が実現できるといったさまざまな理由があげられるが、やはり基本となるのは、連携によって相乗効果が発揮され、利用者に質の高いサービスが提供できるようになるという点であろう。そうだとすれば、まず第一に、保健・医療・福祉関係者の間で、対象となっている利用者の身体的・精神的状態、家族関係、必要なサービス等についての「共通認識」が存在することが必要である。これまでも保健・医療・福祉関係者によるケア会議が開かれているが、それぞれの分野の担当者の間で、当該利用者にとって、最も相応しいサービスとは何か、どのようなサービスの組み合わせが最も効果的かについて認識が違っていることがしばしば見受けられた。それぞれから「医学的な見地から見ますと……」、「ホームヘルパーの立場から言いますと……」というような発言が相次ぎ、結局、それぞれが違う立場から発言することだけで終わってしまうような会議も多くあったのではないだろうか。やはり、保健・医療・福祉関係者が、状態を異にする個別ケースごとに、一定の共通認識をもったうえで検討を加えていくという「共通認識の確立」とそのつどの共通理解が必要となってくるであろう。(16)

次に、利用者の「自己決定権の尊重」という理念を関係者が共有する必要がある。従前の高齢者福祉サービスの時代には、保健・医療・福祉関係者は、高齢者に対して、単一のメニュー（例えば、デイサービスの利用）を示して、これを利用するかどうかをたずねていた。このようなやり方では、高齢者の答えは、「ＹＥＳ」か「ＮＯ」かの選択しかないのであって、そこにはもともと保健・医療・福祉の連携という発想が出てくる余地はない。時には、利用者が、「こういうサービスをこれくらい利用したい」といっても、サービス提供機関の都合や提供できる人員の数が足りないことを理由にその希望を断るというような事態も少なからずあった。そこでは、提供事業所の都合が優先されているのである。そうではなくて、利用者の自己決定権の尊重を第一義的価値と認識し、「どうすれば利用者の希望を実現できるか」という発想を出発点にすれば、自己の事業所ではできない部分を他の事業所やボランティアで補ってもらうという方向で検討が進んでいくはずである。こうすることによって、少ない資源をどのように組み合わせれば、当該利用者の希望（自己決定）をかなえることができるかという考え方が関係者の間に定着していくことになる。これが連携の基本であろう[17]。

さらに、地域包括ケアシステムをより効果的に作動させるためには、介護保険法に規定されているような事業者・行政機関だけでなく、ＮＰＯ、ボランティア、民生委員など多様な民間マンパワーの活用、公民館、自治会館、保健センターなどの地域の多様な社会資源の活用が不可欠の要素である。これは、これまで地域福祉の分野でも盛んにいわれてきた事柄であるし、これについて誰も異論をはさむものはいない。ただ、こうしたいわばインフォーマルな人的・物的資源も含めた広範囲のケアシステムの構築を、介護保険法という法制度のなかで規定することが法体系としてふさわしいことなのかという問題は残される。介護保険法は、事業者が本人に代わってサービス費を受領するので、本人にはサービスが直接行く現物給付のような体裁をとっているが、法形式は、利用者がサービスを利用した場合、市町村に介護サービス費用の支払いを義務付けた金銭給付法であり、それを社会保険という方式を使って実現している制度である。金銭給付法である介護保険法に、保険給付の仕組みが盛り込まれることは当然であるが、保険給付とは直接的に関係のない地域福祉の一部ともいうべきケアシステムという仕組みを盛り込むことが妥当かどうかという点である。こうしたことに抵抗感を覚える論者もいる[18]。この点で、医療というサービスを提供することを公的に義務付けている現物給付法たる医療保険法とは事情が異なっている。医療保険法は、医療そのものを患者に提供する現物給付法であり、給付が現物給付である以上、それを可能にするための人的・物的設備の確保（すなわち、病院とか医師とか看護師の存在）は不可欠の要素となる。つまり、医療保険法においては、医療というサービスの提供とならんで基盤整備や医療システムの構築はいわば連動した形で理解することが可能である。しかし、介護保険法が、介護費用償還方式（金銭給付）をとっているからといって、事業所・施設や人材の確保に関する国や地方公共団体の基盤整備責任が薄められることはない。国・地方公共団体の基盤整備責任は医療と同じであろう。ただその責任をどの法体系のなかで規定することが適切であるかという問題である。医療の分野においてさえ、基盤整備や医療システムの構築は、医療保険法とは別の「医療法」（一九四八（昭和二三）年法二〇五号）という法体系のなかで実施する建前をとっている。それは、医療サービスの提供に関する法律（医療保険法）と提供する人材や施設に関する法律（医療法）とは別立てであることが望ましいという配慮からであろう。これと同じように、介護サービス費用の支払いという保険給付の体系たる介護保険法とは別の法律（例えば、介護サービス基盤整備法といった法律）を制定して、国および地方公共団体の基盤整備責任とケアシステムの構築を明確にしていくことも一考に価しよう。

Ⅳ　おわりに

介護保険法が施行されて一二年目を迎える。この一二年間、介護保険法は、サービスの改善と効率的運営、予防重視型サービスへの転換、居宅サービス重視型の強化という方向で改革が進められてきた。しかし、なんといっても介護保険制度の最大の課題は、増え続ける利用者に対応できるための財源の確保の問題である。制度の持続可能性もここにかかっている。社会保障審議会介護保険部会「介護保険制度の見直しに関する意見」（二〇一〇（平成二二）年一一月三〇日）では、軽度者の家事援助を介護保険の対象外とすること、現在の一割自己負担を二割に引き上げること、現在の四〇歳以上という被保険者年齢を引き下げて二〇歳以上とすることなどの財源措置につながる改革が議論されたが、結局のところ、賛否両論を併記するという形での決着になっている[19]。それを受けて、二〇一一（平成二三）年改正法では、財源問題には一切ふれずに、地域包括ケアシステムの構築・推進のほか、基盤整備と人材確保に重点が置かれた改革が盛り込まれることになった。その後、「社会保障・一体改革関連法」が、二〇一二（平成二四）年八月一〇日、参議院本会議で可決され成立した。同法は、消費税率を現在の五％から、二〇一四（平成二六）年四月に八％、二〇一五（平成二七）年一〇月に一〇％引き上げるという内容のものである。財源はすべて社会保障費に使うということであるが、介護保険制度にどれくらい回されるかは別として、このくらいの財源では社会保障全体としてとても足りないことは国民誰しもが感じているところである。広大な構想の「地域包括ケアシステム」をつくりあげるだけでも、膨大な予算が必要とされるからである。

また、二〇一二（平成二四）年度の介護報酬改定では、施設の機能別再編も図られている。すなわち、介護保険施設ごとに求められる機能（住まい、在宅復帰支援、医療ニーズや要介護度の高い高齢者への対応など）を明確にし、機能に着目した評価に重点化する見直しが行われ、特に介護老人保健施設については、施設の在宅復帰支援機能に着目し、その復帰率に応じた報酬設定に改められている。施設から出て、なるべく早く在宅復帰させ、そのあとは二四時間対応の居宅サービスを受けながら生活するという発想は、理念型としてはそうであろうが、在宅サービスが不十分な状況で、在宅に戻せば、家族の負担が過重になるだけであるという批判も当然に受けるであろう。介護保険法は制定当初より、「被保険者が、……可能な限り、その居宅において、その有する能力に応じ自立した日常生活を営むことができるよう配慮されなければならない。」（同二条四項）とあるように、居宅における高齢者支援を第一目標として成立した法律である。しかし、それにもかかわらず、この一二年間、要介護者および介護者の施設志向は依然として変わっていない。このことは何百人あるいは何千人という特別養護老人ホーム入居希望待機者がいることをみてもわかることであろう。それは、日本の在宅サービスが質・量ともに十分ではなく、かつ、各種のサービスの連携に問題があったからである。これまで続いてきた施設志向を変えうるだけの、満足度の高い地域包括ケアシステムが実現できるかどうか、そのための膨大な安定財源をどう確保するのか、課題はあまりにも大きい。

介護保険サービスの基準の設定が、これまでの厚生労働省令から都道府県（地域密着型については市町村）条例へと地方分権化された。基準の条例化がどのような問題を含んでいるかについてはこれから検討が進められていくであろう。地方分権化といっても、重要なサービス基準については、地方公共団体が変更することができない「従うべき基準」と位置づければ、全国で一定のサービス水準を確保するというナショナル・ミニマムの要請には応えることができる。しかし、「従うべき基準」があまりに多くなれば、地方公共団体の自主性や自立性はまったく発揮されないことになってしまい、条例化の意義が薄れる。

また、介護保険制度が一二年目を迎えて、ユニットケアなどの利用者のプライバシーや尊厳に配慮した良質なサービスも提供されるようになってきている。しかし、その反面、実際には低所得者が利用しにくいような施設サービスになってきているのではないかという指摘もなされている。介護保険施設については、今回の介護報酬改定でも、例えば、新設の特別養護老人ホームが多床室であると、住まいの機能を果たしていないということで、報酬が極めて低い評価となるなど、報酬面でも個室化を推進する方向で改定されている。しかし、最近、高齢者のなかには、一人では寂しいので、複数入居者居室のほうがよいという希望もあり（ニーズの多様化）、そうした希望に応えるべく、二人部屋があってもよいのではないかという施設関係者の声も聞く。また、介護保険施設入所者の食費、居住費が自己負担とされたことによって、それを負担できない低所得者に対して補足給付が創設されたが、自己負担を軽減するための補足給付も、低所得者への住宅保障としてとらえて、全額公費の社会手当として支給すべきであるといった意見も出されている[20]。施設サービスと居宅サービスの関係についても、重度の要介護者が在宅で介護生活を送ることについて、家族や本人の身体的・精神的負担を考えるとき、必ずしも最適とはいえないのではないかという疑問も出されるのは当然のことかもしれない[21]。施設と居宅の関係についてもまだまだ議論しなくてはならない課題がたくさん残されている。介護保険制度はどのような方向に向かおうとしているのか、制度の持続可能性をどうやって担保していくのか、いま、介護保険制度はいわば正念場を迎えているといってもよいであろう。

（1）二〇〇六（平成一八）年四月一日施行。ただし、施設給付の見直しについては二〇〇五（平成一七）年一〇月一日施行。
（2）二〇一二（平成二四）年四月一日施行。ただし、介護療養病床の廃止期限の猶予、介護福祉士の資格取得方法の見直しの延期については、公布日施行。
（3）附則第二条「政府は、介護保険制度の被保険者及び保険給付を受けられる者の範囲について、社会保障に関する制度全般についての一体的な見直しと併せて検討を行い、その結果に基づいて、平成二一年度を目途として所要の措置を講ずるものとする。」
（4）旧介護保険法一一七条二項「市町村介護保険事業計画においては、次に掲げる事項を定めるものとする。一　当該市町村が、その住民が日常生活を営んでいる地域として、地理的条件、人口、交通事情その他の社会的条件、介護給付等対象サービスを提供するための施設の整備の状況その他の条件を総合的に勘案して定める区域ごとの当該区域における各年度の認知症対応型共同生活介護、地域密着型特定施設入居者生活介護及び地域密着型介護老人福祉施設入所者生活介護に係る必要利用定員総数その他の介護給付等対象サービスの種類ごとの量の見込み並びにその見込み量の確保のための方策、二　各年度における地域支援事業に要する費用の額並びに地域支援事業の量の見込み及びその見込み量の確保のための方策」（傍線、筆者）。

（5）「論理的には、介護保険法においては、保険給付に関する規定のみを根拠としては市町村が介護サービスを提供すべきとの法的責任を問うことはできないと解され、この点に限れば、市町村の給付実施についての法的責任は理論上は減少したと考えられる。しかし、社会保険方式の採用に伴う国民の権利意識という社会実態的な意味での権利性の高まりと、介護保険においても国保と同様、市町村にはサービスそのものを給付する法的な責任があるという『錯覚』により、市町村のサービス基盤整備→サービス提供についての政治的ないし社会的責任が強まることに起因するものといわざるをえない。保険給付が金銭給付の場合、市町村が介護サービスそのものを確保・提供しなければならないとする法的責任は直ちには導かれない。このため、介護保険法では別に介護保険事業計画についての規定を設け、市町村及び都道府県における介護サービスの基盤整備を進めることにしたものと思われる。市町村の法的な介護サービス基盤整備の責任の程度は、老人保健福祉計画においても、介護保険事業計画においても、具体的な責任を問いうる可能性は現実にはかなり少ない。そうだとすると、計画策定に基づく市町村の介護サービス基盤整備責任は基本的には法的責任ではなく、政治的ないしは社会的責任をどこまで、どのように問いうるのかという問題に帰着するものと思われる。」新田秀樹『社会保障改革の視座』（信山社、二〇〇〇年）二五四頁。

（6）石橋敏郎「介護保険法改正の評価と今後の課題」ジュリスト№一四三三（二〇一一年）一一頁。

（7）畠山輝雄「改正介護保険制度の移行後の介護保険サービスの実態に関する調査」（二〇一〇年三月）。

（8）介護保険法七八条の二第六項「市町村長は……次の各号のいずれかに該当するときは、……指定をしないことができる。」

「四　認知症対応型共同生活介護、地域密着型特定施設入居者生活介護又は地域密着型介護老人福祉施設入所者生活介護につき第一項の申請があった場合において、当該市町村における……当該地域密着型サービスの利用定員の総数が……市町村介護保険事業計画において定める……必要利用定員総数に達しているか、……これを超えることになると認めるとき、その他の当該市町村介護保険事業計画の達成に支障を生ずるおそれがあると認めるとき。」

（9）「法七八条の二は、地域密着型サービスに属するすべての介護サービス事業者の指定についての要件であるところ、同条五項四号では、地域密着型サービスのうち、認知症対応型共同生活介護、地域密着型特定施設入居者生活介護及び地域密着型介護老人福祉施設入所者生活介護の各事業者の指定についてのみ、市町村介護保険事業計画の達成に支障が生じるおそれがあることを理由に指定を拒否することができる旨規定していることからすると、介護保険法は、地域密着型サービスのうち、夜間対応型訪問介護、認知症対応型通所介護及び小規模多機能型居宅介護の各事業者に指定においては、市町村介護保険事業計画の達成に支障が生じるおそれがあることを理由に指定を拒否することは許されないという趣旨で定められたものと解するのが相当である。」名古屋高裁金沢支部判平二一・七・一五判例集未登載（裁判所ＨＰ掲載）。永野仁美「労働判例研究」ジュリスト№一四二九（二〇一一年）一四九頁。福井地判平二〇・一二・二四判例地方自治三二四号五六頁。

(10) 旧社会福祉事業法一五条「所員の定数は条例で定める。但し、現業を行う所員の数は、各事務所につき、それぞれ左の各号に掲げる数以上でなければならない。」

社会福祉法一六条「所員の定数は条例で定める。ただし、次に掲げる数を標準として定めるものとする。一　都道府県の設置する事務所にあっては、被保護世帯の数が三九〇以下であるときは六とし、被保護世帯の数が六五を増すごとにこれに一を加えた数　二　市の設置する事務所にあっては、被保護世帯の数が二四〇以下であるときは三とし、被保護世帯の数が八〇を増すごとにこれに一を加えた数」。

(11) 木村忠二郎『第2次改訂版　社会福祉事業法の解説』（時事通信社、一九六〇年）一四九頁。

(12) 「例えば市町村が独自に実施する地域密着型の施設系サービスでは、『従うべき基準』ではなく、『標準』ないしは『参酌』基準とすれば、市町村独自の取り組みがより一層期待されるようにも考えられよう。」小西啓文「介護保険法にみる地方分権改革推進の功罪」社会保障法二七号（二〇一二年）三四頁。

(13) 石田勝士「介護保険制度の現状と課題」週刊社会保障№二六九〇（二〇一二年八月一三日～二〇日）一二五頁。

(14) 同上書一二〇頁。

(15) 「［地域包括ケアシステムの構築という］その壮大な実験に比べ、今回の介護保険法改正と介護報酬・診療報酬の同時改定は小さな一歩を踏み出したに過ぎない。しかも、報酬というにんじんをぶら下げて誘導する伝統的な手法が通用するかどうか。失敗に終われば、かかりつけ医制度の義務化や特養の入居の厳格化等へ走る事態が待ち受けるだろう。」宮武剛「施設と居宅、介護と医療はいかに連携するか」月刊福祉二〇一二年五月号三八頁。

(16) 石橋敏郎「保健・医療・福祉の連携と地方自治」河野正輝・菊池高志編『高齢者の法』（有斐閣、一九九七年）二四八～二五一頁。

(17) 同上書二五一～二五三頁。

(18) 「ここに構想する地域包括ケアシステムとは、介護保険の範囲を超え、医療や地域のコミュニティまでを構想する壮大なネットワークをイメージしている。それらの構想が介護保険制度改正のなかで語られることは、正直不自然さを感じる。介護保険制度は、言うまでもなく介護事故に対する保険制度である。介護保険法の改正に基づいて議論されるならば、何らかの保険給付の仕組みが組み込まれているはずであるが、厚労省の構想する地域包括ケアシステムは、自治体が地域住民と協力して、地域でつくる連携のシステムとなっている。そうであるならば、自治体の独自のシステムによる保険給付以外の保健・医療・福祉の対応が必至となる。しかし、厳密に言えばそれは保険の枠組みで語る問題ではない。地域のトータルケアの取組であり、もともと自治体の責任範囲課題である。」鏡諭「第五期介護保険事業計画の策定と自治体の責務」週刊社会保障№二六四二（二〇一一年）四四頁。

(19)　意見書が両論併記となった理由は、山崎泰彦「高齢者介護、介護保険のこれから」月刊福祉二〇一一年四月号二七頁を参照。

(20)　「高齢者の住まいの整備は、本来介護保険とは別の施策体系で対応すべきものである。しかし、介護保険前から施設が肩代わりをしてきており、室料の補足給付はその流れを汲む。現に多くの入居者が受けていることを考えれば、補足給付の継続は必要であるが、低所得者への住宅保障という性格に鑑み、財源は全額公費とすべきであろう。」椋野美智子「介護保険の長期戦略」週刊社会保障№二六〇五（二〇一〇年）二八頁。

(21)　増田雅暢「介護保険制度の課題と将来」週刊社会保障№二六九〇（二〇一二年八月一三日〜二〇日）一三八頁。

第5章 介護保険制度改革における二〇一四年改正の意味

Ⅰ はじめに

二〇〇〇（平成一二）年に介護保険制度が施行されてから一四年目を迎えて、ようやく介護保険サービスが高齢者の生活に完全に定着してきたという実感をもてるようになってきた。その半面、利用者が予想を上回る勢いで増加しており（当初より三・二倍の伸び）、それに押されるかのように、介護保険制度はほぼ五年ごとに大きな改革を迫られてきた。その背景には、常に、要介護者の増加と介護保険財政の窮迫化という財源問題がひかえていたことはいうまでもない。二〇〇五（平成一七）年改正では、予防重視型システムへの転換（新予防給付、地域支援事業の創設）、施設給付の見直し（居住費と食費の自己負担）が行われ、二〇一一（平成二三）年改正では、施設から在宅へという政策目的を実現するための「地域包括ケアシステム」の構築、高齢者の住まいの整備等の促進が図られることになった。そして、二〇一四（平成二六）年にも大きな改正が行われることになった。

医療・介護関係の合計一九本もの法律改正案を盛り込んだ「地域における医療及び介護の総合的な確保を推進するための関係法律の整備等に関する法律」（「医療介護総合確保推進法」）は、一括法では十分な国会審議ができないという野党の厳しい批判のなか、二〇一四（平成二六）年六月一八日に成立した。この改正法は、都道府県の事業計画に記載された医療・介護の事業（病床の機能分化・連携、在宅医療・介護の推進等）を実施するため、消費税増税分を活用した新たな基金を都道府県に設置することや（地域介護施設整備促進法等関係）、地域における効率的かつ効果的な医療提供体制の確保（医療法関係）などのほかに、介護保険法改正関係では、以下のような内容を含んでいた。地域包括ケアシステムの構築と費用負担の公平化を図ることを目的として、①これまで全国一律で行ってきた要支援者に対する予防給付のうち、訪問介護・通所介護を市町村が取り組む地域支援事業に移行させ、その財源は介護保険で負担する、②特別養護老人ホームについては、新規入所者を、原則として要介護3以上の中度・重度の高齢者に限定する、③一定以上の所得のある者に対する利用者負担を現行の一割から二割に引き上げる、④低所得の施設利用者の食費・居住費を補填する目的をもつ「補足給付」（特定入所者介護サービス費等）の支給要件を厳格化し、これまでの所得だけを対象にしてきた方針を改め、所得のほかに資産の状況も加味することにするなどの大幅な改正が行われた。このうち①と②は、二〇一五（平成二七）年四月、③と④については、二〇一五（平成二七）年八月から実施されることになっている。

今回の改正も、介護保険財源の確保とその抑制という意図がはっきりとみえる改革内容となっている。しかも、これまで介護保険サービスを受けていた高齢者が市町村事業に移行させられたり、特養への入所が制限されたりと、受給者からみれば、いわばこれまでの既得権を奪われるような事態、あるいは、サービスの低下を招きかねないような事態も予想されるような内容も含まれている。介護保険財政の窮迫化はもちろん理解できるとしても、要介護状態にある者が、「尊厳を保持し、その有する能力に応じ自立した日常生活を営むことができるよう、必要な保健医療サービス及び福祉サービスに係る給付を行う……」（介保法一条）という介護保険法の目的そのものが揺るがされるような変更であっては、財源対策にばかり目を向けた本末転倒の議論との批判はまぬがれないであろう。また、高所得高齢者に対する二割自己負担は、一定の保険料を拠出すれば誰もが均等に同様のサービスが受けられるという社会保険制度の根幹を無視しているのではないかという本質的な批判も出てきている。そこで、本章では、主として、介護保険法の二〇一四（平成二六）年改正のなかで、自己負担増加と、訪問介護・通所介護の地域支援事業移行を中心に若干の検討を加えたいと思う。

Ⅱ　介護保険法二〇一四年改正法の内容

介護保険法は、附則第二条「……被保険者及び保険給付を受けられる者の範囲、保険給付の内容、……保険料の負担の在り方を含め、この法律の施行後五年を目途としてその全般に関して検討が加えられ、その結果に基づき、必要な見直し等の措置が講ぜられるべきものとする。」との規定を受けて、ほぼ五年ごとに改革が行われてきた。今回の二〇一四（平成二六）年改革が四回目の改革に当たる。二〇〇八（平成二〇）年の不正事業防止のための改正を除いては、いずれも介護保険制度の基本にかかわるような内容を含んだ大改革が連続して行われてきた。これまでの改革の根底には、①介護保険財政を抑制して制度の持続可能性をどのようにして図るか（財政抑制と持続可能性）、②地域の実情に合ったサービス提供ができるよう、市町村への権限移譲をいっそう推進する（地方分権化）という二つの流れが共通して存在している。今回の改正もその流れに沿ったものである。そこで、本章では、この二つの視点から、二〇一四（平成二六）年改正の内容を紹介し、改正の意味とその位置づけについて若干の検討を加えることにしたい。

1　自己負担の増加

これまで介護保険サービスの利用者自己負担は、利用者の所得の多寡にかかわらず、一律に一割負担となっていたが、介護保険財政の窮迫という事情から、二〇一四（平成二六）年改正により、一定以上の所得のある利用者については、二〇一五（平成二七）年八月より、自己負担が二割にアップされることになった。審議の段階では、後期高齢者医療制度においては、患者負担は通常一割であるが、現役並みの所得を有する高齢者には三割自己負担を課しているので、三割負担でどうかとの意見も出されていた。しかし、治療がすめば患者負担がなくなる医療保険とは違って、介護保険サービスは長期的に継続していくものであるから、三割自己負担は過重すぎるのではないかという意見が出て、結局二割負担ということに落ち着いたとされている。[1] 具体的に二割負担とする者の所得水準をいくらにするかについては、六五歳以上の高齢者のうち所得上位者二〇％とした場合、合計所得金額一六〇万円以上の者（年金収入で、単身二八〇万円以上、夫婦世帯三五九万円以上）を基本にして、その金額を政令で定めることになっている。[2] この点について、社会保険の原則は、一定率の利用者負担をすれば、同じサービスが受けられるというものであり、今回の二割自己負担はこの原則に反するものであるとか、高額所得者は既に保険料拠出において高い負担をしているのに、自己負担でも高い金額を払わなければならないというのは二重負担であり、「公平性」に反するという批判がある。[3] これに関しては、一部負担金をどのような性格のものと考えるかによって違ってくることになろう。一部負担金の法的性格についてはさまざまな見解が示されているが、立法制定時の考え方としては、「診療の濫用の防止」（旧国民健康保険法）や「適正な受診」（老人保健法）といった理由があげられていた。[4] このように一部負担を、濫受診の防止、あるいは、受診を抑制する効果を狙ったものと理解すれば、所得の多寡にかかわらず一律の応益負担で行うべきであるという結論になろう。[5] 確かに、一九八二（昭和五七）年の老人保健法制定当時、それまでの老人医療費無料化を改めて、一部負担金一ヶ月ごとに四〇〇円（外来）を課したときには、無料化からくるモラルハザードを防止し、医療費の伸びを抑えるという濫受診防止としての性格が明確であったろう。しかし、その頃と現在とでは状況が大きく違ってきている。一部負担金の性格を公平性の確保という観点からとらえるならば（何と何との公平かという問題はある）、介護保険財政の厳しい状況のなかで、財源の公平な負担あるいは財源への公平な貢献といった見方をとれば、高額所得者に対する応能負担は、一定の限度はあるにしても、一部負担金にも適用されることはありうるのではないかと思われる。

また、今回の改正で、施設利用者のなかで低所得者に対して食費・居住費を補助していた「特定入所者介護サービス費（補足給付）」（介保法五一条の三）の支給要件に、入所者本人の所得だけでなく、資産（預貯金等。不動産については引き続き検討課題）や配偶者の収入をも勘案することが追加された。例えば、預貯金等が単身者で一〇〇〇万円、夫婦世帯で二〇〇〇万円を超える場合は補足給付の対象外とする、世帯分離した場合でも、配偶者に課税されている場合は対象外とする、給付額の決定に当たり、非課税年金とされている遺族年金や障害年金もこれからは収入として勘案するなどである。補足給付は、二〇〇五（平成一七）年改正により、施設サービス等の食費および居住費が自己負担となったので、これを負担できない低所得者に対して、負担軽減を図る目的で、特定入所者介護サービス費として、介護保険給付の形で支給することにしたものである。しかし、低所得者の食費と居住費を介護保険財源から保険給付として支給することについては批判が多い。低所得者対策は、生活保護受給者が介護サービスを利用した場合、その一割自己負担分が介護扶助（生保法一五条の二）で賄われているのと同じように、公費で補塡するのが順当なやり方であろう。(6)

2　訪問介護・通所介護サービスの地域支援事業への移行と生活支援サービス

今回の改正で、従来、予防給付のなかに含まれていた訪問介護（ホームヘルプサービス）と通所介護（デイサービス）については、二〇一七（平成二九）年四月までに、市町村が行う地域支援事業に移行することになった。地域支援事業は、二〇〇五（平成一七）年改正により予防重視型システムが導入された際、要支援・要介護状態にならないよう予防するために、市町村が実施主体となって、要介護状態になるおそれのある高齢者（二次予防対象者）等を対象とした介護予防事業、包括的支援事業（介護予防ケアマネジメント事業）、その他の任意事業が介護保険法に盛り込まれたことに始まる（同一一五条の四五第一項）。その後、二〇一一（平成二三）年改正により、要支援者に対する介護予防サービスと二次予防対象者への介護予防事業を総合的かつ一体的に実施できるように「介護予防・日常生活総合支援事業」が追加された（同一一五条の四五第二項）。「介護予防・日常生活総合支援事業」事業は、多様なマンパワーや社会資源の活用を図りながら、地域の創意工夫を活かした取り組みを市町村に期待するものである。このことにより、例えば、要支援と自立を行き来するような高齢者には、総合的で切れ目のないサービスを提供したり、虚弱・引きこもりなど介護保険利用につながらない高齢者にも、それにふさわしいサービスを提供したり、また、自立や社会参加意欲の高い高齢者には、社会参加や活動の場を提供するなど、これまでの枠（要支援認定を受けた高齢者と二次予防対象者たる高齢者、自立高齢者などの枠）を超えて総合的にサービスを提供することが可能になった。いずれも介護保険財源の三％を（厚生労働大臣の認定を受けた場合は四％）を使って行われる事業である。

しかし、これまでの介護予防サービスについては、その効果があまり上がらなかったこともあって、以下のような問題点が指摘されてきた。①介護予防の手法が、心身機能を改善することを目的とした機能回復訓練に偏りがちであったこと。②介護予防プログラム終了後の受け皿がなく、活動的な状態を維持するための多様な通いの場を創出することが必ずしも十分ではなかったこと。③介護予防の利用者の多くは、機能回復を中心とした訓練の継続こそが有効だと理解し、また、介護予防の提供者も、「活動」や「参加」に焦点を当ててこなかったのではないかということ。

そこで、これからの介護予防の考え方として、機能回復訓練だけに偏った予防策ではなく、社会的活動や参加も含めた予防策として、以下のような改善策が打ち出されてきた。①機能回復訓練などの高齢者本人へのアプローチ

図表２−５−１　新しい介護予防・日常生活総合支援事業

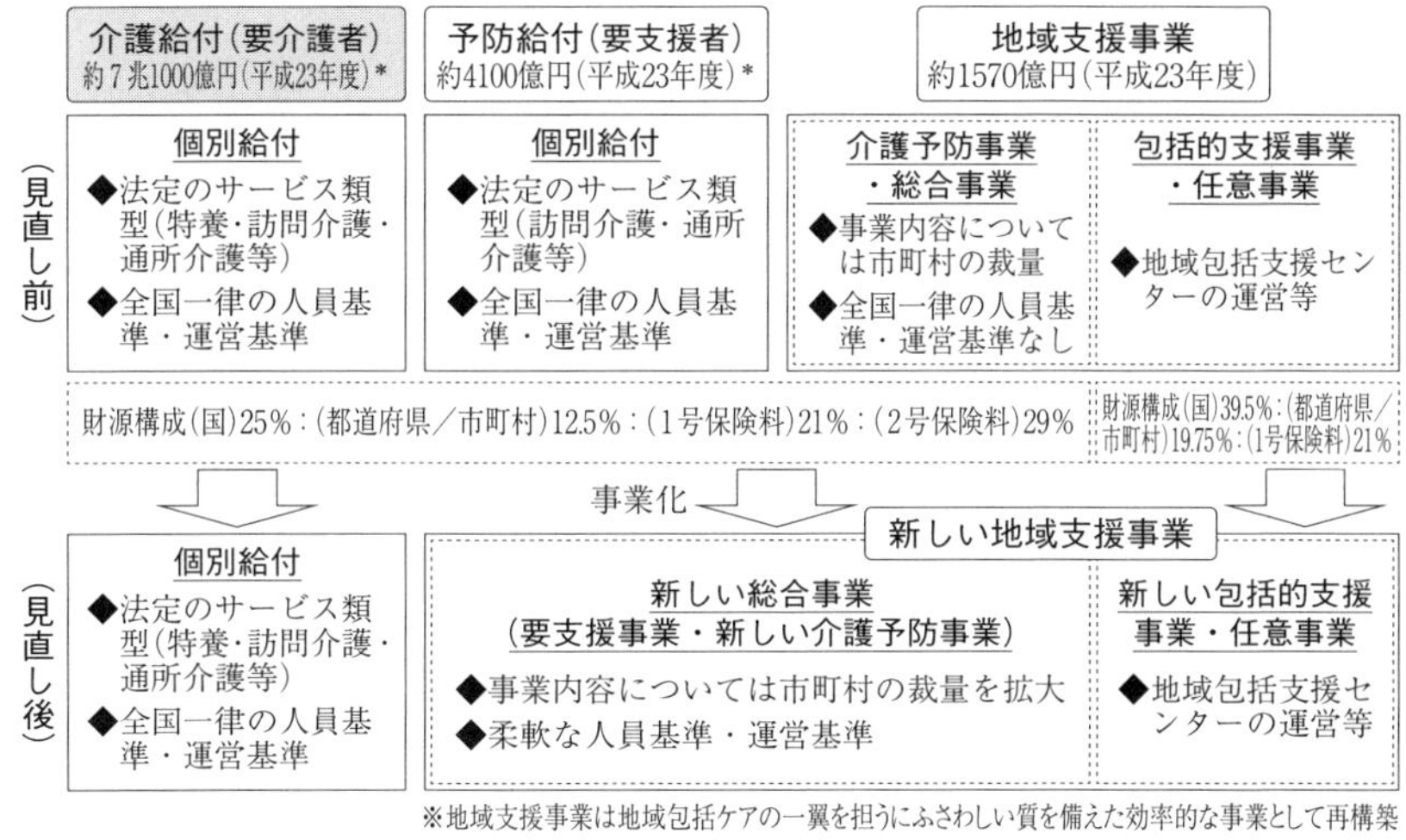

（出典）　厚生労働省資料

だけでなく、生活環境の調整や、地域のなかに生きがい・役割をもって生活できるような居場所と出番づくり等、高齢者本人を取り巻く環境へのアプローチを含めたバランスのとれたアプローチが重要である。地域においてリハビリテーション専門職等を活かした自立支援に資する取り組みを推進し、要介護状態になっても、生きがい・役割をもって生活できる地域の実現をめざす。②高齢者を生活支援サービスの受け手ではなく、担い手であるととらえることにより、支援を必要とする高齢者の多様な生活支援ニーズに応えるとともに、担い手たる高齢者にとっても地域の中で新たな社会的役割を有することにより、結果として介護予防にもつながるという相乗効果をもたらす。③住民自身が運営する体操の集いなどの活動を地域に展開し、人と人とのつながりを通じて参加者や通いの場が継続的に拡大していくような地域づくりを推進する。④このような介護予防を推進するためには、地域の実情をよく把握し、かつ、地域づくりの中心である市町村が主体的に取り組むことが不可欠である[7]。

こうして、内容的には、心身機能回復訓練だけでなく、社会的活動や参加といった要素を加えた形で、対象者的には、要支援認定を受けた高齢者も一般高齢者も含めて、市町村による地域支援事業としての「新しい総合事業（新しい介護予防・日常生活支援総合事業）」がスタートすることになったのである。

厚生労働省の説明によれば、今回の新しい総合事業には、以下のような点で効果が期待できると説明されている。

「予防給付について、柔軟なサービスの内容等に応じて、人員基準、運営基準、単価等について柔軟に設定できる地域支援事業に移行すれば、事業の実施主体である市町村の判断で以下のような取り組みを実施し、効率的に事業を実施することが可能。

①　例えば、既存の介護事業者を活用する場合でも、柔軟な人員配置等により効率的な単価で事業を実施。

②　ＮＰＯ、ボランティア等の地域資源の有効活用により効率的に事業を実施。

③　要支援者に対する事業に付加的なサービスやインフォーマルサービスを組み合わせた多様なサービス内容の事業を実施。

④　多様なサービス内容に応じた利用者負担を設定し、事業を実施。従来の給付から移行するサービスの利用料については、要介護者に対する介護給付における利用者負担割合等を勘案しつつ、一定の枠組みのもと、市町村が設定する仕組みを検討。利用料の下限については、要介護者の利用料負担割合を下回らないような仕組みとすることが必要。①～④の取り組みを通じた効率的な実施について国としてガイドラインで市町村に対して周知。[8]」

新しい総合事業では、これまでの要支援者は、新しい総合事業によるサービス（訪問介護・通所介護サービス等）

と、予防給付による他のサービス（例えば、介護予防通所リハビリテーション、介護予防短期入所生活介護など）とを適切に組み合わせながら、サービス利用できるようになる。また、新しい総合事業のみ利用する場合（例えば、訪問介護）には、要支援認定は不要とされ、基本チェックリストのみで判断を行うことになっている。特徴的なのは、これまでの二次予防事業対象者把握のために用いてきた「基本チェックリスト」を、介護予防・生活支援サービス事業の対象者把握に用いている点である。市町村や地域包括支援センター等の窓口に相談に来た利用者や家族に対して、まずはこの基本チェックリストを用いて事業対象に該当するかどうかを簡便に判断する。その結果、より状態が重いと判断されれば、要支援認定につなぐほか、状態が軽度で介護予防・生活支援サービス事業の対象に該当しない場合は、一般介護予防事業等や、その他の市町村事業等につなぐことになる。

財源措置については、訪問介護・通所介護が地域支援事業に移行するのであるから、これまでのように当該市町村の介護給付見込額の三％以内という基準は見直すことが検討されている。ただし、地域支援事業への移行は、介護保険財源のなかでかなりの部分を占めている要支援者に対する訪問介護と通所介護部分の事業費（しかも予防給付の給付額は高齢者の伸び以上に伸びている）を抑制しようという意図をもって実施されるのであるから、現在の給付見込み額の伸び（約五〜六％程度）を抑えて、将来的には認定率が高まる後期高齢者の人数の伸び（約三〜四％）程度に抑制・効率化することを推進するとされている。

また、新しい総合事業では、地域での見守りとか配食とかゴミ出しといったような各種生活支援サービスの実施が強く打ち出されているのも特徴的である。具体的にいうと、訪問型サービスでは、既存の訪問介護事業所による身体介護・生活援助といった訪問介護のほかに、ＮＰＯ・民間事業者等による掃除・洗濯・配食等の生活支援サービス、住民ボランティアによるゴミ出し・洗濯物の取り入れ・食器洗い・安否確認、交番・金融機関・コンビニ等の連携による認知症高齢者見守り等の様々な生活支援サービスが考えられる。通所型サービスでは、既存の通所介護事業所による機能訓練等の通所介護のほかに、ＮＰＯ・民間事業者等によるミニデイサービス・コミュニティサロン・認知症カフェの実施、住民が主体となって行う体操・スポーツ活動・交流の場の設定、リハビリ・栄養・口腔ケア等の専門職等が関与して行う各種健康教室の開催などが考えられている[9]。そして、生活支援も含めた総合的な日常生活支援事業がスムーズに展開できるように、市町村に「生活支援サービスコーディネーター（地域支え合い推進員）」を配置することになった[10]。こうした市町村による日常生活支援サービスは、既に二〇一一（平成二三）年改正段階で介護保険法に盛り込まれていた事項であるが、任意事業であったため、二〇一二（平成二四）年度では、わずか二七の保険者（市町村等）が実施しているにすぎなかった（第五期介護保険事業計画期間では約一三三の保険者が実施予定[11]）。そこで今回の改正では、これを改め、日常生活支援サービスは、二〇一八（平成三〇）年三月まで、すべての市町村で実施するようにしたものである。

訪問介護・通所介護の地域支援事業移行は、同時に、市町村への権限移譲・裁量権の拡大という内容を伴うものであった。新しい総合事業の実施に当たっては、サービスの内容、人員配置基準、職員の資格、利用料、事業所に支払われる報酬単価等についても、市町村の裁量で決定できることとされ、これによって市町村への権限移譲がまた一歩進められることになった。例えば、市町村が、新しい総合事業を事業者へ委託した場合の費用の単価については、サービスの内容に応じて市町村が設定することになる。ただし、訪問型・通所型サービスについては、現在の訪問介護・通所介護（予防給付）の報酬以下の単価で市町村が設定する仕組みとすることになっている。また、利用料についても、地域で多様なサービスが提供されることになるので、そのサービスの内容に応じた利用料を市町村が設定することになる。ただし、従来の給付から移行するサービスの利用料については、要介護者に対する介護給付における利用者負担割合等を勘案しつつ、一定の枠組みのもとで、市町村が設定する仕組みを検討することとしている。利用料の下限については、要介護者の利用者負担割合を下回らないような仕組みとすることが必要と

図表２－５－２　通所型サービスの基準

※下線は、市町村や指定事業者等が事業を実施する際に、法令上必ず遵守すべき事項。それ以外は参考例。

	①現行の通所介護相当	②通所型サービスＡ （緩和した墓準によるサービス）	③通所型サービスＢ （住民主体による支援）
人員	●管理者※　常勤・専従１以上 ●生活相談員　専従１以上 ●看護職員　専従１以上 ●介護職員　～15人 専従１以上 15人～利用者１人に専従0，2以上 ●機能訓練指導員　１以上 ※支障がない場合、同一敷地内の他事業所等の職務に従事可能。	●管理者※　専従１以上 ●従事者　～15人　専従１以上 15人～　利用者１人に必要数 ※支障がない場合、同一敷地内の他事業所等の職務に従事可能。	●従事者　必要数
設備	●食堂・機能訓練室（３㎡×利用定員以上） ●静養室・相談室・事務室 ●消火設備その他の非常災害に必要な設備 ●必要なその他の設備・備品	●サービスを提供するために必要な場所（３㎡×利用定員以上） ●必要な設備・備品	●サービスを提供するために必要な場所 ●必要な設備・備品
運営	●個別サービス計画の作成 ●従事者の清潔の保持・健康管理 ●秘密保持等 ●事故発生時の対応 ●廃止等の届出と便宜の提供　等 （現行の基準と同様）	●必要に応じ、個別サービス計画の作成 ●従事者の清潔の保持・健康管理 ●従事者または従事者であった者の秘密保持 ●事故発生時の対応 ●廃止等の届出と便宜の提供	●従事者の清潔の保持・健康管理 ●従事者または従事者であった者の秘密保持 ●事故発生時の対応 ●廃止等の届出と便宜の提供

（出典）「新しい総合事業のガイドライン案提示」月刊介護保険 Vol. 223（2014年）17頁。

される。もちろん、利用者個人単位の限度額も市町村によって設定される。

また、市町村への権限移譲による事務負担を軽減するために、いくつかの支援策も考えられている。例えば、市町村による契約・審査・支払い事務の負担軽減策としては、市町村が事業所を認定等により特定する仕組みを導入する予定である。具体的には、市町村が毎年度委託契約を締結する事務を不要とするため、現在の指定事業所の枠組みを参考にしつつ、事業所を認定等により特定する仕組みを設けるとか、審査・支払いについては、国民健康保険団体連合会を活用するとか、介護認定の有効期間を延長するとかの措置が検討されている。[12]

しかし、今回の地方分権化で最も重大と思われるのは、サービスの内容、人員配置基準、担当する職員の資格といったサービスの質の保障にかかわるような部分の権限移譲である。厚生労働大臣が策定するガイドラインによれば、例えば、通所型サービス基準については、図表2-5-2のようになっている。

これをみると、従来の予防給付に相当する通所介護サービスは、国が定める基準をほぼ遵守する形で決められているが、改正後の緩和した基準によるサービス（通所型サービスA）や、住民ボランティア・住民主体の自主活動によるサービス（通所型サービスB）では、国の基準よりかなり緩和された基準を市町村が設定できるようになっている。もっとも、必ず遵守すべき事項として、①事故発生時の対応、②従事者または従事者であった者による秘密保持、③従事者の清潔保持と健康の管理、④廃止・休止の届出と便宜の提供についての基準は設定するよう求めている。[13] 通所型サービスAや同Bがどのような内容のサービスを想定しているのか、あるいは、従事者にどのような資格を求めているのか等についてはいまだはっきりしていないので、この表だけから判断するわけにはいかないであろうが、少なくとも、従事者の専従義務などの緩和については、今後、社会保障審議会介護給付費分科会で検討していくことになっている。いずれにしても、人員・設備ともに、これまでの要支援者に対する予防給付サービスの基準よりもかなり低い基準が設定されることが予想される。提供されるサービスの内容・性質や程度にもよるが、基準の設定しだいでは、サービスの質の低下を招くのではないかと危惧する意見が出てくるのは当然のことであろう。[14]

Ⅲ　二〇一四年改正法の意味とその問題点

二〇一四（平成二六）年改正法で一番論議を呼んだのは、それまで保険給付として行われていた要支援者に対する訪問介護と通所介護事業を、市町村が運営する地域支援事業へと移行させるとともに、これに見守り、配食などの日常生活支援サービスを組み合わせた新しい「介護予防・日常生活支援総合事業」に再編成することであろう。移行の理由は、要支援者に対する介護予防給付については、市町村が地域の実情に応じて、住民の多様な主体による柔軟な取り組み方法により、効果的かつ効率的にサービスの提供ができるようにすることである。介護保険法が制定された当初も、市町村が介護保険の実施主体（保険者）とされた理由が「市町村が地域の実情に応じて……」取り組めるということであった。そのため、市町村が独自に実施できるものとして市町村特別給付の規定が盛り込まれ（介保法六二条）、その例として、おむつ支給、移送サービス、寝具乾燥サービス、配食サービス、訪問理容美容サービスなどがあげられていた。しかし、実際にはおむつ支給が大半であり、それらを含めて市町村特別給付を実施している市町村は、厚生労働省の調査では、二〇一一（平成二三）年度ではわずか一三五保険者（八・五％）であり、保険給付費全体に占める割合は〇・〇二％（二〇一二（平成二四）年度）にすぎない。しかも、この比率は、介護保険制度実施直後の二〇〇一（平成一三）年度からほとんど変わっておらず、市町村特別給付はその後も伸びていないことが報告されている。「地域の実情に応じて……」といわれても、毎回ごとの大幅な保険料値上げで、住民感情に対して敏感になっている市町村としては、更なる保険料負担を住民に要求してまで独自の特別給付を実施する余裕はなかったものと思われる。[15] これと同じように、新しい「介護予防・日常生活支援総合事業」がどこまで「地域の実情に応じた」事業を展開できるのか、やはり期待と不安とが同時によぎる。確かに、今回の新しい「介護予防・日常生活支援総合事業」は、ボランティア、NPO、民間企業、社会福祉法人、協同組合等の地域資源を巻き込んで実施される事業であるので、その点では、地域の実情を反映したものになりやすいのかもしれない。しかし、他方で、ボランティアをはじめとして、その担い手不足は慢性的に続いているし、サービスによっては一定の資格保有者が従事しなければならない場合もあろうから、その有資格者の確保も困難なのではないという声も聞かれる。ましてや、新しい「介護予防・日常生活支援総合事業」には、約五～六％程度と予想される給付見込み額の伸びを、約三～四％程度に抑えるという使命というか枠がはめられている以上、設備や人員の縮減とそれによるサービスの質の低下という事態が予想される。「地域の実情に合わせて……」それなりの質の低いサービスがその地域の住民に提供されるようであってはならない。地域間格差も程度問題ではあるが、ある一定限度を超えたような格差は介護保険法の趣旨に反するものとなろう。そうならないように、やはり、国による一定のサービスの質を保障できるような基準の設定や適切な予算措置は必要なのではないか。この点で、二〇一四（平成二六）年改正により、消費税増税分を活用した新たな基金が都道府県ごとに創設されることになった。この基金の規模および使途については、いまだ明確になってはいないが、やり方しだいでは、市町村の独自な事業展開を可能にしたり、サービスの質の維持・向上に寄与することになるのかもしれない。

次に、新しい「介護予防・日常生活支援総合事業」の介護保険法における位置づけの問題である。実際の高齢者の在宅生活をみれば、それこそ介護・家事援助から通院などの移動支援、買い物代行、はては話し相手から見守り・安否確認まで、幅広い支援のもとに成り立っていることがわかる。したがって、新しい「介護予防・日常生活支援総合事業」がこうした生活支援のすべてを含む形で構成されているのは、「総合事業」の名にふさわしいことかもしれない。しかし、その反面、ボランティアなどのインフォーマル・サービスをも含めたことで、介護保険法のカバーする範囲や国・地方公共団体の責任といったものがあいまいになったのではないかという印象はぬぐいきれないところである。話し相手や見守りといったボランタリーな活動と、介護保険財源や公的資金を投入してやるべき活動とのすみわけは明確になされなければならない。まして、もともと介護サービス費用の保障という金銭給付方式をとっている介護保険法の法体系のなかに、こうしたボランティア活動も含めた地域福祉システムを取り込んでくることには、違和感があるという主張もうなずけるところであろう[16]。

要支援者と一般高齢者とを一緒にして新しい「介護予防・日常生活支援総合事業」のなかに取り込んで、介護保険法による介護給付の対象者たる要介護者と区別したことは、理論的にはうなずけるところがある。もともと、要支援者に対する予防給付は、「予防」というより、「要介護状態悪化防止」のための給付という性格のものであった。これに対して、要介護・要支援認定者を除くすべての高齢者に要介護状態に陥らないように予防するための支援を行うこととし、これを「予防給付」と呼ぶのならば、それはそれで予防の概念が明確になったといえる。このことによって、実務的には、軽度の要支援者の要支援認定が微妙であり、要支援者と非該当者（自立高齢者）との判定が難しかったという課題の一端が解決されることになる。ただ、今回の改正で、これまで要支援２と判定された高齢者のなかから要介護１の判定を望む者が増えてくるかもしれない[17]。介護保険法の給付である介護給付と市町村が行う地域支援事業との格差がうわさされるなかでは、なおさらのことであろう。

「利用者の選択に基づく利用者本位制度」という介護保険法の理念からの問題点も出されている。介護保険法は、利用者本位の制度として、利用者自らの選択に基づいたサービス利用が可能となることが基本的理念のひとつであった（同二条三項）。そのため、これまでの要支援者は、自らのケアプラン作成（セルフケアプラン）も含めて、専門的な知識をもった介護支援専門員（ケアマネジャー）のケアマネジメントを受けて、その後、自ら選択した事業所を通じてサービスを受けていた。しかし、今回の地域支援事業への移行によって、要支援者の一部は新しい「介護予防・日常生活支援総合事業」のなかに取り入れられることになったが、そこでは、簡単なチェックリストによる判定がなされた後、市町村が準備するサービスをそのまま受け入れることになる。要支援者の立場からみれば、利用者本位の理念が後退し、市町村主導による旧措置的な仕組みのもとに、決められたサービスを受ける以外にはないということになろう[18]。社会保障審議会介護保険部会でも、地域支援事業移行について、「市町村がすべて決めてしまうことにならないよう、利用者の自由な選択という権利が冒されないように十分念頭に置くべきである。」との意見が出されている。

最後に、介護サービスを担う人材の確保の問題がある。二〇一四（平成二六）年改正法は、介護人材確保対策として、介護福祉士の資格取得方法の見直しの施行時期を二〇一五（平成二七）年度から二〇一六（平成二八）年度に延期するという規定を設けているが、介護人材確保の基本的な対策を打ち出しているわけではない。介護職の慢性的不足は今も続いており、それどころか、事態はいっそう深刻化しているといってよい。政府は、二〇一五（平成二七）年度介護報酬改定に際して、特養や通所介護の利益率が高いことを理由に、二％弱から二％後半の割合で介護報酬を引き下げる方向で調整に入ったことが報告されている[19]。ただし、介護サービス従事者の人手不足に対応するため、介護職員の賃金アップに充てる分の報酬は確保することとし、一人当たり平均で一万円引き上げる方針を示している。しかし、介護報酬の引き下げは、介護サービスの提供事業所に大きな影響を及ぼすことになり、ひいては介護職員の働き方・職場環境にも少なからず影響することは明らかである。介護職員の確保のための思い切った対策をとるとともに、介護労働に対する社会的な評価を高めていく必要があろう。

Ⅳ　おわりに

介護保険制度を持続可能なものとするための財政縮減策として、国民への負担増、「病院・施設から在宅へ」という動き、および「自助」・「互助」の強調、市町村への権限移譲といった一連の政策の推進は、ここ数年、加速化された形で進められてきている。「社会保障制度改革は、……自助、共助及び公助が最も適切に組み合わされるよう留意しつつ、……家族相互及び国民相互の助け合いの仕組みを通じてその実現を支援していくこと。」（社会保障制度改革推進法二条一項）、「政府は、介護保険の保険給付の対象となる保健医療サービス及び福祉サービスの範囲の適正化等による介護サービスの効率化及び重点化を図る……」（同七条）、「政府は、個人の選択を尊重しつつ、介護予防等の自助努力が喚起される仕組みの検討等を行い、個人の主体的な介護予防等への取り組みを奨励するものとする。」（持続可能な社会保障制度の確立を図るための改革の推進に関する法律（プログラム法）五条一項）といった最近の立法にもそれが明確に提示されている。二〇一四（平成二六）年の介護保険法改正もその延長線上に位置づけられ、それをより明確に打ち出した改正であるということができよう。介護保険法改正を含む一九の法案改正からなる医療介護総合確保推進法一条では、「この法律は、地域における創意工夫を生かしつつ、地域において効率的かつ質の高い医療提供体制を構築するとともに地域包括ケアシステムを構築することを通じ、地域における医療及び介護の総合的な確保を推進する措置を講じ、……」と規定されている。

医療サイドでは、医療費抑制策として病床規制と在院日数を縮減する施策をとり、福祉サイドでは、特別養護老人ホームの入所者を中重度者に限定して、病院・施設から地域への移行を図るという政策は、介護保険法制定以来、一貫して続けられてきた政策である。そして、その地域での重要な受け皿として「地域包括ケアシステム」が位置づけられている。しかも、そのシステムは、高齢者自身やボランティア等のインフォーマル・サービスも含めて構想されている。「高齢者が、たとえ重度な要介護状態となっても住み慣れた地域で自分らしい暮らしを人生の最後まで続けることができるよう、住まい・医療・介護・予防・生活支援が一体的に提供される地域包括ケアシステムの構築を実現」（厚生労働省ホームページ）するという理念にはもちろん賛成できるが、その実現への道のりは容易ではない。厚生労働省の発表によれば、特別養護老人ホームの待機者が二〇一三（平成二五）年度で五二万二〇〇〇人にのぼり、前回調査の二〇〇九（平成二一）年度から比べて二四％の増加であることがわかっている。「病院や施設から在宅へ」の掛け声は年々強くなっている。これを受けて、「社会保障・税一体改革」（「社会保障・税一体改革大綱」、二〇一二（平成二四）年二月一七日閣議決定）の後押しを受けながら、診療報酬・介護報酬の改定による誘導策などによって、少しずつではあるが在宅医療・在宅福祉充実（地域包括ケアシステム）への動きが着実に推し進められてきている。しかし、現実にはどうであろうか。上記のように特別養護老人ホームの入所待機者が莫大な数にのぼっているのは、いまだ、在宅での支援、特に医療分野での支援が十分ではなく、在宅での生活に高齢者本人も家族も不安をいだいているからである。施設志向をくいとめるだけの内実をもった地域包括ケアシステムがいつ実現できるのか、見通しは決して明るくはない。二〇一四（平成二六）年介護保険改正法は、それに向けての一歩前進とはいえるとしても、その先の道のりの長さのほうを思えば、わずかな一歩としかみえまい[20]。

介護保険制度の持続可能性は単に財政的側面だけの処置で図られるものではないことはもちろんである。持続可能性をもった社会的基盤の構築も重要な柱のひとつであることは間違いない[21]。しかし、肝心の地域包括ケアシステムが、自助・互助に頼りきるような仕組みになってしまうと、サービスの継続的提供が危うくなるだろうし、国の予算措置が十分でないままに市町村への権限移譲を行えば、サービスの質の低下や極端な地域間格差が生じてくることになろう。そうした事態は、介護保険法の理念に反するばかりか、かえって国民の地域包括ケアシステムへの信頼を揺るがすことになろう。

（１）　増田雅暢「介護保険制度の課題と将来」週刊社会保障№二七八八（二〇一四年八月一日～一八日）一四四頁。
（２）　厚生労働省老健局資料「介護保険制度の改正案について」二〇一四（平成二六）年二月。ただし、月額上限が定められているので、負担見直し対象者の全員が二倍の負担をしなければならないわけではない。
(3) 増田・前掲論文（注1）一四五頁。稲森公嘉「介護保険制度改革」論究ジュリスト二〇一四年秋号二四頁。
(4) 台豊「医療保険法における一部負担金等に関する考察」青山法学論集五二巻一号（二〇一〇年）には、一部負担金の性格について、法制定当時の立法者の意識、その後の学説について詳しく述べられている。
(5) 菊池馨実『社会保障法制の将来構想』（有斐閣、二〇一〇年）一四三頁では、「保険料負担の場面で応能負担が原則であるとしても、利用者一部負担については、それが本来的に応益負担の観点から、モラル・ハザードの回避をねらいとして設けられたものである以上、応能負担とすることには必ずしも合理性があるとはいえない。この点で、高額療養費制度における患者負担の所得階層別二重負担制には問題がある。」と述べている。
(6) 今任啓治「介護保険制度の12年・その主要な改革と変容（上）」アドミニストレーション一九巻一号（熊本県立大学総合管理学会、二〇一二年）六八頁。ドイツ、イギリス、アメリカ、スウェーデン、デンマークでも、同様に、低所得者が負担できない分は公費で賄われている。
(7) 社会保障審議会介護保険部会（第五一回）二〇一三（平成二五）年一〇月三〇日、資料1「予防給付の見直しと地域支援事業の充実について」。
(8) 同上資料。
(9) 社会保障審議会介護保険部会（第五二回）二〇一三（平成二五）年一一月一四日、資料2「予防給付の見直しと地域支援事業の充実について」。
(10) コーディネーターには特定の資格要件は求めないが、地域のサービス提供主体と連絡調整できる立場の者であるので、国や都道府県が実施する研修を修了していることが望ましいとしている。厚労省では、今年度（二〇一五年度）中にコーディネーターの養成に向けて研修カリキュラムやテキストの作成を行うことになっている。
(11) 前掲資料（注7）。
(12) 同上資料。
(13) 特集「新しい総合事業の『ガイドライン』案提示」月刊介護保険No.二二三（二〇一四年）。
(14) 伊藤周平「医療・介護総合確保法案のねらいと課題は（上）（下）」賃金と社会保障No.一六一一・一六一二（二〇一四年）、（上）の一七頁。
(15) 田中耕太郎「地方自治体が高齢社会を支える」月刊福祉二〇一五年一月号一八頁。
(16) 石橋敏郎「介護保険法改正の評価と今後の課題」ジュリストNo.一四三三（二〇一一年）一二頁。

(17)　増田・前掲論文（注１）一四四頁。
(18)　稲森・前掲論文（注３）二四頁。
(19)　熊本日日新聞二〇一五年一月七日。
(20)　前述のように、二〇一二（平成二四）年四月に始まった「二四時間地域巡回型サービス」の普及はほとんど進んでいないといってよい。
(21)　菊池馨実「社会保障と持続可能性」週刊社会保障№二八〇七（二〇一五年）三九頁。菊池氏は、「社会保障の持続可能性を財政的な側面に限定するのは狭隘に過ぎる。たとえば、地域（コミュニティ）レベルでの支えあいの基盤といった、社会保障制度の前提となるべき社会的基盤の再構築を通じて、持続可能性が高まるという面も見逃せない。こうした観点から、地域包括ケアシステムや介護保険の地域支援事業も積極的に評価すべきと考えられる。」と述べている。

◆ 著者紹介

石橋　敏郎（いしばし　としろう）

1951年　熊本県南小国町に生まれる
1980年　九州大学大学院法学研究科博士課程単位修得退学
1980年　九州大学法学部助手
1983年　熊本女子大学生活科学部助教授
1994年　熊本県立大学総合管理学部教授（現在に至る）

《主著》

『アメリカ連邦労災関係立法の研究――適用範囲の拡大をもたらした生活保障の視点』（嵯峨野書院、1999年）
『市民社会と社会保障法』（共編著、嵯峨野書院、2002年）
『社会保険改革の法理と将来像』（共編著、法律文化社、2010年）
『わかりやすい社会保障論』（編著、法律文化社、2010年）

Horitsu Bunka Sha

社会保障法における自立支援と地方分権
――生活保護と介護保険における制度変容の検証

2016年2月5日　初版第1刷発行

著　者　石　橋　敏　郎

発行者　田　靡　純　子

発行所　株式会社 法律文化社

〒603-8053
京都市北区上賀茂岩ヶ垣内町71
電話 075(791)7131　FAX 075(721)8400
http://www.hou-bun.com/

＊乱丁など不良本がありましたら、ご連絡ください。
お取り替えいたします。

印刷：中村印刷㈱／製本：㈱藤沢製本
装幀：石井きよ子

ISBN978-4-589-03729-9